히브리서 강해

A COMMENTARY ON THE EPISTLE TO THE HEBREWS

BY

DR. YONGGI CHO

Printed in Republic of Korea
Seoul Logos Co., Inc.

히브리서 강해

조용기 목사 지음

서울말씀사

히브리서 강해

조용기 목사 지음

초판 1쇄 발행 2008년 5월 9일
초판 4쇄 발행 2016년 3월 30일

발행처 서울말씀사
편집인 김호성
등 록 제11-105호

서울 강서구 허준로 217 가양테크노타운 306
Tel. 02-846-9222
Fax. 02-846-9225

머리말
Foreword

히브리서 강해서를 출간하게 된 것에 대하여 먼저 하나님께 감사와 영광을 돌립니다.

히브리서는 특별히 예수 그리스도의 구속 사역에 대하여 자세히 말씀해 주고 있습니다. 죄와 사망 가운데서 영원히 멸망할 수밖에 없었던 우리들이 예수 그리스도의 보혈의 공로로 말미암아 구원받은 사실은 인류 역사 이후 최대의 기적이라고 할 수 있습니다.

측량할 수 없는 크신 은혜로 구원받은 우리는 오직 하나님의 영광을 위한 삶을 살아야 합니다. 그러한 삶을 살기 위해 우리는 하나님의 말씀에 근거를 둔 신앙생활을 해야 합니다. 시편 1편은 '복 있는 사람은 야훼의 율법을 즐거워하여 그의 율법을 주야로 묵상하는 자' 라고 했습니다. 하나님의 말씀 가운데 거할 때 우리의 삶에 참된 행복이 있습니다. 하나님의 말씀을 주야로 묵상할 때, 성령께서 지혜를 주시고 깨달음을 주셔서 우리를 매일

매일 은혜 가운데로 인도해 주시며 승리하는 삶을 살게 해 주십니다.

저는 수요 예배 때마다 강해 설교를 하는데, 히브리서는 두 번 강해하였습니다. 먼저 1978년부터 1979년에 강해 설교한 내용을 편집하여 히브리서 강해서를 낸 후, 1996년부터 1997년에 다시 강해하였습니다. 본 서는 기존 강해서의 내용을 근간으로 하여 재강해한 내용을 추가하여 보완한 책입니다.

본 서가 하나님의 말씀을 상고하는 데 좋은 길잡이가 되어, 이 책을 읽는 성도님들마다 영혼이 잘됨같이 범사에 잘되며 강건하게 되고 생명을 얻되 풍성히 얻는 축복이 넘치게 임하시길 빕니다.

2008. 5.

여의도순복음교회

당회장 목사 조용기

목 차

C o n t e n t s

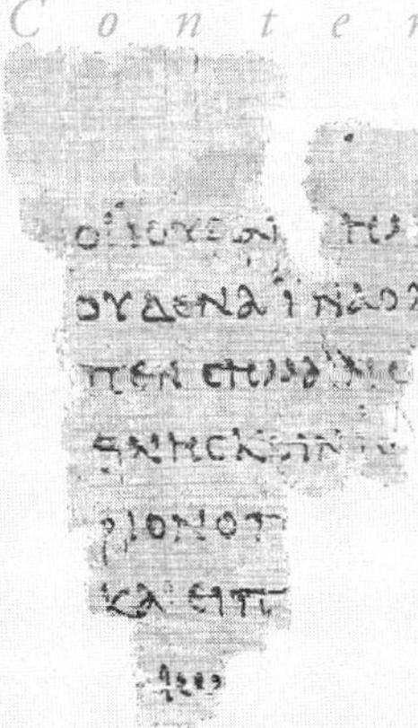

A COMMENTARY
ON THE EPISTLE TO THE
HEBREWS

서론
Preface

1. 기록 목적 및 주제

1) 기록 목적

본 서는 박해받고 절망 가운데 있는 유대 기독교인들을 위한 서신으로서 다음과 같은 목적으로 기록되었습니다.

첫째, 하나님의 계시와 예수 그리스도의 사역에 대하여 가르치기 위해서 기록되었습니다.

둘째, 유대 기독교인들의 불신앙과 불순종을 경고하고 그들의 신앙을 굳건히 하기 위해서 기록되었습니다.

2) 주제

본 서의 주제는 '우리의 대제사장 되신 예수 그리스도' 입니다. 즉, 본 서는 기독론과 구원론에 초점을 두고 기록된 것으로 예수 그리스도의 신성과 인성, 희생의 사역, 대제사장으로서의 사역, 왕의 영광, 믿음으로 말미임아 구원받는 새 인약 등이 묘사되어 있습니다.

2. 기록자 및 수신자

1) 기록자

본 서의 기록자는 분명하게 밝혀지지 않고, 바울, 바나바, 아볼로, 누가, 디모데, 브리스길라, 초대 교회의 집사 빌립 등 여러 사람이 저자로 추정되고 있습니다. 그러나 본 서의 사상과 문체가 바울서신과 일치하기 때문에, 전통적으로는 사도 바울이 기록한 것으로 보고 있습니다.

2) 수신자

본 서의 헬라어 본문 표제는 '히브리인들에게' 로 붙여져 있습니다. 또한 본 서의 내용은 유대인들의 믿음의 조상인 아브라함과 모세 등에 대한 이야기와 구약의 제사와 언약 등 구약 성경과 유대 의식의 범주 안에서 전개되어 있습니다. 이와 같은 점들로 미루어 볼 때, 본 서의 수신자는 유대교에서 기독교로 개종한 '그리스도인 유대인' (Christian Jew) 으로 볼 수 있습니다.

3. 기록 연대 및 집필 장소

1) 기록 연대

본 서가 기록된 때가 언제인지에 대해서는 정확히 밝혀지지 않고 있습니다. 그러나 본 서에 예루살렘 성전의 파괴에 대한 언급이 없고 심한 박해를 받고 있는 상황을 기술한 것으로 보아, 네로 황제의 박해가 시작된 주후 65년부터 예루살렘 성전이 파괴된 주후 70년 사이에 기록된 것으로 추정됩니다.

2) 집필 장소

본 서가 기록된 장소는 정확히 밝혀지지 않고 있습니다. 그러나 본 서가 기록된 시기를 주후 65년부터 주후 70년 사이로 볼 때, 본 서는 사도 바울이 로마에서 기록한 것으로 추정됩니다.

4. 배경

초대 교회 당시 예수님의 제자들로부터 신앙을 전수받은 '그리스도인 유대인', 즉 개종한 유대인들은 유대교의 종교적 박해와 로마 제국의 정치적 박해 등 여러 가지 고난을 겪었습니다. 특히 그리스도의 복음에 대한 믿음을 강조하는 기독교에 비해, 구약 시대부터 행하여 오던 희생 제사와 율법 준수라는 종교적 의식을 행함으로써 종교적 안정감을 갖게 하는 유대교의 유혹은 매우 강력하였습니다. 이에 기독교 복음에 대한 충분한 이해가 없는 그리스도인 유대인들은 종교적 안정감을 주는 유대교로 다시 돌아가려는 배교의 위험성이 많았습니다. 이뿐 아니라 기독교는 로마 제국이 사교로 단정하여 정치적인 박해를 가한 데 비해, 유대교는 로마 제국으로부터 승인받은 종교였습니다. 그러므로 믿음이 연약한 유대인 성도들 중에는 배교하려는 경향을 보이는 사람도 있었습니다. 기독교로 갓 개종하여 믿음이 연약한 이들은 유대교와 로마 제국이 가하는 박해와 유혹으로 인해 신앙의 동요를 일으키고 그리스도의 절대성을 의심하게 되었습니다. 이러한 상황에서 본 서의 기록자는 그리스도인 유대인들의 흔들리는 믿음을 굳게 하고 고난을 이겨 내도록 하기 위해 권면하는 말씀을 기록하였습니다.

5. 특징

본 서는 성도의 믿음을 굳게 세워 주고 예수 그리스도와 더욱 친밀한 교제를 나눌 수 있도록 권면하는 서신으로서 다음과 같은 특징을 갖고 있습니다.

첫째, 신약 성경 중에서 구약을 가장 많이 인용한 책입니다. 본 서에는 구약 성경이 직접적으로는 29회, 간접적으로는 53회 인용되어 있습니다.

둘째, 형식면에서 볼 때, 본 서는 서신이라기보다는 설교에 가깝습니다. 본 서의 형식은 설교 형태로 시작되었다가 서신 형태로 끝을 맺고 있습니다.

셋째, 미려한 헬라어 문체로 쓰인 헬라 산문의 전형입니다.

넷째, 예수 그리스도의 우월성과 기독교 복음의 우월성을 논리적으로 설득력 있게 증명한 '유대교에 대한 기독교의 변증서' 입니다.

다섯째, 믿음의 책으로서, 특히 11장은 성경 전체를 통해 '믿음 장' 으로 불리고 있습니다.

제 1 장

예수 그리스도의 위치

A COMMENTARY
ON THE EPISTLE TO THE
HEBREWS

하나님께서는 구약 시대에 선지자들에게 구속에 대한 계시를 주셔서 메시아를 통한 구원의 소망을 갖게 하셨습니다. 그리고 예수 그리스도를 이 세상에 보내어 구원을 이루심으로 그 계시된 예언을 완성시키셨습니다.

계시의 완성이신 예수님은 하나님의 아들이시며, 이 세상뿐 아니라 온 우주를 상속받으신 만유의 상속자이시며, 하나님의 창조 사역에 참여한 분이시며, 하나님의 영광의 광채이시며, 하나님의 본체의 형상이시며, 우주 만물의 보존자이시며, 인류의 죄를 대속하신 구주이시며, 지금은 하나님의 보좌 우편에 앉아 계신 영광의 주님이십니다. 이러한 예수님은 구약의 모든 선지자보다 우월하시며, 천사들보다도 뛰어나십니다.

1. 하나님에 대한 완전한 계시자 예수 그리스도(1:1-3)

1. 옛적에 선지자들을 통하여 여러 부분과 여러 모양으로 우리 조상들에게 말씀하신 하나님이 2. 이 모든 날 마지막에는 아들을 통하여 우리에게 말씀하셨으니 이 아들을 만유의 상속자로 세우시고 또 그로 말미암아 모든 세계를 지으셨느니라 3. 이는 하나님의 영광의 광채시요 그 본체의 형상이시라 그의 능력의 말씀으로 만물을 붙드시며 죄를 정결하게 하는 일을 하시고 높은 곳에 계신 지극히 크신 이의 우편에 앉으셨느니라

1절 옛적에 선지자들을 통하여 여러 부분과 여러 모양으로 우리 조상들에게 말씀하신 하나님이

본 절에서 '옛적' 은 신약 이전의 시대, 즉 구약 시대를 말합니다. 옛적

에 하나님께서는 택하신 종인 선지자들의 꿈과 환상, 묵시와 예언 등을 통하여 그의 백성들에게 하나님의 뜻을 계시한 말씀을 주셨습니다. 이 하나님의 계시의 말씀이 바로 구약 성경입니다. 구약 39권의 책 속에 기록된 하나님의 말씀은 장차 오실 예수 그리스도와 그를 통하여 이룩하실 온전한 구원에 대한 계시였습니다.

2절 이 모든 날 마지막에는 아들을 통하여 우리에게 말씀하셨으니 이 아들을 만유의 상속자로 세우시고 또 그로 말미암아 모든 세계를 지으셨느니라

여기서 '이 모든 날' 은 하나님께서 창조하시고 섭리하셔서 우리로 하여금 알게 하신 모든 날, 즉 그의 선지자들을 통하여 말씀하시고 깨닫게 하시며 인도하신 그 모든 날을 뜻합니다. 그 모든 날의 마지막에 예수님께서 그의 지으신 사람들을 마귀의 손에서 되찾기 위해 이 땅에 오셨습니다. 예수님께서 오신 그 시간은 구약 시대의 마지막인 동시에 새로운 약속의 시대의 첫 순간입니다. 다른 말로 하면, 예수님의 오심은 말세의 시작이 되는 것입니다. 그러므로 지금은 예수님께서 다시 오실 날이 멀지 않은 '말세지말' (末世之末)이라고 할 수 있습니다.

"아들을 통하여 우리에게 말씀하셨으니". 여기서 아들은 성령을 통하여 동정녀 마리아에게 잉태되심으로 성육신 하신 우리 주 예수 그리스도를 가리킵니다. 예수님께서는 이 세상에 오셔서 하나님의 말씀, 즉 '천국 복음' 을 전하셨습니다(마 4:23). 예수님께서 오시기 전의 모든 날 동안 선지자들을 통하여 이 모양 저 모양 단편적으로 말씀하시던 하나님께서 마지막 때의 시작에 그의 아들 예수 그리스도를 통하여 완전한 계시의 말

씀을 우리에게 하셨습니다. 예수님께서는 이 완전한 계시의 말씀에 대하여 "너희가 듣는 말은 내 말이 아니요 나를 보내신 아버지의 말씀이니라"(요 14:24)고 하셨으며, 또 "내 교훈은 내 것이 아니요 나를 보내신 이의 것이니라"(요 7:16)고 하셨습니다. 그리고 이 말씀이 사실인지 아닌지를 알려면 예수님 자신이 하나님의 영광을 나타내는지 아니면 자신의 영광을 나타내는지 살펴보라고 말씀하셨습니다(요 7:18). 성경을 보면, 예수님의 태어나심부터(눅 2:14) 이 세상에 오셔서 행하신 모든 일의 목적이 하나님을 영화롭게 하는 데 있었다는 것을 알 수 있습니다(요 17:4). 실제로 예수님께서는 십자가에서 고난당하시고 죽으심으로 우리를 구원하여 하나님 앞에 드리셨고 하나님을 영화롭게 하셨습니다(롬 15:7). 이러므로 하나님께서 아들로 우리에게 말씀하시고, 또한 예수님께서 그 말씀을 가지고 우리에게 오신 것은 분명한 사실입니다.

그러면 하나님께서 그 아들을 통하여 주신 말씀은 무엇일까요? 그 말씀은 바로 예수님 자신입니다. 그 말씀은 우리가 이 세상을 성공적으로 살다가 영원한 하나님 나라에 올라갈 때까지 계속하여 먹고 마시고 힘을 얻어야 할 예수 그리스도의 살과 피입니다. 예수님께서는 이렇게 말씀하셨습니다. "나는 하늘에서 내려온 살아 있는 떡이니 사람이 이 떡을 먹으면 영생하리라 내가 줄 떡은 곧 세상의 생명을 위한 내 살이니라"(요 6:51). "내가 진실로 진실로 너희에게 이르노니 인자의 살을 먹지 아니하고 인자의 피를 마시지 아니하면 너희 속에 생명이 없느니라"(요 6:53). 이러므로 예수님은 말씀으로 우리에게 오셨고(요 1:1), 하나님은 예수님의 찢기신 살과 흘리신 피를 통하여 우리에게 완전한 구원의 도리를 말씀하셨던 것입니다.

그러면 말씀으로 오신 예수님께서 계신 곳에는 어떤 일이 일어날까요? 성경에는 주님께서 천국 복음을 전파하실 때 "백성 중의 모든 병과 모든 약한 것을 고치시니 그의 소문이 온 수리아에 퍼진지라 사람들이 모든 앓는 자 곧 각종 병에 걸려서 고통당하는 자, 귀신 들린 자, 간질하는 자, 중풍 병자들을 데려오니 그들을 고치시더라" 고 기록되어 있습니다(마 4:23-24). 뿐만 아니라 예수님은 제자들이 나가 두루 전파할 때에 함께 역사하사 그 따르는 표적으로 말씀을 확실히 증언하셨습니다(막 16:20). 이러므로 예수님께서 하나님의 말씀으로 우리에게 다가오시면 우리의 영·혼·육에 놀라운 변화가 일어나는데, 그것은 바로 영혼이 잘됨같이 범사에 잘되고 강건하게 되는 삼중축복의 기적적 변화입니다. 오늘도 예수님은 이 선물을 가지고 사람들의 마음문 밖에 서서 두드리고 계십니다. 누구든지 그를 모셔 들이면 그와 더불어 먹을 것이요(계 3:20), 멸망하지 않고 영생을 얻을 것입니다(요 3:16).

이와 같이 예수님은 우리를 구원으로 인도하시는 길과 진리와 생명의 말씀으로 오셨는데, 그 오심이 얼마나 값지고 보배로운지 제자들에게 "너희가 보는 것을 보는 눈은 복이 있도다 내가 너희에게 말하노니 많은 선지자와 임금이 너희가 보는 바를 보고자 하였으되 보지 못하였으며 너희가 듣는 바를 듣고자 하였으되 듣지 못하였느니라"(눅 10:23-24)고 말씀하셨습니다. 오늘날 우리 성도들은 구약 시대에 완전한 계시의 나타남을 사모하면서 부분적인 계시를 받아 선포하던 선지자들이 바라고 소망하던 복을 누리고 있으니 감사하지 않을 수 없는 것입니다.

"이 아들을 만유의 상속자로 세우시고 또 그로 말미암아 모든 세계를 지으셨느니라". 상속자란 부모로부터 모든 것을 상속받을 아들을 가리킵니다. 예수님은 하나님으로부터 만유, 즉 눈에 보이는 세계와 보이지 않는 세계, 창세 이전과 창세 이후의 세계에 속한 모든 것을 상속하고 소유하실 주님이십니다. 예수님은 상속자이실 뿐만 아니라 성부와 성령과 더불어 이 모든 세계를 지으신 창조주이십니다. 이 모든 세계란 영적인 세계와 물질적인 세계를 다 포함합니다. 예수님은 구속주이실 뿐 아니라 창조주도 되시는 것입니다.

그러나 예수님께서는 만유의 상속자가 되기 위해서 먼저 해결하고 이루어야 할 하나님의 뜻이 있었습니다. 그 일은 하나님께 지음 받았음에도 불구하고 반역함으로 에덴에서 쫓겨난 아담과 하와의 후예, 곧 온 인류를 사탄의 손에서 찾아 하나님께 돌려드리는 일이었습니다. 이 일을 위해 예수님께서 이 땅에 오셨고, 십자가에 달려 죽으셨으며, 죽은 지 사흘 만에 죽은 자 가운데서 부활하사 사탄의 권세를 깨뜨리시고 그의 종 되었던 우리를 되찾아 하나님 앞에 드리신 것입니다. 이러므로 인간은 다시 하나님의 용서와 자비 앞에 있게 되었으며, 예수님을 구주로 고백하고 믿는 자마다 성령을 통하여 거듭나서, 하나님을 '아빠 아버지'라고 부르는 하나님의 자녀가 되는 권세를 얻게 되었습니다. 이제 그리스도인의 소속은 분명해졌습니다. 그러므로 예수님은 "내가 그들에게 영생을 주노니 영원히 멸망하지 아니할 것이요 또 그들을 내 손에서 빼앗을 자가 없느니라 그들을 주신 내 아버지는 만물보다 크시매 아무도 아버지 손에서 빼앗을 수 없느니라"(요 10:28-29)고 말씀하셨습니다. 예수님께서 이 땅에 오신 지 2천 년이 지난 지금도 주님은 수많은 그의 종들과 성도들을 보내어 잃어버린 영혼을 찾는 일을 계속하고 계십니다. 이 초청의 날이 다 가고(마 22:1-14) 예비된 혼인 잔치의 시간을 알리는 호령과 천사장의 소리와 하나님의 나팔 소리가 울려 퍼지면(살전 4:16), 하나님께서 예정하신 7년 환난이 시작됩니다. 그리고 7년 환난이 끝나고 예수님께서 지상 재림하실 때 만유를 하나님으로부터 상속받음과 동시에 천년왕국이 시작되고 우리는 주님과 더불어 영원히 왕 노릇 하게 될 것입니다.

3절 이는 하나님의 영광의 광채시요 그 본체의 형상이시라 그의 능력의 말씀으로 만물을 붙드시며 죄를 정결하게 하는 일을 하시고 높은 곳에 계신 지극히 크신 이의 우편에 앉으셨느니라

"이는 하나님의 영광의 광채시요". 이 세상에 하나님을 대면하여 뵈올 수 있는 사람은 아무도 없습니다. 성경은 하나님을 본 자는 죽는다고 했습니다(출 19:21). 그렇기 때문에 하나님께서는 이스라엘 백성들에게 말씀하시기 위해 시내 산에 강림하실 때 모세에게 "너는 백성을 위하여 주위에 경계를 정하고 이르기를 너희는 삼가 산에 오르거나 그 경계를 침범하지 말지니 산을 침범하는 자는 반드시 죽임을 당할 것이라"(출 19:12)고 경고하셨습니다. 하나님의 위엄과 영광은 감히 우리가 육신의 눈으로 볼 수 없습니다. 사울은 다메섹 도상에서 예수님의 영광의 빛을 보고 눈이 멀었으며(행 9:8), 요한은 예수님의 영광의 모습을 본 후 예수님의 발 앞에 엎드러져 죽은 자같이 되었습니다(계 1:17). 또한 이사야는 민족의 장래를 위하여 기도하다가 하나님의 임재하심을 보고 "화로다 나여 망하게 되었도다 나는 입술이 부정한 사람이요 나는 입술이 부정한 백성 중에 거주하면서 만군의 야훼이신 왕을 뵈었음이로다"(사 6:5)라고 외쳤습니다. 그러자 그때 한 천사가 다가와 핀 숯을 이사야의 입술에 대며 "보라 이것이 네

입에 닿았으니 네 악이 제하여졌고 네 죄가 사하여졌느니라"(사 6:7)고 했습니다. 이러므로 육체를 가진 존재로서 죄 사함을 받지 않고는 아무도 하나님께 가까이 나아갈 수 없는 것입니다.

예수님은 성자 하나님으로서, 우리가 하나님의 영광을 직접 대하더라도 죽지 않도록 사람의 몸을 입고 이 세상에 오셨습니다. 색안경을 통해서 태양을 볼 수 있듯이, 우리는 예수님을 통해서만 하나님을 뵈올 수 있습니다. 예수님께서는 그의 말씀과 행적을 통하여 우리에게 하나님을 보여 주셨습니다. 그의 몸을 십자가에 내어 주시고 못 박히시고 찢기심으로 하나님의 공의와 사랑과 능력과 오래 참으심과 소망을 보여 주셨습니다. 이러므로 우리가 예수님의 광채를 힘입을 때 비로소 하나님 앞에 나아갈 수 있으며 또한 장차 하늘나라에서 하나님의 영광 뵈옵기를 소원할 수 있는 것입니다. "우리가 다 수건을 벗은 얼굴로 거울을 보는 것같이 주의 영광을 보매 그와 같은 형상으로 변화하여 영광에서 영광에 이르니 곧 주의 영으로 말미암음이니라"(고후 3:18).

"그 본체의 형상이시라". 하나님은 영이십니다(요 4:24). 영은 우리 눈으로 볼 수 없습니다. 그런데 예수 그리스도께서는 우리가 눈으로 볼 수 있도록 육신을 입으신 하나님의 형상으로 이 세상에 오셨습니다. 이에 대해 성경은 "본래 하나님을 본 사람이 없으되 아버지 품속에 있는 독생하신 하나님이 나타내셨느니라"(요 1:18)고 하였습니다. 뿐만 아니라 빌립이 예수님께 "주여 아버지를 우리에게 보여 주옵소서 그리하면 족하겠나이다"(요 14:8)라고 말하자, 예수님께서는 "나를 본 자는 아버지를 보았거늘 어찌하여 아버지를 보이라 하느냐 내가 아버지 안에 거하고 아버지는 내 안에 계신 것을 네가 믿지 아니하느냐 내가 너희에게 이르는 말은 스스로 하는 것이 아니라 아버지께서 내 안에 계셔서 그의 일을 하시는 것이라 내가 아버지 안에 거하고 아버지께서 내 안에 계심을 믿으라 그렇지 못하겠거든 행하는 그 일로 말미암아 나를 믿으라"(요 14:9-11)고 가르치셨습니다. 예수님께서는 이 땅 위에서 하나님의 형상을 우리에게 보여 주시기 위하여 많은 일을 행하셨습니다.

'하나님의 형상' 은 하나님의 성품을 뜻합니다. 예수님께서는 하나님의 모든 성품 곧 전지전능하시고 지혜로우시며 거룩하시고 선하시고 의로우시며 사랑이신 하나님의 성품을 다 갖고 계셨습니다. 예수님은 전지(全知)하셔서 사람들의 마음속의 생각을 알고 계셨으며(요 16:30), 전능(全能)하시므로 사탄이 그의 앞에서 소리를 치고 떠났습니다(막 5:1-13). 예수님은 흠이 전혀 없는 선하시고 의로우신 분이셨습니다. 그는 지극한 사랑으로 십자가를 지셨고 그 위에서 몸 찢기고 피 흘리심으로 아담의 죄를 청산하시고 사랑과 공의를 동시에 이루셨습니다. 그리고 예수님은 장사된 지 사흘 만에 죽음의 권세를 깨뜨리고 부활하시고 승천하셔서 하나님 보좌 우편에 앉으심으로 하나님의 영원성을 나타내 보이셨습니다. 이러므로 우리는 예수님이 행하신 일만 보고서도 영이신 하나님 아버지의 형상을 알 수 있는 것입니다. 하나님은 예수님을 통하여 그의 일을 하셨으며, 예수님은 그 자신의 사심과 죽으심과 부활 승천하심을 통하여 우리에게 하나님 아버지를 보여 주셨습니다. 그러므로 오늘 우리는 예수 그리스도 안에서 하나님을 만날 수 있습니다. 예수님은 "내가 곧 길이요 진리요 생명이니 나로 말미암지 않고는 아버지께로 올 자가 없느니라"(요 14:6)고 분명히 말씀하셨습니다. 오늘날 그리스도인들이 크게 기뻐할 진리 가운데 하나가 바로 이것입니다.

“그의 능력의 말씀으로 만물을 붙드시며”. 태초에 하나님께서 세상을 창조하실 때 예수님도 성령님과 함께 그 일에 동참하셨습니다. 성경은 창조된 만물과 예수님과의 관계를 이렇게 기록하고 있습니다. “그는 보이지 아니하는 하나님의 형상이시요 모든 피조물보다 먼저 나신 이시니 만물이 그에게서 창조되되 하늘과 땅에서 보이는 것들과 보이지 않는 것들과 혹은 왕권들이나 주권들이나 통치자들이나 권세들이나 만물이 다 그로 말미암고 그를 위하여 창조되었고 또한 그가 만물보다 먼저 계시고 만물이 그 안에 함께 섰느니라”(골 1:15-17). 예수님은 만물을 지으셨을 뿐만 아니라 그것들이 지으신 법칙대로 운행하도록 유지시키는 일도 하십니다. 그 예로 주님께서는 온 우주 공간에 있는 수많은 별들의 갈 길을 정해 놓으시고 그 별들이 서로 충돌하지 않고 질서 있게 운행하도록 하십니다. 이렇게 저 무수한 별들의 갈 길을 정해 놓으신 주님께서는 여러분과 나의 인생의 갈 길도 이미 다 정해 놓으셨습니다. 실수하지 않는 하나님께서는 우리에게 다가오는 모든 일들을 주님 보시기에 가장 좋은 것으로 만들고 이끌어 주십니다. 그러므로 우리의 일생을 주님 손에 맡기고 주님을 따라가면 주님께서 우리를 이끌어 주시는 것입니다.

또한 주님께서는 아담의 타락으로 말미암아 파괴되고 왜곡된 모든 만물을 친히 십자가에 달리심으로 다시 회복시키고 하나님과 화목하게 하셨습니다. 성경은 이를 가리켜 “아버지께서는 모든 충만으로 예수 안에 거하게 하시고 그의 십자가의 피로 화평을 이루사 만물 곧 땅에 있는 것들이나 하늘에 있는 것들이 그로 말미암아 자기와 화목하게 되기를 기뻐하심이라”(골 1:19-20)고 말씀합니다. 이러므로 오늘날 만물이 질서 정연하게 유지되는 것은 예수님께서 그 배후에 계시기 때문이며, 장차 심판의 때가 지나면 온 만물이 완전하고 새롭게 되는 역사가 일어날 것입니다.

"죄를 정결하게 하는 일을 하시고". 인간은 어느 누구를 막론하고 죄를 지을 수는 있어도 그 죄를 용서하거나 용서받을 자격은 없습니다. 에덴동산에서 선악과를 따 먹는 것은 아담의 자유였지만, 그 죄과로 에덴에서 쫓겨난 후 저주와 죽음에서 벗어나 구원받는 일은 자기 의사나 자기 능력으로 할 수 없었습니다. 성경은 "선을 행하고 전혀 죄를 범하지 아니하는 의인은 세상에 없기 때문이로다"(전 7:20)라고 말씀합니다. 또한 "죄의 삯은 사망"(롬 6:23)이라고 했습니다. 이것이 인간의 운명이요, 미래입니다.

그런데 이와 같은 절망 가운데 있는 인간들을 구원하기 위해 2천 년 전에 예수님께서 오셔서 단번에 그의 몸을 드리심으로 우리를 죄에서 구속하셨습니다. 로마서에서 바울 사도는 "모든 사람이 죄를 범하였으매 하나님의 영광에 이르지 못하더니 그리스도 예수 안에 있는 속량으로 말미암아 하나님의 은혜로 값없이 의롭다 하심을 얻은 자 되었느니라"(롬 3:23-24)는 말씀으로 이 놀라운 비밀을 설명하고 있습니다. 예수님은 이 땅에 오셔서 그의 피로 우리의 죄를 정결하게 하시고, 의의 옷을 입혀 하나님의 자녀가 되는 권세를 우리에게 주신 것입니다. 우리의 죄를 근본적으로 용서하고 씻으실 분은 십자가에서 피 흘리신 예수님밖에 없습니다.

"높은 곳에 계신 지극히 크신 이의 우편에 앉으셨느니라". 여기서 '높은 곳에 계신 지극히 크신 이'는 하늘 보좌에 앉아 계신 성부 하나님을 가리킵니다. '우편에 앉으셨다'는 말은 예수님께서 하나님의 권능을 가지고 하나님을 대신하여 이 세상을 다스리고 계신다는 뜻입니다. 예수님은 이 세상에 계실 때 "이제부터는 인자가 하나님의 권능의 우편에 앉아 있으리라"(눅 22:69)고 말씀하셨습니다. 예수님께서는 십자가의 보혈로 말미암아 우리들에게 영원한 구원을 완성해 놓으신 후 하나님 보좌 우편에 영원히 앉아 계십니다. 인류의 역사상 사람이 죽어 묻힌 다음 빈 무덤으로 남아 있는 예가 없습니다. 그러나 예수님의 무덤은, 예수님께서 죽으신 지 사흘 만에 살아나시고 하나님 보좌 우편에 앉으셨기 때문에 오늘까지도 빈 무덤으로 남아 있는 것입니다. 오늘도 예수님은 그 능력의 오른팔로 우리를 지키시고 인도하시고 먹이시는 일을 계속하십니다.

지금까지 본 장 1절부터 3절까지의 말씀을 상고하여 보았습니다. 이 말씀들은 우리에게 하나님의 완전한 계시가 예수님을 통하여 주어졌다는 진리를 보여 주고 있습니다. 왜 예수님을 통하여 주신 계시가 완전하고 가장 위대할까요? 예수님께서는 만유의 상속자이시고 만유를 지으신 창조주이시며 하나님의 영광과 본체를 나타내 보여 주시는 분이시기 때문입니다. 또한 만유를 보전하시고 속죄하시는 구주이실 뿐 아니라 하나님 우편에 앉아 계시는 영원한 왕이시기 때문입니다. 그러므로 예수 그리스도 한 분 외에는 우리에게 구원의 메시지를 주실 다른 분은 없습니다(행 4:12). 말세에 미혹하는 영들이 와서 거짓으로 자신을 그리스도라고 속이지만 이는 다 흑암의 권세가 보낸 사람들인 것입니다.

2. 천사들과 비교할 수 없는 예수님의 위치 (1:4-14)

4. 그가 천사보다 훨씬 뛰어남은 그들보다 더욱 아름다운 이름을 기
업으로 얻으심이니 5. 하나님께서 어느 때에 천사 중 누구에게 너는
내 아들이라 오늘 내가 너를 낳았다 하셨으며 또 다시 나는 그에게 아
버지가 되고 그는 내게 아들이 되리라 하셨느냐 6. 또 그가 맏아들을
이끌어 세상에 다시 들어오게 하실 때에 하나님의 모든 천사들은 그
에게 경배할지어다 말씀하시며 7. 또 천사들에 관하여는 그는 그의
천사들을 바람으로, 그의 사역자들을 불꽃으로 삼으시느니라 하셨으
되 8. 아들에 관하여는 하나님이여 주의 보좌는 영영하며 주의 나라
의 규는 공평한 규이니이다 9. 주께서 의를 사랑하시고 불법을 미워
하셨으니 그러므로 하나님 곧 주의 하나님이 즐거움의 기름을 주께
부어 주를 동류들보다 뛰어나게 하셨도다 하였고 10. 또 주여 태초에
주께서 땅의 기초를 두셨으며 하늘도 주의 손으로 지으신 바라 11. 그
것들은 멸망할 것이나 오직 주는 영존할 것이요 그것들은 다 옷과 같
이 낡아지리니 12. 의복처럼 갈아입을 것이요 그것들은 옷과 같이 변
할 것이나 주는 여전하여 연대가 다함이 없으리라 하였으나 13. 어느
때에 천사 중 누구에게 내가 네 원수로 네 발등상이 되게 하기까지 너
는 내 우편에 앉아 있으라 하셨느냐 14. 모든 천사들은 섬기는 영으
로서 구원받을 상속자들을 위하여 섬기라고 보내심이 아니냐

4절 그가 천사보다 훨씬 뛰어남은 그들보다 더욱 아름다운 이름을

기업으로 얻으심이니

히브리서의 기자는 1절부터 3절까지의 말씀에서 하나님의 완전한 계시자이신 예수님이 구약의 모든 선지자들보다 완전하고 높으시다는 것을 증명해 보인 다음, 본 절 이후에서는 예수님께서 천사들보다 더 위대하고 월등하신 분임을 설명하고 있습니다.

초대 교회 당시 유대인들은 천사를 숭배하였는데, 심지어 기독교로 개종한 사람들 중에도 예수님을 하나님이 부리시는 천사장 중의 하나라고 생각하는 사람들이 있었습니다. 오늘날도 예수님이 높은 천사들 중의 하나라고 주장하는 이단 종교들이 있습니다. 이러한 주장은 매우 잘못된 것입니다. 예수님은 천사들과 본질적으로 다른 분으로, 천사와 비교될 수 없습니다. 예수 그리스도는 천사들을 지으신 창조자인 것입니다. 또한 예수님은 그 이름에 있어서 천사들과 다릅니다. '이름' 은 바로 지위나 직위를 내포합니다. 예수님의 이름은 '하나님의 아들' 이었습니다. 예수님의 이름 그 자체가 기업이 됩니다. 아들이신 예수님에게 아버지 하나님의 소유를 상속받을 권한이 있기 때문입니다. 그러나 천사들에게는 만유의 상속자가 될 자격이 없습니다.

따라서 그리스도가 하나님께로부터 받은 지위가 천사보다 월등하게 높다는 것을 성경이 우리에게 보여 주고 있는 것입니다.

5절 **하나님께서 어느 때에 천사 중 누구에게 너는 내 아들이라 오늘 내가 너를 낳았다 하셨으며 또 다시 나는 그에게 아버지가 되고 그는 내게 아들이 되리라 하셨느냐**

본 절의 말씀은 시편 2편 7절과 사무엘하 7장 14절을 인용한 것입니다. 이 말씀들은 장차 이 땅에 오실 '하나님의 아들' 예수 그리스도에 관하여 상징적으로 주신 예언의 말씀입니다. 시편 2편 7절을 보면 "너는 내 아들이라 오늘 내가 너를 낳았도다"라고 말씀하셨습니다. 욥기를 보면 천사들을 하나님의 아들들이라고 불렀습니다(욥 1:6). 그러나 이것은 일반적인 의미로 부르신 '아들' 일 뿐, 하나님께서 한 천사를 지칭하여 "네가 내 아들이라. 오늘날 내가 너를 낳았다." 고 하신 적은 결코 없었습니다. 천사는 하나님께서 낳은 아들이 아니라, 하나님께서 지으신 피조물입니다. 낳는 것과 만드는 것은 다릅니다. 하나님께서는 태초의 인간인 아담과 하와를 흙으로 만드셨고 천사들도 하나님이 지으셨습니다.

하나님께서 낳은 이는 예수님 한 분밖에 없습니다. 하나님께서 낳으신 예수님은 하나님의 신성 속에서 나왔기 때문에 하나님과 본질에 있어서 완전히 똑같으신 분, 즉 성자 하나님이심을 알아야 합니다. 그러나 천사는 결코 하나님과 본질적으로 같은 아들은 될 수 없습니다.

"또 다시 나는 그에게 아버지가 되고 그는 내게 아들이 되리라". 사무엘하 7장 14절에 나단 선지자가 다윗에게 와서 예언할 때 솔로몬을 지칭해서 말하기를 "나는 그에게 아버지가 되고 그는 내게 아들이 되겠다." 라고 했는데, 여기에서 솔로몬은 궁극적으로 예수 그리스도를 상징하고 있다는 것을 알 수 있습니다. 하나님은 예수님께 "나는 너의 아버지가 되고 너는 나의 아들이 되리라." 고 말씀하셨습니다. 하나님은 절대로 천사를 아들이라고 말씀하신 적이 없습니다. 천사는 하나님의 종일 뿐입니다.

6절 또 그가 맏아들을 이끌어 세상에 다시 들어오게 하실 때에 하나

님의 모든 천사들은 그에게 경배할지어다 말씀하시며

왜 하나님의 아들 예수 그리스도를 '맏아들' 이라고 했을까요? 하나님은 아담을 지으실 때 생령으로 지으셨습니다(창 2:7). 그러나 아담과 하와가 하나님의 명을 어기고 선악과를 따 먹은 뒤로 그들은 정죄함을 받아 죄인이 되었고 그 값으로 사망에 이르렀는데, 그들뿐만 아니라 그들의 후손인 모든 인류가 사망에 이르게 되었습니다(롬 5:12). 이와 같이 죄로 인한 절대 절망 가운데서 죽어가는 인간을 구원하시기 위해 하나님의 아들 예수 그리스도께서 오셨고, 그의 죽으심과 부활하심을 통하여 우리에게 새 생명을 주신 것입니다. 성경은 이 진리를 가리켜 "한 사람의 범죄로 말미암아 사망이 그 한 사람을 통하여 왕 노릇 하였은즉 더욱 은혜와 의의 선물을 넘치게 받는 자들은 한 분 예수 그리스도를 통하여 생명 안에서 왕 노릇 하리로다"(롬 5:17)라고 하였습니다. 또한 "기록된바 첫 사람 아담은 생령이 되었다 함과 같이 마지막 아담은 살려 주는 영이 되었나니 그러나 먼저 신령한 사람이 아니요 육의 사람이요 그다음에 신령한 사람이니라 첫 사람은 땅에서 났으니 흙에 속한 자이거니와 둘째 사람은 하늘에서 나셨느니라"(고전 15:45-47)고 기록하고 있습니다.

그러므로 예수님은 그 구속적 은총으로 의롭다 하심을 입은 모든 사람의 앞에 서셔서 신령한 맏아들이 되신 것입니다. 이제 그리스도 안에서 우리는 그의 뒤를 따라 양자의 영을 받고 하나님을 아버지라 부를 수 있게 되었습니다. 우리가 범사에 감사할 수밖에 없는 까닭은, 우리가 "예수님은 나의 구주이십니다."라고 마음으로 믿고 입으로 시인하기만 하면 하나님께서 우리를 아들로 삼아 주시고 우리에게 아버지가 되어 주시기 때문입니다.

우리가 예수님을 믿고 거듭날 때 하나님은 성령으로 우리를 직접 낳으십니다. 성령께서 역사하실 때, 우리의 속사람이 그리스도와 함께 죽고, 함께 장사 지내고, 함께 부활하여 하나님께로부터 직접 태어나는 것입니다. 따라서 우리들은 오늘날 영적인 하나님의 친자식들이며, 예수님이 하나님을 아빠 아버지라고 부르듯이, 우리도 하나님을 아빠 아버지라고 부를 수 있게 되었습니다.

하나님은 장차 그 맏아들을 이끌어 다시 이 세상에 오게 하실 것입니다. 이 '다시 오심' 이 바로 우리가 고대하는 예수님의 지상 재림입니다. 예수님께서 7년 공중 혼인 잔치를 마치고 만왕의 왕으로 이 땅에 오실 때, 맏아들 되신 예수님과 함께 지상으로 온 하나님의 아들들이 된 우리들은 "천 년 동안 그리스도와 더불어 왕 노릇"(계 20:6) 하게 될 것입니다. 그리고 그때 우리는 모든 천사들이 예수 그리스도께 엎드려 경배하는 광경을 보게 될 것입니다. 예수님과 천사들은 이렇게 본질적으로 차이가 있는 것입니다.

7절 또 천사들에 관하여는 그는 그의 천사들을 바람으로, 그의 사역자들을 불꽃으로 삼으시느니라 하셨으되

본 절의 말씀은 시편 104편 4절에 기록된 말씀입니다. 하나님은 그의 천사들을 바람으로 사용하십니다. 천사들은 영이기 때문에 하나님의 명령을 따라 바람처럼 동에서 서로, 남에서 북으로 자유자재로 온 세계를 다니며 사역합니다. 또한 하나님은 천사들을 불꽃으로 삼으셔서 어둠을 밝혀 그의 영광을 지키는 사역자로 삼으십니다. 오늘날 주의 종들은 하나님의 영광을 지키는 지상의 사자들입니다. 그러므로 주의 종들도 바람처럼, 불꽃처럼 인생을 살아야 합니다. 하나님의 성령께서 인도하시는 대로 순종하며 살아야지, 그렇지 않고 임의대로 육신의 정욕과 안목의 정욕과 이생의 자랑을 따라 살기 시작하면 그때부터 그는 종의 자격을 상실하고 버림받게 됩니다. 뿐만 아니라 주의 종은 불꽃 같은 열심이 있어야 합니다. 주의 종이 차지도 아니하고 덥지도 아니하면 교인들까지 냉랭하여져서 마침내 예수님의 입으로부터 토하여 내침을 받게 될 것입니다.

8절 아들에 관하여는 하나님이여 주의 보좌는 영영하며 주의 나라의 규는 공평한 규이니이다

하나님께서 그의 사랑하시는 종 다윗을 통하여 예수 그리스도를 계시하실 때 '하나님'으로 부르게 하셨습니다(시 45:6-7). 신약에서 예수님을 소개할 때 '다윗의 자손 예수'라 하여 다윗과 예수님의 관계를 설명한 것은 우연히 된 일이 아닙니다. 다윗은 그의 뿌리를 통하여 구주가 나실 줄 미리 알고 있었음이 분명합니다. 우리가 성령의 인도하심에 따라 진실된 마음으로 시편을 읽어 보면 구구절절이 예수 그리스도에 관하여 말씀하고 있음을 알 수 있습니다.

"주의 보좌는 영영하며 주의 나라의 규는 공평한 규이니이다". 유대인들은 다윗 왕을 이스라엘 역사상 가장 위대하고 훌륭한 왕이었다고 생각했습니다. 그런데 그러한 다윗 왕조차 만왕의 왕 되신 예수님에 대해 예언할 때 "주의 보좌는 영영하며 주의 나라의 규는 공평한 규이니이다."라고 고백하였습니다. 언제나 일시적인 것은 영원한 것 앞에서 진위를 심판받고, 상대적인 것은 절대적인 표준에 의해 판단됩니다. 그러므로 예수님은 물론이거니와 그의 피로 구속함을 입은 우리들도 예수님을 힘

입어 천사들을 심판하게 되는 것입니다(고전 6:3).

9절 주께서 의를 사랑하시고 불법을 미워하셨으니 그러므로 하나님 곧 주의 하나님이 즐거움의 기름을 주께 부어 주를 동류들보다 뛰어나게 하셨도다 하였고

예수님은 의를 사랑하시고 불법을 미워하셨습니다. 그러므로 하나님께서는 예수님에게 특별히 기름을 부으셨습니다. 하나님께서는 예수님을 모든 피조물보다 먼저 나게 하시고 모든 피조물보다 높게 하시고 또한 모든 피조물을 만드신 당사자가 되게 하셨다고 강조하심으로써, 예수님이 천사보다 월등하게 높다는 것을 말씀하고 계신 것입니다.

하나님은 단번에 우리 죄를 사하실 수 있는 권능자이시지만 그의 의로우심 때문에 형벌 없이는 사하실 수 없었고 또 그가 지으신 인간에 대한 불타는 사랑 때문에 내버려 두실 수도 없었습니다. 그래서 하나님의 아들이신 예수님이 친히 인간의 몸을 입고 이 땅에 오셔서 우리의 죗값을 한 몸에 지고 죽으심으로 하나님의 공의와 사랑을 동시에 충족시키는 온전한 구원을 이루셨습니다. 그러므로 누구든지 예수님을 자신의 구주로 믿는 사람은 죄 사함 받고 의롭다 함을 얻게 되는 것입니다. 우리 그리스도인들의 의는 우리의 행위로 얻을 수 있는 불완전한 의가 아니라 영원한 의 곧 예수님의 보혈 공로를 믿음으로 획득되는 의를 말합니다. 우리가 그리스도로 말미암는 의를 사랑하고 불법을 행하는 사탄의 세력을 담대히 대적할 때, 하나님께서는 크게 기뻐하시고 성령 충만함을 통하여 우리의 마음속에 즐거움을 베풀어 주십니다.

나아가 우리가 세상에서도 주님의 의를 힘입어 의롭고 정직하고 성실

하게 살면 성령께서 도우사 우리 주위의 모든 동료들보다 모든 면에서 앞서고 성공하게 해 주십니다. 오늘날 많은 그리스도인들이 마음으로는 예수님을 믿으면서도 이 세상의 일들을 할 때는 자기 경험과 생각과 계획에 의하여 하려고 합니다. 그들은 좀처럼 성령님께 기회를 드리지 않습니다. 그들은 소위 사업을 하려면 술, 담배도 해야 하고 불법도 적당히 해야 한다고 말합니다. 그러나 이것은 세상과 적당히 타협하는 불신앙적인 생활 태도입니다. 하나님은 영원하시고 공평하신 역사의 섭리자이십니다. 우리가 그의 의로우심을 믿고 맡기기만 하면, 하나님께서는 우리가 상상할 수 없을 정도로 축복을 주시는 것입니다.

10-12절 또 주여 태초에 주께서 땅의 기초를 두셨으며 하늘도 주의 손으로 지으신 바라 그것들은 멸망할 것이나 오직 주는 영존할 것이요 그것들은 다 옷과 같이 낡아지리니 의복처럼 갈아입을 것이요 그것들은 옷과 같이 변할 것이나 주는 여전하여 연대가 다함이 없으리라 하였으나

본문은 시편 102편 25절부터 27절까지의 말씀을 인용하여 예수님의 우월하심을 더욱 강조하였습니다. 예수님께서 천사들과 비교하실 수 없는 분임을 보여 주는 결정적인 한 가지 증거는 그가 창조주라는 사실입니다. 예수님께서는 자신에 관하여 말씀하실 때 창세전부터 하나님 아버지와 함께 있었음을 몇 번이나 언급하셨습니다(요 17:5, 24). 세상을 지으시기 전부터 성부, 성령 하나님과 함께 계셨던 예수님은 세상이 다한 후에도 영원히 계실 것입니다.

천년왕국이 지나간 후에 우리가 보는 이 하늘과 이 땅에서 죽었던 모

든 것들이 다 부활하여 심판을 받게 됩니다. 예수님을 안 믿고 죽은 사람도 다 부활합니다. 그때 주님은 흰 보좌에서 생명책을 펼쳐 놓고 창세 이후부터 지금까지 죽은 모든 사람들 중에 생명책에 기록되어 있는 사람들은 심판을 받지 않도록 확인하십니다. 그리고 그리스도를 배반하고 하나님을 믿지 않은 구원받지 못한 사람들은 영원한 심판을 받아 마귀와 그 사자들을 위해서 예비한 불과 유황으로 타는 못으로 들어가게 됩니다. 이것이 둘째 사망입니다. 이때 구원받은 성도들은 예수 그리스도와 함께 살 영화로운 새 예루살렘으로 들어가게 되는 것입니다.

장차 이 세상도 심판을 받아 마치 낡은 옷을 갈아입듯이 하늘이 큰 소리로 떠나가고 물질이 뜨거운 불에 풀어지고 땅과 그중에 있는 모든 일이 드러나고(벧후 3:10), 천년왕국이 시작되고 또 천년왕국이 끝난 후, 영원무궁한 새 하늘과 새 땅이 시작될 때에도 예수님은 변함이 없으시고 영원하실 것입니다(히 13:8). 그러므로 예수님은 천사와 비교할 수 없는 분입니다.

13절 어느 때에 천사 중 누구에게 내가 네 원수로 네 발등상이 되게 하기까지 너는 내 우편에 앉아 있으라 하셨느냐

본 절은 시편 110편 1절에 언급된 말씀입니다. 우리 하나님께서는 예수님께 "내가 네 원수로 네 발등상이 되게 하기까지 너는 내 우편에 앉아 있으라."고 하셨습니다. '발등상'이란 발을 올려놓는 발판을 말합니다. 그러므로 발판이 되게 한다는 것은 어떤 사람의 권세 아래에 완전하게 굴복시킨다는 것을 의미합니다.

예수님께서는 십자가에 못 박혀 죽으시고 부활하신 다음 승천하셔서

지금은 하나님의 보좌 우편에 앉아 계십니다. 예수님께서 십자가 위에서 우리의 죄를 청산하신 뒤로 주의 복음이 전파되는 곳마다 사탄이 권세를 잃고 쫓겨 가고, 장차 기한이 차면 주님께서 강림하사 사탄을 완전히 정복해 버리실 것입니다. 물론 지금이라도 주님은 이 일을 하실 수 있습니다. 그러나 아직도 구원의 복음을 듣지 못한 사람들을 위하여 잠시 지체하고 계시는 것입니다. 그때가 이르기까지는 주님의 제자 된 우리 그리스도인들을 통해 복음이 전파되게 하십니다. 그러므로 오늘날 우리가 하나님 우편에 계시는 예수 그리스도의 이름의 권세를 가지고 나아갈 때 귀신이 쫓겨 나가고 병든 자가 일어나는 것입니다(막 16:17-18).

예수님께서 재림하시는 날, 하나님께서 사탄을 예수님의 발등상이 되게 하여 주십니다. 예수님께서 일단 우리의 죗값을 치르시고 사탄의 손에서 우리를 되찾으셨으므로, 이제는 하나님께서 사탄을 향하여 공의의 심판을 하실 수 있는 것입니다. 그 마지막 날에 주님께서 큰 영광을 받으실 것입니다. 하나님께서는 아들을 보고 그때가 올 때까지 내 우편에 앉아 있으라고 하신 것입니다. 천사들에게는 그런 말씀을 하신 적이 없습니다.

14절 모든 천사들은 섬기는 영으로서 구원받을 상속자들을 위하여 섬기라고 보내심이 아니냐

천사들은 하나님을 위하여 바람처럼, 불꽃처럼 역사할 뿐만 아니라 주의 백성들을 섬기는 일도 합니다. 지금 이 시간에도 수많은 천사가 각각 그 보내심을 받은 주의 자녀들을 위하여 불꽃 같은 눈으로 지키고 있습니다. 예수님께서 친히 말씀하시기를 "삼가 이 작은 자 중의 하나도 업

신여기지 말라 너희에게 말하노니 그들의 천사들이 하늘에서 하늘에 계신 내 아버지의 얼굴을 항상 뵈옵느니라"(마 18:10)고 하셨습니다. 이처럼 천사들은 예수님과 비교가 되지 않는 낮은 위치에 있을 뿐만 아니라 우리를 섬기기 위해 와 있는 존재에 불과합니다. 그렇기 때문에 천사를 주님과 동등하게 생각한다거나 기도의 대상으로 삼는 것은 있을 수 없는 일인 것입니다. 우리가 예배할 대상은 오직 삼위일체 하나님이십니다.

천사들은 하나님의 손으로 지음 받은 영이고, 우리는 하나님께로부터 직접 태어난 자식들입니다. 천사들은 하나님의 구원을 얻을 상속자들인 우리를 돕기 위해 언제나 우리와 함께 있는 것입니다. 천사는 영이기 때문에 눈에 보이지 않지만 마귀와의 싸움에서 우리를 지켜 주기 위해 늘 우리 곁에 있습니다. 그래서 우리는 "하나님, 천사를 보내사 저를 둘러 진치게 하여 주시옵소서. 천사를 보내사 저를 지키게 하여 주시옵소서." 라고 기도할 수 있습니다.

우리 속에는 성부, 성자, 성령께서 동시에 계십니다. 그리고 하나님의 천사들이 우리를 둘러 진치고 있는 것입니다. 그러므로 우리는 외롭지 않습니다. 우리는 버림받지 않습니다. 우리는 홀로 인생을 살고 있지 않습니다. 하나님은 장차 온 우주를 우리에게 상속으로 주시려고 우리들을 부르셨으므로 하나님 보시기에 우리 한 사람 한 사람은 너무나 귀하고 아름다운 존재들입니다. 그러므로 올바른 믿음을 가진다면 우리는 강하고 담대하게 살아갈 수 있는 것입니다.

제 2 장

위대한 구원의 말씀

A COMMENTARY
ON THE EPISTLE TO THE
HEBREWS

본 장은 구원의 복음을 듣고 개종한 성도가 말씀을 소홀히 여기고 불순종하지 않도록 경고하며, 복음을 지킬 것을 권고하고 있습니다. 그리고 구원의 완성자인 예수님께서 천사보다 못한 인간으로 이 세상에 오신 이유를 설명해 주고 있습니다. 예수님께서는 근본 하나님의 본체이심에도 불구하고 비천한 인간의 몸으로 이 세상에 오셔서 고난받고 죽으심으로 온 인류의 죄를 대속한 영원한 대제사장이 되셨습니다. 결국 예수님께서 잠시 천사보다 낮아지셨던 것은 죄 가운데 있는 인류를 구원하시기 위한 사랑의 구현이었던 것입니다.

1. 구원의 말씀을 지키라(2:1-4)

1. 그러므로 우리는 들은 것에 더욱 유념함으로 우리가 흘러 떠내려 가지 않도록 함이 마땅하니라 2. 천사들을 통하여 하신 말씀이 견고하게 되어 모든 범죄함과 순종하지 아니함이 공정한 보응을 받았거든 3. 우리가 이같이 큰 구원을 등한히 여기면 어찌 그 보응을 피하리요 이 구원은 처음에 주로 말씀하신 바요 들은 자들이 우리에게 확증한 바니 4. 하나님도 표적들과 기사들과 여러 가지 능력과 및 자기의 뜻을 따라 성령이 나누어 주신 것으로써 그들과 함께 증언하셨느니라

1절 그러므로 우리는 들은 것에 더욱 유념함으로 우리가 흘러 떠내려가지 않도록 함이 마땅하니라

우리가 듣고 믿은 구원의 말씀은 이 세상 무엇과도 바꿀 수 없는 귀한 보배입니다. 따라서 우리는 그 말씀을 마음에 깊이 간직해야 합니다. 이

말씀을 잘 지키지 아니하면, 사탄이 와서 도둑질해 갑니다(요 10:10). 뿐만 아니라 받은 말씀을 붙잡고 지키지 아니하면 그 말씀은 부지불식간에 우리 마음의 그릇으로부터 쏟아지고 말 것입니다. '유념함으로' 라는 말은 마땅히 우리의 마음과 뜻과 정성을 다하여 주의를 기울이고 지키라는 의미입니다. 우리가 지키는 일을 소홀히 하면, 육신의 정욕과 안목의 정욕과 이생의 자랑과 세상의 재리(財利)와 탐심으로 인하여 우리의 믿음이 약해지고 나중에는 흔적도 없이 사라져 버리고 말 것입니다. 그러므로 말씀을 듣는 것이 첫째요, 그 말씀을 마음속 깊이 간직하는 것이 둘째로 중요합니다.

복음을 귀하게 여기지 않는 사람들은 신앙생활 하는 것을 인생의 한 액세서리 정도로 생각합니다. 이런 사람들은 복음으로 말미암아 조그만 박해나 불이익이 다가오면 복음을 헌신짝 버리듯 하는 경우가 많습니다. 또한 마음에 세상 욕심이 꽉 들어차 있는 사람들에게는 복음이 들어갈 자리가 없습니다. 오직 옥토에 떨어진 씨만이 30배, 60배, 100배로 복음의 열매를 얻을 수 있는 것입니다.

복음을 우리 마음속에 간직하려면 복음에 관심을 기울여야 되는데, 성령은 오셔서 우리의 마음을 붙잡아 복음에 관심을 갖게 만들어 주십니다. 이것은 오직 성령께서만이 하실 수 있습니다. 그렇기 때문에 우리는 늘 성령을 인정하고 환영하고 모셔 들여야 합니다. 성령이 오셔서 우리 마음을 복음으로 확 붙잡게 하셔야 하는 것입니다. 예수님께서는 십자가에 돌아가셔서 몸 찢고 피 흘려 복음을 완성하시고 하나님 보좌 우편에 앉아 계시며, 성령께서는 복음이 온 천하에 전파되고 모든 사람의 마음속에 들어가도록 역사하십니다.

"우리가 흘러 떠내려가지 않도록". 자기도 모르는 사이에 슬며시 흘러 떠내려가지 않도록 하라는 것입니다. '흘러 떠내려가다' 라는 것은 예컨대 반지가 손가락에서 빠져 버리는 것, 실수로 음식을 흘리는 것, 어떤 것을 무의식중에 말해 버리는 것들을 의미합니다. 이 말은 처음 예수님을 잘 믿다가 나중에 세속에 흘려 자기도 모르는 사이에 신앙을 다 잃어 버리고 타락하는 사람이 있을 수 있다는 것을 경고하는 것입니다. 아나니아와 삽비라는 욕심으로 인해 믿음에서 떠났으며(행 5:1-11), 바울의 제자인 데마는 세상을 사랑하여 데살로니가로 갔습니다(딤후 4:10). 오늘날도 적지 않은 사람들이 구원의 말씀을 소홀히 여기다가 마치 모래밭에 물을 쏟듯이 쏟아 버리고 맙니다. 그들은 성령으로 시작했다가 육체로 마치고, 감사로 시작했다가 원망과 시비로 마치며, 소망으로 시작했다가 절망으로 마칩니다.

오늘날 우리가 세상을 살다 보면 크고 작은 갖가지 일 때문에 마음이 상할 때가 많이 있습니다. 이 모든 일들이 우리로 하여금 구원의 말씀을 흘러 떠내려가게 하는 원인이 될 수 있습니다. 이러므로 우리가 받은바 구원의 말씀을 유념하고 지키기 위해서는 '이 세상 어떤 일도 하나님의 사랑을 우리 마음에서 빼앗아 갈 수 없다.' (롬 8:38-39)는 진리의 말씀을 마음에 새기고, 어떠한 것에도 동요되지 않겠다는 결심을 하여야 합니다.

2절 천사들을 통하여 하신 말씀이 견고하게 되어 모든 범죄함과 순종하지 아니함이 공정한 보응을 받았거든

'천사들을 통하여 하신 말씀' 이란 모세의 율법을 의미합니다. 율법은 하나님이 시내 산에서 천사들을 통해 주신 것입니다. 구약 성경을 보면 하나님의 메신저로서 천사들이 종종 말씀을 전해 주었습니다. 하나님께서 천사를 통하여 주신 율법 역시 일점일획도 없어지지 않는다고 말씀하셨습니다. 이렇게 천사들이 전한 율법조차도 하나님께서 권위를 부여하셔서, 그 말씀을 지키는 자와 지키지 않는 자들이 각각 그 보응을 받았습니다. 여기서 '공정한 보응을 받았다' 는 것은 하나님께서 모든 것을 공의로 보응하셨다는 것을 말합니다. 구약 성경을 보면 애굽에서 나온 이스라엘 민족 약 3백만이 불신앙으로 인해 광야에서 다 죽었습니다. 그러므로 하나님은 무한히 긍휼하고 자비하실 뿐만 아니라 무한히 무섭고 두려우신 분이십니다. 하나님은 사랑의 하나님이실 뿐만 아니라 정의로우신 하나님, 공의로우신 하나님이시기도 한 것입니다.

이미 예수 그리스도 안에서 율법은 다 완성되었습니다. 그러므로 우리는 율법을 지킴으로 구원받는 것이 아니라 예수 그리스도를 믿음으로 구원을 받는 은혜의 시대에 살고 있습니다. 이렇게 지금은 하나님께서 그리스도를 통하여 무한한 자비와 긍휼을 베풀어 주시는 시대에 살고 있지만, 옛날 율법 시대에는 율법을 거역하면 그대로 하나님의 심판을 받았습니다.

3절 우리가 이같이 큰 구원을 등한히 여기면 어찌 그 보응을 피하리요 이 구원은 처음에 주로 말씀하신 바요 들은 자들이 우리에게 확증한 바니

"우리가 이같이 큰 구원을 등한히 여기면 어찌 그 보응을 피하리요". 이 말씀은 '천사들이 부분적으로 전하는 율법의 말씀도 지키지 않으면

보응을 받게 되는데, 하물며 하나님께서 직접 가지고 오셔서 그의 죽으심과 사심을 통하여 전해 주신 구원을 등한히 여기고 흘러 떠내려가게 하면 그 죗값을 결코 피할 수 없지 않겠느냐.' 는 뜻입니다.

오늘날 많은 그리스도인들이 구원을 등한히 여기고 있습니다. 예배는 구원받은 백성들이 드려야 할 가장 큰 의무입니다. 그런데도 어떤 이들은 예배를 등한히 하고 전도와 감사도 등한히 합니다. 구원을 주신 이는 하나님이시나, 그것을 지켜 삼중구원의 열매를 맺게 하는 일은 우리의 책임입니다. 많은 이들이 구원을 등한히 한 까닭에, 예수님께서 십자가를 통하여 이루어 놓으신 온전한 구원을 누리지 못하고 가난과 질병과 고통 가운데 살아가고 있는 것입니다. 뿐만 아니라 이루 헤아릴 수 없이 많은 사람들이 구원의 소식을 전해 듣고도 등한히 하여 불신 생활을 하고 있습니다. 구원의 복음은 도덕적 규범이나 사상이나 가르침이 아닙니다. 수양이나 종교도 아닙니다. 그것은 영원한 생명을 주는, 전 인류 역사를 통하여 단 하나밖에 없는 기쁜 소식입니다. 그러므로 복음을 전하는 사람이나 듣는 사람이나 진지하고 신중한 자세로 전하고 들어야 합니다. 듣고 믿는 사람은 구원받아 천국에 갈 것이요, 등한히 여기고 믿지 않는 사람은 불과 유황으로 타는 못에 영원히 잠기게 될 것입니다. 우리들 가운데 부모나 자녀나 혹은 친지가 믿지 않음으로 그와 같은 형벌을 받는다고 생각한다면 복음 전파를 심각하게 받아들이지 않을 수 없을 것입니다. 그러면 이 구원에 대하여 다시 살펴보기로 하겠습니다. 이 복음은 삼중으로 우리에게 전해지고 또한 확증된 것입니다.

"이 구원은 처음에 주로 말씀하신 바요". 구원의 복음에 대한 첫 번째 증인은 예수님이십니다. 예수님께서는 육신을 입고 오셔서 친히 복음을 전해 주셨습니다. 구원은 선지자나 천사나 후대의 역사가에 의해서 전해지거나 꾸며진 것이 아니라, 주님께서 우리와 똑같은 육의 몸을 입고 오셔서 말할 수 없는 고통과 번민 속에 성취하시고 말씀하신 것이므로 그 권위가 비할 데 없이 큰 것입니다. 복음을 우리에게 주신 주님은 천지와 만물을 지으신 창조주 하나님이십니다.

"들은 자들이 우리에게 확증한 바니". 구원의 복음에 대한 두 번째 증인은 주님으로부터 구원의 복음을 직접 들은 제자들입니다. 본 서가 기록된 시기는 예수님께서 승천하신 지 약 40년 뒤였으므로 대부분의 성도들이 예수님을 직접 보지 못했습니다. 이들에게 있어서, 예수님과 직접 얼굴을 대하고 말씀을 듣던 사도들의 복음에 대한 확증은 가장 신실한 보증이 되었습니다. 이렇게 열두 제자, 칠십 인 제자, 백이십 문도 순으로 복음을 들은 사람들이 우리에게 복음을 전해 준 것입니다. 예수 그리스도께서 친히 전하신 말씀을 그 세대 중에 들은 사람들이 또 전달하고 확증해 준 것입니다. 이와 같은 확증을 주기 위해 사도들은 받은 말씀을 성령의 영감으로 기록하였고, 그 기록된 책들이 모여서 오늘 우리가 가지고 있는 신약 성경의 대부분을 이루게 되었습니다.

우리는 성경을 통하여 구원에 대한 예수님 자신의 증거와 사도들의 증거를 확신 있게 받아들일 수 있습니다. 이 말씀은 일점일획도 변할 수 없는 신실하신 하나님의 말씀입니다. 그러므로 우리가 계속하여 성경을 읽을 때 그 말씀이 우리 마음속에 구원의 확신을 심어 주는 것입니다. 또한 그 말씀을 풀어서 먹여 주는 설교 말씀을 들을 때에도 구원의 확신이 생깁니다. 뿐만 아니라 우리가 받은 은혜를 이웃에게 간증할 때 그것을 듣는 이들에게 구원의 확신이 다가오게 되는 것입니다.

4절 하나님도 표적들과 기사들과 여러 가지 능력과 및 자기의 뜻을 따라 성령이 나누어 주신 것으로써 그들과 함께 증언하셨느니라

구원의 복음에 대한 세 번째 증인은 성령님이십니다. 성령님께서는 예수님으로 완성되고 사도들에 의해 확증된 구원의 복음을, 진실로 그러하다고 증언하여 주십니다. 성령님은 표적과 기사와 능력으로 복음을 증언하여 주십니다.

표적과 기사는 하나님께서 만유의 주 되심을 우리에게 알리시는 하나님의 행적입니다. 그리고 능력은 타락한 인류를 마귀의 손에서 구하시는 힘으로서, 이 능력이 우리에게 임할 때 귀신이 쫓겨 나가고, 온갖 병든 자들이 치료받으며, 억눌려 살던 이들이 해방되어 복된 생활로 들어서게 됩니다. 뿐만 아니라 성령님께서는 아홉 가지 은사(고전 12:4-11)와 아홉 가지 열매(갈 5:22-23)로 우리의 구원을 더욱 확증시켜 주십니다.

그러므로 복음에는 삼중 증거가 있습니다. 예수님이 직접 전하시고, 예수님의 제자들이 또 전해 주고, 하나님의 성령께서 직접 역사해 주셔서 표적과 기사와 이적과 은사를 나누어 주심으로 우리에게 흔들리지 않는 확실한 믿음과 증거를 허락해 주시는 것입니다. 그중에 제일 큰 증거가 성령께서 오시는 것입니다. 예수님은 "내가 아버지께 구하겠으니 그가 또 다른 보혜사를 너희에게 주사 영원토록 너희와 함께 있게 하리니"(요 14:16)라고 말씀하셨고 또한 "보혜사 곧 아버지께서 내 이름으로 보내실 성령 그가 너희에게 모든 것을 가르치고 내가 너희에게 말한 모든 것을 생각나게 하리라"(요 14:26)고 하셨습니다. 그리고 예수님께서는 "그가 내 영광을 나타내리니 내 것을 가지고 너희에게 알리시겠음이라 무릇 아버지께 있는 것은 다 내 것이라 그러므로 내가 말하기를 그가 내

것을 가지고 너희에게 알리시리라 하였노라"(요 16:14-15)고 누누이 말씀하셨습니다.

오늘도 예수님의 것을 가지고 우리에게 와 계시는 성령님을 통하여, 예수님 당시의 사도들과 그들로부터 직접 말씀을 들었던 초대 교인들과 같이 우리도 구원의 복음을 확신 있게 받아들일 수 있는 것입니다.

2. 예수님을 통하여 구원되고 완성될 인간 (2:5-18)

5. 하나님이 우리가 말하는바 장차 올 세상을 천사들에게 복종하게
하심이 아니니라 6. 그러나 누구인가가 어디에서 증언하여 이르되
사람이 무엇이기에 주께서 그를 생각하시며 인자가 무엇이기에 주께
서 그를 돌보시나이까 7. 그를 잠시 동안 천사보다 못하게 하시며 영
광과 존귀로 관을 씌우시며 8. 만물을 그 발 아래에 복종하게 하셨느
니라 하였으니 만물로 그에게 복종하게 하셨은즉 복종하지 않은 것
이 하나도 없어야 하겠으나 지금 우리가 만물이 아직 그에게 복종하
고 있는 것을 보지 못하고 9. 오직 우리가 천사들보다 잠시 동안 못
하게 하심을 입은 자 곧 죽음의 고난받으심으로 말미암아 영광과 존
귀로 관을 쓰신 예수를 보니 이를 행하심은 하나님의 은혜로 말미암
아 모든 사람을 위하여 죽음을 맛보려 하심이라 10. 그러므로 만물
이 그를 위하고 또한 그로 말미암은 이가 많은 아들들을 이끌어 영광

에 들어가게 하시는 일에 그들의 구원의 창시자를 고난을 통하여 온
전하게 하심이 합당하도다 11. 거룩하게 하시는 이와 거룩하게 함을
입은 자들이 다 한 근원에서 난지라 그러므로 형제라 부르시기를 부
끄러워하지 아니하시고 12. 이르시되 내가 주의 이름을 내 형제들에
게 선포하고 내가 주를 교회 중에서 찬송하리라 하셨으며 13. 또 다
시 내가 그를 의지하리라 하시고 또 다시 볼지어다 나와 및 하나님께
서 내게 주신 자녀라 하셨으니 14. 자녀들은 혈과 육에 속하였으매
그도 또한 같은 모양으로 혈과 육을 함께 지니심은 죽음을 통하여 죽
음의 세력을 잡은 자 곧 마귀를 멸하시며 15. 또 죽기를 무서워하므
로 한평생 매여 종 노릇 하는 모든 자들을 놓아 주려 하심이니 16. 이
는 확실히 천사들을 붙들어 주려 하심이 아니요 오직 아브라함의 자
손을 붙들어 주려 하심이라 17. 그러므로 그가 범사에 형제들과 같
이 되심이 마땅하도다 이는 하나님의 일에 자비하고 신실한 대제사
장이 되어 백성의 죄를 속량하려 하심이라 18. 그가 시험을 받아 고
난을 당하셨은즉 시험 받는 자들을 능히 도우실 수 있느니라

5절 하나님이 우리가 말하는바 장차 올 세상을 천사들에게 복종하게 하심이 아니니라

여기서 '장차 올 세상'은 앞으로 다가올 영광의 세계, 즉 천년왕국과 영원무궁한 새 하늘과 새 땅의 세상을 말합니다. 장차 올 세상은 예수님이 십자가에서 이루어 놓은 천국이기에 죄와 미움과 질병과 슬픔과 가난과 저주와 죽음이 없습니다. 장차 올 세상은 좋으신 하나님께서 그의 독생자 예수 그리스도와 그의 피로 구속 받아 하나님의 자녀가 된 성도들을 위하여 예비해 놓으신 세상이기에 성도인 우리들은 그곳에서 그리스도와 함께 왕 노릇 하며 다스리게 될 것입니다. 그러므로 장차 올 세상에서

는 천사들이 우리를 다스리는 것이 아니라 오히려 천사들이 우리를 시중들 것입니다.

6절 그러나 누구인가가 어디에서 증언하여 이르되 사람이 무엇이기에 주께서 그를 생각하시며 인자가 무엇이기에 주께서 그를 돌보시나이까

본 절부터 9절까지의 말씀은 우리 인간과 인간의 대표자로 오신 예수 그리스도에게 동시에 적용되는 말씀입니다. 특히 본 절부터 8절까지의 말씀은 다윗이 쓴 시편 8편 4절부터 6절까지의 말씀을 인용한 것입니다.

"사람이 무엇이기에 주께서 그를 생각하시며 인자가 무엇이기에 주께서 그를 돌보시나이까". 사람이 무엇입니까? 야고보서 4장 14절은 "너희는 잠깐 보이다가 없어지는 안개니라"고 말씀하고 있습니다. 실로 우리 인간은 연약하기 짝이 없습니다. 무한한 우주, 이 광활한 세계에서 한 사람을 본다면 마치 조그마한 개미 한 마리와 같을 것입니다. 이렇게 보잘것없는 인생임에도 불구하고 주님께서는 우리 인간을 생각해 주십니다. 하나님께서는 우리 연약한 인간을 극진히 사랑하셔서 못났음에도 불구하고, 버림받아 마땅함에도 불구하고 인간을 생각하고 계신 것입니다. 하나님께서는 여러분 한 사람 한 사람을 생각하고 계십니다. 만일 하나님께서 우리를 생각하고 부르지 않으셨다면 어떻게 우리가 예수님을 믿고 구원을 받았겠습니까? 하나님께서 우리를 사랑하여 생각하고 부르심으로 우리는 이 놀라운 구원의 은총에 참여하게 된 것입니다. 그러므로 우리의 육체는 비록 보잘것없어도 우리 속에 있는 영은 하나님의 형상과 모양대로 지음 받았기 때문에 지극히 귀한 존재이며, 이러한 우리를 하

나님께서 항상 생각하고 계신다는 사실을 기억해야 합니다.

"인자가 무엇이기에 주께서 그를 돌보시나이까". 하나님께서는 부족하고 연약한 우리 인간을 돌보아 주시며 도와주고 계십니다. 고린도후서 6장 2절은 "내가 은혜 베풀 때에 너에게 듣고 구원의 날에 너를 도왔다 하셨으니 보라 지금은 은혜 받을 만한 때요 보라 지금은 구원의 날이로다"라고 말씀하고 있습니다. 그러므로 오늘날 우리가 사는 시대는 은혜 받을 만한 때요, 구원의 날이기 때문에 우리가 끊임없이 주님께 부르짖어 기도해야 하는 것입니다. 우리가 하나님의 도움을 기대할 때 하나님은 우리를 도와주십니다. 그러므로 아무리 무시하고 멸시당하는 사람이라도 예수님을 믿는 사람이면 주님이 그를 사랑하고 생각해 주십니다. 그리고 주님께서 돌보아 주시는 것입니다.

이렇게 하나님께서는 그의 크신 사랑으로 우리 인간을 생각하시고 우리의 기도를 들으시고 우리를 도와주고 계십니다. 그러므로 우리는 이 놀라운 하나님의 은총에 감격하지 않을 수 없으며 하나님께 감사드리지 않을 수 없습니다.

7절 그를 잠시 동안 천사보다 못하게 하시며 영광과 존귀로 관을 씌우시며

'잠시 동안' 이란 '조금' 또는 '잠깐' 을 의미합니다. 하나님께서는 인간을 천사보다 조금 못하게 하셨습니다. 지금 육신을 입고 있는 우리 인간들은 천사보다 조금 못합니다. 그러나 그것은 잠깐일 뿐입니다. 천사들은 시간과 공간을 초월하며 하늘 보좌에서 지상으로 자유로이 왕래할 수 있으나, 우리 인간은 시간과 공간의 제약을 받습니다. 그리고 천사들

은 죽음을 보지 않으나, 우리 인간들은 죗값으로 죽음을 봅니다. 그러나 이처럼 인간이 천사보다 조금 못한 위치에 있는 것은 영원히 계속되는 것이 아니라, 잠깐 동안일 뿐인 것입니다.

"영광과 존귀로 관을 씌우시며". 하나님께서 천사보다 못했던 우리 인간에게 영광과 존귀의 관을 씌우신다고 하셨습니다. 여기서 '영광과 존귀의 관'이라는 것은 구원의 관을 말합니다. 예수 그리스도의 죽으심과 부활을 통하여, 하나님께서는 죄로 죽은 우리 인간에게 구원을 주셨습니다. 그리하여 잠시 천사보다 못하였던 우리 인간은 예수 그리스도를 믿음으로써 보혈의 공로로 구원받고 하나님의 자녀로 일컬음을 받게 된 것입니다. 그러므로 예수 그리스도를 믿지 않는 사람은 천사보다 조금 못한 위치에 있지만, 구원받은 사람들은 하나님의 자녀가 되어 영광과 존귀의 관을 쓰고 천사보다 훨씬 높은 위치에 있게 되었습니다.

8절 만물을 그 발아래에 복종하게 하셨느니라 하였으니 만물로 그에게 복종하게 하셨은즉 복종하지 않은 것이 하나도 없어야 하겠으나 지금 우리가 만물이 아직 그에게 복종하고 있는 것을 보지 못하고

하나님의 자녀가 된 우리는 장차 만물을 다스리게 될 것입니다. 지금은 우리가 천사보다 못하나, 장차 영광과 존귀의 관을 쓰고서 눈에 보이는 세계와 보이지 않는 세계, 시간과 공간까지도 다스리게 될 것입니다. 불원장래에 우리 구원받은 성도들은 삼위일체 하나님을 모시고 천사와 이 세상 만물을 다스리게 될 것입니다.

"만물로 그에게 복종하게 하셨은즉 복종하지 않은 것이 하나도 없어

야 하겠으나 지금 우리가 만물이 아직 그에게 복종하고 있는 것을 보지 못하고". 원래 하나님께서는 만물이 인간에게 복종하도록 만드셨습니다. 아담과 하와가 타락하기 전에는 만물의 이름을 아담이 다 지었습니다. 아담은 만물에 대한 완전한 통치권을 가졌고, 만물은 그 발아래 복종했는데, 그가 하나님께 반역한 이후로 주인의 자격을 잃어버렸습니다. 그러나 하나님께서는 예수 그리스도의 십자가 대속으로 구원받은 우리의 발아래, 만물을 다시 복종하게 하셨습니다. 물론, 아직은 만물이 우리에게 복종하지 않습니다. 그 이유는 우리가 구원을 받았으나 아직 때가 이르지 않아 우리가 완전히 영화롭게 되지 않았기 때문입니다. 하지만 구원받은 우리는 만물을 완전히 복종하게 하신 우리 인간의 대표자 예수 그리스도를 바라보고 장차 만물이 우리에게 복종할 때를 기다리며 기쁨과 소망 가운데 살고 있는 것입니다.

9절 오직 우리가 천사들보다 잠시 동안 못하게 하심을 입은 자 곧 죽음의 고난받으심으로 말미암아 영광과 존귀로 관을 쓰신 예수를 보니 이를 행하심은 하나님의 은혜로 말미암아 모든 사람을 위하여 죽음을 맛보려 하심이라

본 절은 앞의 6절부터 8절까지의 말씀이 예수 그리스도에게 적용된 것입니다.

"오직 우리가 천사들보다 잠시 동안 못하게 하심을 입은 자 곧 죽음의 고난받으심으로 말미암아 영광과 존귀로 관을 쓰신 예수를 보니". 예수님께서는 하나님의 본체로 영광 가운데 계셨으나, 하나님의 뜻을 이루기 위해 그 뜻에 순종하여 자신을 낮추사 인간의 몸을 입으시고 이 세상

에 오셨습니다. 예수님께서는 우리와 동일한 인성(人性)을 가지고 세상에 오셔서 시험을 받으시고 굶주림과 피곤을 맛보시고 십자가에 달려 죽으시고 무덤에 장사되셨습니다. 이처럼 이 세상에서 완전한 인간의 삶을 사신 예수님은 천사보다 조금 못했습니다. 그러나 예수님께서 사망 권세를 이기고 부활하신 후 승천하시자, 예수님의 머리에는 만왕의 왕, 만주의 주이심을 증명하는 영광과 존귀의 면류관이 씌워졌습니다. 뿐만 아니라 만물이 그의 발아래 복종하게 되었습니다.

그런데 초대 교회 당시와 마찬가지로 우리가 오늘도 만물이 완전히 그에게 복종함을 볼 수 없는 이유는 아직 때가 차지 않았기 때문입니다. 그러나 불원장래에 주님께서 천사장의 나팔과 호령으로 공중 재림하여 신부 된 천천만만 성도들과 함께 7년 공중 혼인 잔치를 마치신 후 지상 재림하실 때, 사탄은 결박되어 무저갱에 던져지고 세상 만물은 온전히 그리스도께 복종하게 될 것입니다.

주님께서 완전한 하나님, 완전한 사람으로서 영광과 존귀로 관을 쓰시고 하늘과 땅의 모든 권세를 가지고 다스리게 되실 것은, 하나님께서 그렇게 정하셨기 때문입니다.

이는 하나님께서 예수 그리스도를 표본으로 내세우셔서 예수님을 믿는 우리도 장차 예수 그리스도와 같이 완전하게 다스리는 삶을 살게 된다는 것을 보여 주신 것입니다. 세상 만물이 온전히 그리스도께 복종하게 될 때에, 우리는 왕 같은 제사장들로서 만물이 우리 발 앞에 복종하고 섬기는 감격적인 장면을 보게 될 것입니다. 지금도 예수님이 십자가에서 우리를 위해서 대속해 주신 은혜를 우리가 믿고 받아들이고 명령할 때, 가난과 저주와 질병은 물러가게 됩니다.

"이를 행하심은 하나님의 은혜로 말미암아 모든 사람을 위하여 죽음을 맛보려 하심이라". 예수님께서 십자가에 못 박혀 죽으신 것은 하나님의 지극한 사랑과 은혜의 극치입니다. 좋으신 하나님의 은혜로 말미암아 예수님께서 우리를 위해 죽으신 것입니다. 예수님께서는 하나님의 은혜로 모든 인류를 위하여 친히 죽음을 체험하셨습니다.

10절 **그러므로 만물이 그를 위하고 또한 그로 말미암은 이가 많은 아들들을 이끌어 영광에 들어가게 하시는 일에 그들의 구원의 창시자를 고난을 통하여 온전하게 하심이 합당하도다**

본 절부터 18절까지는 앞 부분(5-9절)에 이어 예수님께서 죽으심으로 구속을 완성하신 것과 우리가 거룩하게 되어 그리스도와 함께 영광의 자리에 오르는 일에 대하여 기록하고 있습니다.

'만물이 그를 위하고 또한 그로 말미암은 이' 는 만물의 근원이시며 창조자이신 하나님을 의미합니다. 하나님께서는 하나님의 영광을 위해 만물을 지으셨습니다.

"많은 아들들을 이끌어 영광에 들어가게 하시는 일에 그들의 구원의 창시자를 고난을 통하여 온전하게 하심이 합당하도다". 하나님은 많은 믿음의 자녀들을 두고 사랑을 베푸시고 그들로 하여금 많은 사랑을 받기 원하셨습니다. 그런데 죄로 인하여 타락한 인간이 원죄와 자범죄로부터 구원받기 위해서는 하나님의 용서가 필요했습니다. 하나님께서는 "죄의 삯은 사망"(롬 6:23)이라고 하셨으므로, 죄 지은 인간이 구원받기 위해서는 먼저 '사망' 의 문제가 해결되어야 했습니다. 이 때문에 하나님의 아들인 예수님을 이 세상에 보내어 우리 인간을 대신해서 십자가에 못 박혀 몸 찢기고 피 흘려 죽게 하시고 무덤에 묻히게 하셨던 것입니다. 예수님께서는 십자가에서 당하신 이 고난으로 영원한 속죄를 이루시고 우리를 구원으로 이끄는 계획을 성취하신 것입니다. 이제는 십자가 대속의 은혜를 베풀어 주신 예수님을 자신의 구주로 영접하는 자마다 영화로운 하나님의 아들이 될 수 있습니다. 우리는 하나님의 자녀가 된 귀한 존재들입니다. 이와 같이 값진 자녀들을 낳기 위해 하나님께서 독생자 예수님을 십자가 죽음에 내어 주는 큰 희생의 대가를 지불하셨습니다. 성경은 예수님의 십자가 죽음을 통해 죄로 인해 타락한 인간을 구원으로 이끄는 것이 참으로 합당하다고 말씀합니다. 이렇게 예수님께서 받으신 그 고난을 통하여 우리의 구원이 온전하게 되었습니다.

11절 거룩하게 하시는 이와 거룩하게 함을 입은 자들이 다 한 근원에서 난지라 그러므로 형제라 부르시기를 부끄러워하지 아니하시고

여기서 '거룩하게 하시는 이' 는 예수님을 가리킵니다. 그리고 '거룩하게 함을 입은 자들' 은 예수님의 십자가 보혈의 공로로 구원받아 거룩함을 입은 성도들을 가리킵니다. 주의 죽으심을 통하여 거룩함을 입은 우리와 거룩하게 하신 주님이 다 하나에서 났는데, 이 하나는 하나님입니다. 이와 같이 우리를 구원하신 예수님도 하나님께로부터 나왔고, 구원받은 우리도 하나님께로 나왔으니, 예수님과 우리는 다 한 형제인 것입니다. 성경은 "하나님이 미리 아신 자들을 또한 그 아들의 형상을 본받게 하기 위하여 미리 정하셨으니 이는 그로 많은 형제 중에서 맏아들이 되게 하려 하심이니라"(롬 8:29)고 말씀합니다. 그러므로 하나님 안에서 예수님께서는 우리의 맏형님이 되시고, 우리는 예수님의 형제가 된 것입니다.

12절 이르시되 내가 주의 이름을 내 형제들에게 선포하고 내가 주를 교회 중에서 찬송하리라 하셨으며

이 말씀은 시편 22편 22절을 인용한 것입니다. 여기서 '나'는 예수님을 가리키고, '내 형제들'은 성도들을 가리킵니다. 예수님께서 우리를 형제라고 하시니, 이 얼마나 영광스럽고 존귀한 일입니까? 죄로 인해 죽을 수밖에 없었던 우리들이 예수 그리스도의 십자가 고난과 구원의 완성을 통하여 그의 형제로 칭함을 받게 된 것입니다. 이제 우리는 하나님의 자녀가 되어 예수님과 동등한 위치에 서게 되었으며 예수님과 함께 하나님의 상속자가 되었습니다. 그러므로 우리는 보잘것없는 존재가 아닙니다. 하나님의 아들의 형제요, 하나님의 아들과 함께 상속자인 것입니다.

13절 또 다시 내가 그를 의지하리라 하시고 또 다시 볼지어다 나와 및 하나님께서 내게 주신 자녀라 하셨으니

"또 다시 내가 그를 의지하리라 하시고". 이 말씀은 이사야 8장 17절을 인용한 것입니다. 예수님께서는 근본 하나님의 본체이시므로 능히 하지 못할 일이 없는 전능자이십니다. 그럼에도 불구하고 예수님께서는 구원 사역을 이루시고 우리를 형제로 삼으시기 위해 비천하고 연약한 인간의 몸으로 이 세상에 오셨습니다. 하나님이신 예수님은 인간의 몸을 입고 계신 동안에는 하나님을 의지하겠다고 말씀하셨습니다. 우리가 하나님을 의지하지 않고는 살아갈 수 없는 것과 마찬가지로 완전한 인간이 되신 예수님도 하나님을 의지하겠다고 말씀하신 것입니다.

"또 다시 볼지어다 나와 및 하나님께서 내게 주신 자녀라 하셨으니". 이 말씀 또한 이사야서에서 인용한 것입니다(사 8:18). 예수님께서는 우

리를 '하나님께서 내게 주신 나의 자녀' 라고 부르셨습니다. 성경에는 우리와 예수님과의 관계를 형제, 신부, 자녀 등 여러 가지로 소개하고 있는데, 이러한 표현들을 통해 우리는 예수님의 사랑을 받고 있음을 알 수 있습니다. 먼저 형제로서의 사랑이 있습니다. 그리고 이보다 더 깊은 사랑이 신부와의 사랑이고, 이보다 더 깊은 사랑은 자녀에 대한 사랑입니다. 이와 같이 예수님께서 우리를 형제와 같이, 신부와 같이, 자녀와 같이 사랑하시니, 이 세상에서 이보다 더한 사랑을 어디에서 얻을 수 있겠습니까? "세상 모두 사랑 없어 냉랭함을 아느냐" 라는 찬송가 373장의 가사처럼 사랑에 굶주린 세상 모든 사람에게 구주로 오신 예수님께서 성도들에게 극진한 사랑을 부어 주시는 것입니다. 이처럼 하나님께서는 우리를 귀하게 여기십니다.

14절 자녀들은 혈과 육에 속하였으매 그도 또한 같은 모양으로 혈과 육을 함께 지니심은 죽음을 통하여 죽음의 세력을 잡은 자 곧 마귀를 멸하시며

"자녀들은 혈과 육에 속하였으매 그도 또한 같은 모양으로 혈과 육을 함께 지니심은". 예수님께서는 우리 인간을 구하시기 위해 동정녀 마리아를 통하여 육신을 쓰시고 이 세상에 오셨습니다. 천사는 우리를 구원하지 못합니다. 사람의 죄는 사람이 갚아 주어야 합니다. 따라서 하나님의 본체이시며 의로우시고 거룩하신 예수님께서 우리 인간을 구원하시기 위해 성육신(成肉身) 하셔서 우리와 같이 혈육에 속하심으로 우리와 하나가 되신 것입니다. 그런데 비록 예수님께서 우리와 한모양으로 혈육에 속하였다고 하더라도 예수님은 죄악으로 더럽혀진 아담의 혈통에서 나

지 아니하시고 성령으로 잉태되셨기 때문에 죄가 전혀 없습니다. 그렇기 때문에 구원은 유일하게 죄 없으신 참사람 예수 그리스도를 통해 이루어지는 것입니다.

"죽음을 통하여 죽음의 세력을 잡은 자 곧 마귀를 멸하시며". '죽음'이라는 것은 하나님으로부터 분리되는 것을 말합니다. 육체와 영혼이 분리되는 것이 첫째 죽음이고, 하나님과 영혼이 분리되는 것이 둘째 죽음입니다. 그래서 영원히 지옥으로 던져지는 것이 두 번째 죽음인 것입니다. 지옥은 바로 마귀의 처소입니다. 하나님께 범죄하여 버림받고 사망의 세력을 잡은 마귀는 하나님께 사랑받는 인간을 유혹하였습니다. 마귀에게 유혹된 우리 인간은 하나님을 배반하고 죄를 지었으며, 그 결과 모든 사람이 죽음에 이르게 되었습니다. 마귀의 종이 된 인간의 역사는 도둑질하고 죽이고 멸망시키고 온갖 죄로 더럽혀진 역사였습니다. 그런데 하나님의 아들이신 예수님께서 죄와 사망의 종노릇하고 있는 우리 인간을 구하기 위해 우리와 똑같이 육신을 쓰고 이 세상에 오셨습니다. 그리고 예수님은 죽으심과 부활을 통하여 사망의 권세를 잡은 마귀를 멸하셨습니다. '마귀를 멸하셨다' 는 말은 마귀의 세력과 그 권세를 무(無)로 만들어 버리셨다는 뜻입니다. 이제 마귀는 무장 해제되어 무력해졌습니다. 마치 이빨과 발톱이 다 뽑힌 사자와 같이 되어 버렸습니다. 그러므로 이제는 더 이상 마귀를 두려워할 필요가 없습니다. 마귀는 이제 사람을 지옥으로 끌고 갈 수도 하나님과 분리시킬 수도 없습니다. 예수님께서 마귀의 세력을 다 이기셨으므로 예수님을 믿고 담대히 나아가기만 하면 됩니다.

그러나 우리가 두려워할 때에는 마귀가 다가옵니다. 오늘날도 악한 마귀는 어찌하든지 불안과 공포를 조성하여 우리를 사망으로 이끌어 가려고 합니다. 그러나 앞서 말한 바와 같이 예수님께서 마귀를 이기시고 부활하심으로 마귀의 세력으로부터 우리를 해방시켜 주셨습니다. 예수님의 보혈로 우리에게는 사망이 없고 생명만 있는 것입니다. 하나님은 생명이시기 때문에 하나님과 일체가 되면 생명이요, 하나님과 분리되면 죽음입니다. 세상은 하나님과 분리되어 있기 때문에 마귀가 지배하는 사망의 세력하에 있습니다. 그러나 우리는 예수 믿고 하나님과 함께 있으므로 사망에 있지 않고 생명에 있게 되는 것입니다. 주님께서는 우리를 생명의 자녀로 만들어서 사망의 세력을 잡은 원수 마귀를 우리에게서 다 없애고 내쫓아 버리셨습니다. 그러므로 우리는 마귀를 두려워할 필요가 없습니다. 예수님 안에서 우리는 마귀를 이긴 자입니다.

15절 또 죽기를 무서워하므로 한평생 매여 종노릇하는 모든 자들을 놓아 주려 하심이니

인간은 누구나 항상 죽음의 공포 속에서 두려워하며 살고 있습니다. 몸이 조금 아파도 죽지나 않을까, 사고가 나도 죽지 않을까 하고 두려워합니다. 신문에도 죽음에 대한 기사가 안 나올 때가 없습니다. 그러나 예수님께서 오시고 난 후 그의 죽음과 부활을 통하여 우리는 죽음에서 놓여났습니다. 예수님께서는 "너희는 마음에 근심하지 말라 하나님을 믿으니 또 나를 믿으라 내 아버지 집에 거할 곳이 많도다 그렇지 않으면 너희에게 일렀으리라 내가 너희를 위하여 거처를 예비하러 가노니 가서 너희를 위하여 거처를 예비하면 내가 다시 와서 너희를 내게로 영접하여 나 있는 곳에 너희도 있게 하리라"(요 14:1-3)고 말씀하셨습니다. 그러므로 이

젠 죽음이 와도 겁나지 않습니다. 우리가 육신의 장막을 벗어 버리면 우리 주 예수 그리스도께서 이미 예비해 놓으신 천국으로 우리를 이끌어 주실 것을 약속해 주셨기 때문입니다.

이러므로 우리가 신앙의 눈으로 볼 때, 죽음 후에 우리에게는 이 세상보다 더 나은 천국이 예비되어 있기 때문에 영원한 기쁨의 소망만이 있는 것입니다. 그런데 예수 그리스도를 믿지 않는 사람들은 이러한 소망이 없으므로 죽음이 마지막인 줄 생각하고 항상 죽음의 공포에 떨고 있습니다. 그러나 예수님께서는 예수님을 믿는 우리를 죽음의 공포로부터 해방시켜 주셨기 때문에, 우리는 죽음의 공포에 눌릴 필요가 없습니다. 믿는 자에게 죽음은 천국으로 가는 길인 것입니다.

16절 이는 확실히 천사들을 붙들어 주려 하심이 아니요 오직 아브라함의 자손을 붙들어 주려 하심이라

예수님께서 베푸신 구속의 사랑은 천사들을 위한 것이 아니고 아브라함의 자손, 곧 믿음의 자손인 우리들을 위한 것입니다. 아브라함은 하나님을 믿는 믿음으로 의롭다고 인정받았습니다(롬 4:3; 약 2:23). 이와 같이 우리가 예수 그리스도를 구주로 믿을 때 우리는 아브라함처럼 의롭다고 인정받고, 주님께서 구원하고 붙들어 주시는 아브라함의 자손이 되는 것입니다.

17절 그러므로 그가 범사에 형제들과 같이 되심이 마땅하도다 이는 하나님의 일에 자비하고 신실한 대제사장이 되어 백성의 죄를 속량하려 하심이라

"그러므로 그가 범사에 형제들과 같이 되심이 마땅하도다". 예수님께서 사망의 세력을 잡은 마귀의 권세를 멸하시고 죽음을 철폐하시며 아브라함의 자손을 붙들어 주시기 위해서는 우리와 똑같은 사람이 되지 않으면 안 되었습니다. 그래서 예수님은 참사람이 되셔서 어린아이로 태어나셔서, 나사렛에서 목수 일을 하시고 3년 반 동안 복음을 전하시면서 희로애락을 체험하셨습니다. 예수님은 배가 고플 때 사람들과 함께 식사를 하셨으며(막 2:15), 목이 마를 때 사마리아 여인에게 물을 달라고 하셨으며(요 4:7), 피로하실 때 뱃머리에서 잠이 드셨습니다(마 8:24). 또한 나사로의 죽음 앞에서(요 11:35), 예루살렘을 바라보시며(눅 19:41), 겟세마네에서 기도하시며(히 5:7) 눈물을 흘리셨습니다. 예수님은 우리와 똑같은 지 · 정 · 의를 가지고 계셨으며 우리가 당하는 모든 어려움을 동일하게 겪으셨던 것입니다. 이렇게 주님은 직접 몸으로 다 체험하셨기 때문에 우리의 모든 사정을 다 알고 계십니다.

"이는 하나님의 일에 자비하고 신실한 대제사장이 되어 백성의 죄를 속량하려 하심이라". 예수님께서는 육신을 쓰고 이 세상에 오셔서 우리의 대제사장이 되셨습니다. 대제사장은 하나님의 뜻을 인간에게 전하여 주고 또한 인간을 대표하여 하나님께 아뢰는 일을 하는 중보자입니다. 주님은 우리의 사정을 다 아시기 때문에, 우리의 모든 형편과 사정을 하나님께 아뢰고 우리를 구원하고 도와줄 수 있는 참으로 우리에게 합당한 대제사장이신 것입니다. 예수님께서는 우리의 대제사장이 되셔서 우리에게 자비를 베푸시며 하나님 일에 충성하신 것입니다. 예수님께서는 오늘도 아버지의 보좌 우편에 앉아 계시고 우리를 위해서 기도하십니다.

18절 그가 시험을 받아 고난을 당하셨은즉 시험받는 자들을 능히 도우실 수 있느니라

시험과 고난을 받아 보지 않은 사람은 다른 사람의 시험과 고난을 알지 못합니다. 예수님께서는 이 세상에 계신 동안 우리 인간이 받을 수 있는 모든 시험을 다 당하셨습니다. 그러므로 예수님께서는 시험당하고 고난당한 자들을 그 시험에서 승리하도록 도와주시는 것입니다. 예수님은 범사에 자비하고 충성된 대제사장으로서 세상 끝 날까지 우리의 연약함과 고난을 담당하시고 도와주고 계십니다. 그러므로 예수님의 보혈의 공로로 구원받아 하나님의 자녀가 된 우리 그리스도인들은 모든 문제와 짐을 예수님 앞에 내어 맡기고 주님의 도우심을 바랄 수 있는 것입니다.

우리가 받은 구원은 천상천하에 더할 수 없이 가장 값진 보배입니다. 그러므로 구원을 얻은 우리는 쉬지 말고 기도하며 범사에 감사하고 찬양함으로 이 구원을 지키되, 그 깊이를 날로 더하고 더 풍성하게 하여야 합니다. 그리하여 영혼이 잘됨같이 범사에 잘되며 강건하게 되는 온전한 구원에 이르러야 합니다. 예수님께서 성령님을 통하여 지금도 우리를 돕고 계십니다.

제 3 장

하나님을 시험하지 말라

A COMMENTARY
ON THE EPISTLE TO THE
HEBREWS

예수님께서는 천사보다 뛰어나실 뿐 아니라 구약 최대의 선지자이며 율법의 수령자인 모세보다도 탁월하십니다. 모세는 이스라엘의 출애굽을 주도한 이스라엘 최대의 영적 지도자이며 하나님과 직접 대면하여 교제한 선지자였지만, 그의 신분은 하나님의 집 종에 불과했습니다. 그러나 예수님은 하나님의 집을 맡은 하나님의 아들이시기 때문에, 모세보다 훨씬 영화로우시며 모세와 비교할 수 없이 높은 분이십니다.

과거에 이스라엘 백성들은 하나님의 능력을 보고도 마음을 완악하게 하여 가나안 땅에 들어가 안식할 기회를 잃어버리고 광야에서 처참하게 죽었습니다. 이와 같이 불신앙하고 불순종하는 자에게는 하나님의 진노의 심판만이 있을 뿐입니다. 그리스도와 함께 하나님의 나라에 참여하여 안식을 누리기 위해서는 믿음에서 떨어지지 말고 복음을 끝까지 지켜야 하는 것입니다.

1. 모세보다 탁월하신 예수님(3:1-6)

**1. 그러므로 함께 하늘의 부르심을 받은 거룩한 형제들아 우리가 믿
는 도리의 사도이시며 대제사장이신 예수를 깊이 생각하라 2. 그는
자기를 세우신 이에게 신실하시기를 모세가 하나님의 온 집에서 한
것과 같이 하셨으니 3. 그는 모세보다 더욱 영광을 받을 만한 것이
마치 집 지은 자가 그 집보다 더욱 존귀함 같으니라 4. 집마다 지은
이가 있으니 만물을 지으신 이는 하나님이시라 5. 또한 모세는 장래
에 말할 것을 증언하기 위하여 하나님의 온 집에서 종으로서 신실하
였고 6. 그리스도는 하나님의 집을 맡은 아들로서 그와 같이 하셨으
니 우리가 소망의 확신과 자랑을 끝까지 굳게 잡고 있으면 우리는 그
의 집이라**

이스라엘 백성과 그 역사에 있어서 모세의 위치는 무엇과도 비교할 수 없는 최상의 것이었습니다. 아브라함으로 말미암아 이스라엘 민족이 시작되었고, 다윗 왕으로 말미암아 이스라엘 국가가 시작되었다면, 모세

로 말미암아서는 이스라엘 백성이 하나님의 선민이 되는 계약 관계가 맺어졌기 때문입니다. 모세는 이스라엘 백성을 하나님의 지시에 따라 애굽에서 인도하여 내었고, 시내 산에서 하나님의 계명을 받아 그들에게 전했으며, 하나님께 제사 드리고 죄 사함 받는 제사 의식을 가르친 위대한 하나님의 종이었습니다. 이와 같이 모세는 항상 하나님과 이스라엘 백성 사이에 중보자로서 모든 관계를 맺었던 것입니다. 그러므로 이스라엘 백성들은 모세를 이스라엘 역사상 하나님께서 세우신 가장 탁월한 인물로 생각했으며, 이후로 모세만큼 위대한 사람이 다시 없을 것이라고 생각했습니다.

이와 같은 상황에서 히브리 성도들은 '아무리 예수님께서 우리의 죄를 위하여 죽으시고 다시 사셨다 할지라도 모세보다 더 위대할 수 있겠느냐?' 고 생각하는 경향이 있었습니다. 바울은 이러한 생각을 알고 예수님께서 모세보다 훨씬 더 위대하시며 탁월하시다는 사실을 논증하고 있습니다.

1절　그러므로 함께 하늘의 부르심을 받은 거룩한 형제들아 우리가 믿는 도리의 사도이시며 대제사장이신 예수를 깊이 생각하라

"함께 하늘의 부르심을 받은 거룩한 형제들아". 예수 그리스도를 믿는 사람은 다 하나님의 부르심을 받은 자들입니다. 하나님께서 우리를 부르셨으며, 우리는 그 부르심에 '예' 로 순종함으로 구원을 받았습니다. 하나님께서 부르지 아니하시면 우리는 스스로 하나님 앞에 나아갈 수 없습니다. 그러므로 우리가 구원을 받은 것은, 오직 하나님께서 우리를 미리 아시고 부르셨기 때문에 우리가 그 부름에 대답하고 나온 것입니다. 만일 하나님이 우리를 부르지 아니하셨다면, 우리의 힘으로는 하나님을 알 수도 구원을 얻을 수도 없는 것입니다. 이것이 바로 신앙의 깊은 신비입니다. 우리가 열심히 전도하는 것은 하나님의 부르심을 전달하는 것입니다. 이러므로 복음 전파는 매우 중요합니다. "우리가 하나님과 함께 일하는 자로서 너희를 권하노니 하나님의 은혜를 헛되이 받지 말라 이르시되 내가 은혜 베풀 때에 너에게 듣고 구원의 날에 너를 도왔다 하셨으니 보라 지금은 은혜 받을 만한 때요 보라 지금은 구원의 날이로다"(고후 6:1-2). 그러므로 우리가 전도하지 않으면 하나님의 은혜를 헛되이 날려 버리고 마는 것입니다.

또한 우리를 부르신 하나님은 우리를 거룩하게 만들어 주셨습니다. 그러므로 우리를 '함께 하늘의 부르심을 받은 거룩한 형제들' 이라고 말씀하고 있는 것입니다. 우리가 거룩하다는 것은 우리의 행실이 정말 거룩하기 때문에 거룩하다는 것이 아닙니다. 죄로 얼룩진 우리가 예수님의 보혈로 씻음 받고 거룩한 성령께서 우리 마음 가운데 와 계시므로, 그 은혜로 말미암아 우리가 거룩한 사람이라고 부름을 받게 된 것입니다. 거룩하다는 것은 우리를 세상에서 분리시켜 주셨다는 말입니다. 부르심을 받은 자들은 세상에 살지만 세상에 속하지 않습니다. 우리는 세상을 떠나 살 수 없지만 물과 기름이 섞이지 않듯이 우리는 세상과 섞이지 않는 것입니다. 이것은 인간의 힘으로 될 수 없습니다. 오로지 하나님의 기름인 성령이 들어와야 되는 것입니다. 성령이 우리에게 들어오시면 우리는 세상에 살면서 세상과 타협하지 아니하고 분리된 삶을 살게 됩니다. 이러한 것을 거룩하다고 말하는 것입니다.

"우리가 믿는 도리의 사도이시며 대제사장이신 예수를 깊이 생각하라". '믿는 도리'에 해당하는 헬라어로 '호몰로기아'(ὁμολογία)는 '함께 입으로 고백함', '함께 입으로 시인함'이라는 뜻의 신앙 고백을 말합니다. 우리의 신앙은 입으로 고백하지 않으면 효과가 없습니다. 로마서 10장 10절은 "사람이 마음으로 믿어 의에 이르고 입으로 시인하여 구원에 이르느니라"고 말씀하고 있습니다. 우리가 마음으로만 믿고 입으로 고백하는 신앙을 갖지 않으면, 주님께서 아무런 역사도 해 주시지 않습니다. 그러므로 신앙에 있어 입으로 고백하는 것은 매우 중요합니다. 예수 그리스도가 오늘날 어디에 계신지 아십니까? 로마서 10장 8절은 "말씀이 네게 가까워 네 입에 있으며 네 마음에 있다 하였으니 곧 우리가 전파하는 믿음의 말씀이라"고 했습니다. 주님께서는 믿음의 말씀을 통하여 우리의 입과 마음에 와 계십니다. 그러므로 마음으로 믿고 입으로 시인하지 않는다면, 이는 믿음의 도리가 아닌 것입니다. 우리가 예수님께 진실되고 참된 고백을 드릴 때, 예수님은 우리 가운데서 역사하십니다.

본 절은 '믿는 도리의 사도'라고 했습니다. 예수님은 '사도'이십니다. '사도'는 헬라어로 '아포스톨로스'(ἀπόστολος)이며, 이는 '하나님의 보내심을 받은 자'라는 뜻입니다. 하나님을 대변해서 하나님의 뜻을 전달하기 위해 보내심을 받은 분이 바로 예수 그리스도이십니다. 그러므로 우리는 예수 그리스도가 하나님의 보내심을 받고 이 세상에 오신 분이라는 것을 믿음으로 받아들이고 입술로 고백해야 합니다. 그럴 때 예수님은 우리의 사도가 되어 주십니다.

예수님은 또한 '대제사장'이십니다. 대제사장은 사람을 대표하여 하나님 앞에서 속죄 제사를 드리며 사람들을 위해서 하나님께 기도드리는 사람인데, 예수님은 이러한 대제사장적 사역을 감당하셨습니다. 이스라엘의 대제사장은 1년에 한 번씩 짐승의 피를 가지고서 성막의 지성소에 들어가서 하나님 보좌 앞 속죄소 위에 이스라엘 백성을 위해 속죄하는 피를 뿌렸습니다. 그러면 1년 동안 하나님이 이스라엘 백성의 죄를 용서하시고 선민으로 받아 주시는 것입니다. 예수 그리스도께서는 우리의 대제사장이 되셔서 우리의 죄를 영원히 용서하기 위하여 당신의 피를 하나님의 속죄소 앞에 뿌리셨습니다. 하나님께서 그 피를 받아 주셔서 믿는 자의 죄를 영원히 용서해 주셨기 때문에 이제 사람과 하나님 사이에 막힌 담이 없어졌습니다. 예수님이 "내가 다 이루었다." 고 하실 때, 예루살렘 성전에 지성소와 성소를 막아 놓은 휘장이 위에서 아래로 쫙 찢어져 버린 것입니다. 예수님의 보혈을 통해 우리는 영원히 용서받고 당당하게 하나님 앞으로 나갈 수 있게 되었습니다.

그러므로 예수 그리스도의 피의 공로를 힘입고 하나님 앞에 나갈 때 심판받지 않습니다. 예수님께서 십자가에 못 박혀 피 흘려 죽으심으로 우리의 영원한 속죄 제물, 속건 제물, 화목 제물이 되셨다는 것을 믿고 고백하면, 예수님은 우리의 대제사장이 되어 주십니다. 그러면 예수님으로 인해 우리와 화목하게 되신 하나님께서는 예수님 때문에 우리를 기쁘게 용서하시고 의롭다 하시고 화목하게 하시고, 우리에게 성령을, 하나님의 사랑을 한없이 부어 주시는 것입니다.

나아가서 우리는 신앙 고백의 대상이 되시는 사도시요, 대제사장이신 예수님을 깊이 생각하여야 합니다. 즉, 우리는 예수님의 인격과 삶과 그의 행하심에 대해 깊이 깨달아 알아야 합니다. 이러한 깊은 깨달음을 통해 예수님의 사역을 이해하고 그것을 우리 입으로 시인하고 전도를 통해 고백할 때, 하나님께서 큰 역사를 나타내 보여 주시는 것입니다.

2절 그는 자기를 세우신 이에게 신실하시기를 모세가 하나님의 온 집에서 한 것과 같이 하셨으니

예수님을 세우신 이는 하나님이십니다. 예수님께서는 하나님 아버지께 신실하셨습니다. 예수님은 하나님의 뜻에 순종하여 이 세상에 오셨으며, 십자가에 달려 돌아가실 때까지 모든 사역을 행하심에 있어 하나님 아버지의 말씀에 일점일획도 거역하지 않으셨습니다. 그러므로 본 절은예수님께서 자기를 세우신 하나님 아버지께 신실하시기를 옛날 이스라엘 백성의 지도자인 모세가 하나님의 온 집에서 한 것과 같다고 했습니다.

여기서 '하나님의 온 집' 은 구약 시대 에서는 이스라엘을, 오늘날에는 하나님의 교회를 가리킵니다. 모세가 하나님의 집인 이스라엘을 위해 신실했듯이, 예수님께서도 하나님께 목숨을 바쳐 신실하셨다는 것입니다. 하나님은 모세를 통해 시내 산에서 율법을 주시고 그 율법을 통해서 이스라엘과 언약을 맺었습니다.

이스라엘 백성은 이러한 모세를 지극히 사랑하고 존경했습니다. 그때까지만 해도 모세는 누구와도 비교할 수 없는 최고의 인물이었습니다. 그렇기 때문에 예수님 당시의 이스라엘 백성들은 예수 그리스도를 모세보다 못한 존재로 생각하고 모세의 율법으로 예수님을 평가했습니다. 하지만 예수님은 모세보다 탁월하게 위대한 분이시며, 모세의 신실과 예수님의 신실은 질적으로 현저한 차이가 있습니다.

3절 그는 모세보다 더욱 영광을 받을 만한 것이 마치 집 지은 자가 그 집보다 더욱 존귀함 같으니라

예수님께서 모세와 똑같이 신실하셨다고 하더라도 예수님께서 모세보다 더욱 영광을 받으십니다. 왜냐하면 예수님께서 집을 지은 주인이시라면, 모세는 단지 그 집을 섬기는 종에 불과하기 때문입니다. 지은 자와 지음을 받은 자는 동등할 수 없습니다.

예수님은 바로 하나님이시요, 하나님의 아들이신 것입니다. 우리는 오직 사나 죽으나 우리 주 예수 그리스도의 종이므로 예수님만 섬기고 받들어야 합니다. 예수님을 통해서 하나님께 감사드리고 찬송해야 합니다. 주 예수님보다 더 좋은 분은 없습니다.

4절 집마다 지은 이가 있으니 만물을 지으신 이는 하나님이시라

오늘 우리가 보는 이 세상에서 우연히 된 것은 하나도 없습니다. 많은 사람이 이 질서 정연하고 방대한 우주를 바라보며 우연히 되었다고 하는데, 이것은 아주 틀린 말입니다. 원인이 없는 결과가 없듯이, 만물은 그것을 지으신 분이 있기에 생겨난 것입니다. 이 우주 만물을 지으신 분은 창조주 하나님이십니다.

5절 또한 모세는 장래에 말할 것을 증언하기 위하여 하나님의 온 집에서 종으로서 신실하였고

여기서 '장래에 말할 것' 은 예수 그리스도와 복음을 가리킵니다. 모세는 오경을 기록했으며 십계명을 받았고 여러 가지 모형과 가르침을 통해 예수님을 증언하였습니다. 하나님께서 시내 산에서 모세에게 직접 보여 주시고 지시하신 성막은 장차 하나님이 세우실 교회와 예수 그리스도의 모형을 상징합니다. 또한 하나님께서 모세를 통해 언약을 맺으신 선민 이스라엘은 하나님께서 장차 신약 시대에 세우실 영적인 선민을 예시한 것입니다.

6절 그리스도는 하나님의 집을 맡은 아들로서 그와 같이 하셨으니 우리가 소망의 확신과 자랑을 끝까지 굳게 잡고 있으면 우리는 그의 집이라

예수 그리스도는 하나님의 집을 맡은 아들로서, 즉 집주인으로 신실하였고 모세는 종으로 신실하였으므로, 예수님은 모세보다 월등히 뛰어나신 분이십니다. 여기서 예수 그리스도가 다스리시는 '하나님의 집'은 바로 소망의 확신과 자랑을 끝까지 굳게 잡고 있는 성도들을 말합니다. 예수 그리스도는 성도들을 맡은 주인이시므로 예수님이 우리를 소유하고 있습니다.

그러므로 예수 그리스도를 믿는 우리 성도들은 이 소망의 확신과 자랑을 끝까지 굳게 잡아야 합니다. 눈에는 아무 증거 안 보이고 귀에는 아무 소리 안 들리고 손에는 잡히는 것 없고 앞길이 칠흑같이 어두워도, 우리는 소망을 놓지 말고 굳세게 잡아야 합니다. 또한 우리는 소망의 담대함을 가지고 자랑하여야 합니다. 우리는 예수 그리스도의 십자가 보혈로 말미암아 구원을 얻어 쇠하지 아니하고 더러워지지 아니하고 썩지 아니하는 영원한 나라를 상속받았습니다. 눈물과 근심과 탄식이 없는 저 영원한 새 하늘과 새 땅을 우리가 상속으로 받았으므로, 우리는 만나는 모든 사람에게 우리의 소망을 담대하게 말하고 자랑해야 합니다. 소망의 확신과 자랑은 성도의 표시입니다. 오늘날 많은 성도들이 소망의 담대함과 내세에 대한 확신 없이 형식적이고 의식적인 신앙생활을 하고 있습니

다. 또한 사람을 만나도 세상적인 일들만을 화제로 삼습니다. 주님 안에서 소망 가운데 자랑할 것이 없으면 그의 신앙은 무언가 잘못되어 있는 것입니다.

"우리가 소망의 확신과 자랑을 끝까지 굳게 잡고 있으면 우리는 그의 집이라"는 말은, 우리 안에 성령이 와 계시므로 우리가 하나님이 거하실 처소로 성령 안에서 지어져 간다는 말입니다. 우리 한 사람 한 사람은 하나님의 성령이 거하는 집을 짓는 일꾼입니다. 모세는 이 집을 짓는 데 종으로 일했습니다. 그리고 예수님은 바로 이 집을 맡은 아들이며 이 집을 지은 주인이신 것입니다. 우리가 소망의 확신과 자랑을 끝까지 잡으면, 예수님의 집은 우리의 집이 됩니다. 이것이 바로 삼중구원의 진리입니다. 우리가 구속의 은혜를 시인하고 감사하면 성령님께서 우리 마음에 성전을 지으시고 거하셔서, 그 시간부터 우리의 영혼이 잘되고 그 결과로 범사에 잘되고 강건하게 되는 것입니다. 이 모든 것은 예수님께서 십자가에서 이루신 온전한 구원이요, 새롭게 해서 우리에게 주신 하나님의 집입니다.

이상에서 우리는 예수님이 모세보다 탁월하게 위대하심을 배웠습니다. 이것을 다시 간추려 보면 다음과 같습니다.

첫째, 예수님은 모세와 마찬가지로 하나님께 순종하시고 신실하셨습니다. 그러나 예수님의 순종과 신실은 모세보다 월등한 것이었습니다. 모세는 하나님께 항변하여 그 뜻을 거스를 때도 있었고 혈기를 내어 하나님을 기쁘시게 못할 때도 있었지만, 예수님은 죽기까지 철저하게 순종하셨습니다.

둘째, 모세와 예수님은 모두 하나님의 영광과 뜻과 하나님의 집을 위하여 순종하고 신실하였으나, 본질적인 면에서 큰 차이가 있습니다. 모세는 종의 위치에서 하였고, 예수님은 아들의 위치에서 하셨습니다. 모세는 종으로서 장래에 계시될 하나님의 말씀을 부분적으로 받아 전했으나, 예수님은 그 모든 부분적 계시의 총체(總體)로써 우리에게 직접 오셨습니다.

셋째, 모세는 단순히 하나님의 집을 위해 일했습니다. 그러나 예수님은 이 세상을 속량하기 위해 오셔서 십자가에서 피 흘리심으로 인하여 우리와 이 세상의 소유권을 사탄으로부터 되찾으셨습니다. 그리고 하나님의 자격으로 하나님의 집을 세우셨습니다. 그러므로 그 집을 위해 수고한 모세와 그 집의 소유권을 가진 예수님의 위치가 같을 수 없습니다. 실로 예수님은 모세와 비교가 안 되는 탁월한 분이십니다.

2. 타락의 위험에 대한 경고(3:7-19)

7. 그러므로 성령이 이르신 바와 같이 오늘 너희가 그의 음성을 듣거
든 8. 광야에서 시험하던 날에 거역하던 것같이 너희 마음을 완고하
게 하지 말라 9. 거기서 너희 열조가 나를 시험하여 증험하고 사십
년 동안 나의 행사를 보았느니라 10. 그러므로 내가 이 세대에게 노
하여 이르기를 그들이 항상 마음이 미혹되어 내 길을 알지 못하는도

다 하였고 11. 내가 노하여 맹세한 바와 같이 그들은 내 안식에 들어
오지 못하리라 하였다 하였느니라 12. 형제들아 너희는 삼가 혹 너
희 중에 누가 믿지 아니하는 악한 마음을 품고 살아 계신 하나님에게
서 떨어질까 조심할 것이요 13. 오직 오늘이라 일컫는 동안에 매일
피차 권면하여 너희 중에 누구든지 죄의 유혹으로 완고하게 되지 않
도록 하라 14. 우리가 시작할 때에 확신한 것을 끝까지 견고히 잡고
있으면 그리스도와 함께 참여한 자가 되리라 15. 성경에 일렀으되
오늘 너희가 그의 음성을 듣거든 격노하시게 하던 것같이 너희 마음
을 완고하게 하지 말라 하였으니 16. 듣고 격노하시게 하던 자가 누
구냐 모세를 따라 애굽에서 나온 모든 사람이 아니냐 17. 또 하나님
이 사십 년 동안 누구에게 노하셨느냐 그들의 시체가 광야에 엎드러
진 범죄한 자들에게가 아니냐 18. 또 하나님이 누구에게 맹세하사
그의 안식에 들어오지 못하리라 하셨느냐 곧 순종하지 아니하던 자
들에게가 아니냐 19. 이로 보건대 그들이 믿지 아니하므로 능히 들
어가지 못한 것이라

7절 그러므로 성령이 이르신 바와 같이 오늘 너희가 그의 음성을 듣거든

본 절부터 19절까지에는 귀중하고 감격적인 구원의 도리를 굳게 잡고 하나님으로부터 떨어지지 않도록 깨어 있으라는 권면의 말씀이 기록되어 있습니다.

"성령이 이르신 바와 같이". 성경은 성령께서 친히 이르신 것을 기록한 것으로 구약 시대로부터 오늘에 이르기까지 우리에게 동일하게 주시는 하나님의 말씀입니다. 구약에서는 야훼께서 말씀하신 것을 신약에서는 성령께서 말씀하셨다고 했습니다. 이것은 하나님 안에서 항상 성부

하나님, 성자 예수님, 보혜사 성령님, 즉 삼위일체 하나님께서 함께 일하신다는 것을 가리킵니다.

"오늘 너희가 그의 음성을 듣거든". 본 절 하반절부터 11절까지의 말씀은 시편 95편 7절부터 11절까지의 말씀을 인용한 것입니다.

하나님께서는 구약 시대로부터 오늘을 살고 있는 우리에게까지 말씀하고 계십니다. 구약 시대에는 왕이나 선지자, 제사장을 통해서 말씀하셨습니다. 오늘날 우리에게는 성경을 통하여, 주의 종의 말씀을 통하여, 기도할 때 성령께서 우리 마음속에 하시는 말씀을 통하여 하나님의 음성을 들려주십니다.

8절 광야에서 시험하던 날에 거역하던 것같이 너희 마음을 완고하게 하지 말라

옛날 모세를 따라 출애굽 한 3백만 이스라엘 백성들은 마음이 강퍅하여 하나님을 의심하고 불순종하였으며, 하나님을 거듭 시험함으로 하나님을 노하게 했습니다. 하나님의 이적과 기사로 애굽에서 나왔음에도 불구하고 광야에서 작은 어려움을 만나면 '정말 하나님이 살아 계실까?', '정말 하나님이 우리를 젖과 꿀이 흐르는 땅으로 인도하실 것인가?', '혹시 하나님께서 우리를 이 사막 가운데서 굶어 죽게 하시지는 않을까?' 하고 하나님을 의심하고 하나님을 시험했습니다. 결국 이러한 이스라엘 백성의 불신앙과 불순종에 하나님께서는 크게 진노하셨습니다. 그리하여 이스라엘 백성은 하나님의 노하심을 받아 여호수아와 갈렙을 제외하고는 한 사람도 약속의 땅 가나안에 들어가지 못하였던 것입니다. 그들은 광야에서 모두 멸함을 받고, 그의 후세들이 가나안에 들어가게 되었던

것입니다. 이와 같이 의심은 우리의 믿음을 약화시키고 하나님에게서 떠나게 하는 가장 무서운 병원균(病原菌)입니다. 의심은 마치 곡식밭에 떨어진 가라지 같아서 우리의 능력으로는 쉽게 분간할 수 없는 교묘한 얼굴을 하고 다가옵니다. 우리가 우리의 생각에서 이 의심을 물리치지 못하고 타협하게 되면, 그것은 신속히 뿌리를 내리고 우리가 믿는 모든 것을 시험하고 증명해 보이라고 충동질합니다. 하나님께서는 의심을 싫어하십니다. 하나님 앞에서는 오직 믿음과 순종뿐입니다. 우리가 하나님의 말씀을 전적으로 믿고 순종할 때, 좋으신 하나님께서는 우리에게 축복의 소나기를 부어 주십니다. 그러므로 우리는 순간순간 우리의 마음과 생각에 틈타는 의심을 물리치고 순전한 믿음으로 하나님 앞에 나아가야겠습니다.

9절 거기서 너희 열조가 나를 시험하여 증험하고 사십 년 동안 나의 행사를 보았느니라

윗 절에서 설명한 바와 같이 이스라엘 백성들은 마음이 강퍅하여져서 이제껏 체험한 하나님의 놀라운 기적의 은혜에 감사하지 아니하고 사사건건 하나님을 시험했습니다. 오직 믿음으로 나아가야 할 그들이, 자신들의 의심을 풀려는 목적으로 고집과 의지를 앞세워 "하나님도 하실 수 없으리라."고 전제하며 하나님을 시험했던 것입니다. 성경은 "너희의 하나님 야훼를 시험하지 말고"(신 6:16)라고 말씀하고 있습니다. 예수님께서도 광야에서 마귀에게 시험을 당하실 때 이 말씀을 인용하여 마귀를 쫓아 내셨으며(마 4:5-7), 그의 권세의 출처를 시험하여 묻는 사람들의 질문에는 대답하지 않으셨습니다(마 21:23-27). 예수님은 자신이 하나님이

시기 때문에 시험 받음을 용납하지 않으셨습니다. 이스라엘 백성은 출애굽 하여 40년간 광야 생활을 하면서 끊임없이 하나님을 시험했습니다. 그런데도 좋으신 하나님께서는 번번이 여러 가지 기적으로 이스라엘 백성들의 시험에 응답해 주셨고, 이스라엘 백성들은 여전히 의심하고 믿지 않았습니다.

10절 그러므로 내가 이 세대에게 노하여 이르기를 그들이 항상 마음이 미혹되어 내 길을 알지 못하는도다 하였고

여기서 '이 세대'는 출애굽 하여 광야에서 40년 동안 방황하다 죽은 이스라엘 백성을 말합니다. 그들은 언제나 육신의 정욕, 안목의 정욕, 이생의 자랑에 끌려서 마음이 미혹되어 하나님의 길에서 벗어나 잘못된 길로 갔습니다.

우리 인생에는 두 가지 길이 있습니다. 하나님의 길이 있고, 나의 길이 있습니다. 하나님의 길을 버리고 나의 길을 가면 세상에 미혹되어 도둑질 당하고 죽임 당하고 멸망을 당하게 됩니다. 하지만 나의 길을 버리고 하나님의 길을 가면 참진리의 길로 갈 수 있게 되는 것입니다. 오직 하나님만을 믿고 순종할 때 하나님의 길을 갈 수 있습니다. 그러나 하나님을 자꾸 의심하고 시험하면 사탄이 미혹의 길로 이끌어 불신앙 가운데 빠지게 되는 것입니다.

11절 내가 노하여 맹세한 바와 같이 그들은 내 안식에 들어오지 못하리라 하였다 하였느니라

이스라엘 백성들이 끊임없이 하나님을 의심하고 시험하므로 하나님께서는 결국 노하셔서 "그들은 내 안식에 들어오지 못하리라" 고 맹세하셨습니다. 하나님의 안식에는 두 가지 의미가 있습니다. 첫째는 이스라엘 백성이 육신적으로 쉼을 얻을 젖과 꿀이 흐르는 땅, 가나안 복지에서의 안식을 말합니다. 광야에서의 수고와 괴로움을 지나 가나안 복지에서 편히 쉬는 것이 하나님께서 그들을 위해 예비하신 그들의 첫째 안식입니다. 둘째는 눈물과 탄식과 죽음이 없는 영원한 하나님의 안식, 즉 천국에 이르는 것을 말합니다. 천국에는 오직 영광과 즐거움만이 가득하며 참된 안식이 있습니다. 그런데 이스라엘 백성들은 범죄하여 하나님을 거역함으로 그들을 위해 준비된 하나님의 안식에 들어가지 못했던 것입니다. 그러므로 출애굽 당시의 이스라엘 백성들은 안식에 참여하지 못하고, 그들의 자녀들만이 안식에 참여할 수 있었습니다.

이 말씀은 오늘을 사는 우리에게도 똑같이 주시는 하나님의 말씀입니다. 우리가 하나님의 뜻에 순종하지 않으면 우리를 위해 예비된 하나님의 안식에 들어갈 수 없게 되어 가시밭 엉겅퀴 같은 세상에서 피땀을 흘리며 살아가야 합니다. 그러나 우리가 하나님의 뜻에 순종하여 하나님만을 믿고 나아가면, 이 땅에서 영혼이 잘됨같이 범사에 잘되며 강건하게 되는 삼중구원의 안식을 얻게 되며, 나아가 죽음 후 영원한 참된 안식, 천국 생활을 하게 될 것입니다.

12절 형제들아 너희는 삼가 혹 너희 중에 누가 믿지 아니하는 악한 마음을 품고 살아 계신 하나님에게서 떨어질까 조심할 것이요

하늘나라에서 가장 중요한 것은 믿음입니다. 히브리서 11장 6절은

"믿음이 없이는 하나님을 기쁘시게 하지 못하나니 하나님께 나아가는 자는 반드시 그가 계신 것과 또한 그가 자기를 찾는 자들에게 상 주시는 이심을 믿어야 할지니라" 고 말씀하고 있습니다. 믿음은 하늘나라와 교통하는 눈이요, 귀요, 코요, 입이요, 손입니다. 믿음으로 말미암지 않고는 결코 하늘나라의 어떠한 일도 누릴 수 없습니다. 하나님께서는 예수 그리스도를 통하여 우리에게 천국의 큰 잔칫상을 갈보리 산에서 베풀어 놓으셨습니다. 그 잔칫상에는 죄 용서함, 하나님과의 화목, 성령 충만, 하나님의 사랑, 치료, 마음의 기쁨, 건강, 저주에서의 해방, 아브라함의 축복 그리고 천국 영생복락이 있습니다. 그런데 이 잔치는 믿는 자만이 참여할 수 있습니다. 오직 믿음으로만 이것을 취할 수 있는 것입니다. 믿음에는 마음으로 믿고, 입으로 시인하고, 행함으로 실천하는 세 가지 과정이 있습니다. 즉, 믿음이란 마음에 믿어 의에 이르고 입으로 시인하여 구원에 이르고 몸으로 실천하여 기적을 체험하게 되는 것입니다. 이 세 가지가 합쳐져야 믿음이 되는 것입니다. 행함이 없는 믿음은 죽은 믿음입니다.

그런데 하나님을 믿지 않고 의심하는 것은 사탄이 심어 준 악한 마음 때문입니다. 우리가 아직 불완전한 인간의 삶을 살고 있는 까닭에, 사탄은 믿는 자라도 넘어지게 하려고 끊임없이 의심을 불어넣어 줍니다. 그러므로 우리는 그때마다 예수님의 이름으로 의심을 몰아내고 그것들이 마음속에 뿌리를 내릴 시간을 주지 말아야 합니다.

인간의 죄 중에서 가장 큰 죄가 불신앙의 죄입니다. 예수님께서는 "죄에 대하여라 함은 그들이 나를 믿지 아니함이요"(요 16:9)라고 말씀하셨습니다. 죄인이 지옥에 가는 것이 아니라, 믿지 않는 자가 지옥에 갑니다.

죄의 문제는 예수님께서 이미 2천 년 전에 해결해 주셨습니다. 그럼에도 불구하고 이를 믿지 아니함으로, 이 믿지 아니하는 악심으로 인해서 지옥에 가는 것입니다. 그러나 믿는 자는 누구든지 값없이 의롭다 함을 받고, 죄 사함을 받고, 천국에 이르게 되는 것입니다. 하나님에게서 떨어진 사람은 이 세상에서 육신의 낙을 누리고 산다 하더라도 잠시 잠깐뿐이요, 그의 실상은 죽은 자와 다름이 없습니다. 야고보서 4장 14절은 "내일 일을 너희가 알지 못하는도다 너희 생명이 무엇이냐 너희는 잠깐 보이다가 없어지는 안개니라" 고 말씀하고 있습니다. 잠시 잠깐 있다가 사라지는 인생의 길에서 하나님을 멀리하고 세상과 벗하여 살다가 영원한 지옥불로 떨어지는 것보다 더 비참한 일은 없을 것입니다.

그러므로 우리는 자신의 믿음이 올바르고 확고하게 서 있는지 항상 살펴보아야 합니다. 처음 믿음은 하나님이 불러 주셔야 생기는 것이지만, 믿고 난 후에는 우리의 노력이 필요합니다. 우리에게 불신앙이 들어와 우리도 모르는 사이에 악심을 품고 믿음에서 떨어질 수 있기 때문입니다. 그래서 우리는 그것을 늘 염두에 두고 열심히 말씀을 듣고 기도하며 이 믿음을 굳세게 잡고 살아가야 합니다. 또한 우리는 매사에 예수님을 인정하고 입으로 시인하고 믿음의 분량에 따라 행동함으로, 주님을 잘 섬기는 신앙인이 되어야겠습니다.

13절 오직 오늘이라 일컫는 동안에 매일 피차 권면하여 너희 중에 누구든지 죄의 유혹으로 완고하게 되지 않도록 하라

"오직 오늘이라 일컫는 동안에". "과거에 잘 믿었다."는 말은 아무 소용이 없습니다. 또한 "장차 잘 믿겠다."는 말도 소용이 없습니다. 우리는

한치 앞도 내다볼 수 없으며, 따라서 장래에 어떻게 될지 모르는 유한한 존재이기 때문입니다. 오늘 이 시간, 우리가 살아서 움직이고 있는 바로 지금 예수님을 잘 믿어야 합니다.

또한 날마다 승리하는 신앙생활을 하기 위해 서로 권면해야 합니다. 믿음의 사람들은 신앙의 교제를 통하여 서로의 신앙이 성장하도록 해야 하는 것입니다. '나는 혼자 집에서 예배드린다.', '나는 무교회주의자다.', '나는 혼자 예수님을 섬기겠다.' 는 식의 태도는 위험합니다. 혼자 신앙생활을 하다 보면 죄의 유혹에 빠지기 쉽습니다. 죄는 아름다운 유혹으로 끊임없이 우리에게 다가오고 있습니다. 죄의 유혹에는 일시적인 쾌락이 있습니다. "도둑질한 물이 달고 몰래 먹는 떡이 맛이 있다"(잠 9:17)고 합니다. 이처럼 죄에는 일시적인 쾌락이 있지만, 그 쾌락은 치명적인 것입니다. 그것은 마치 독사에 물리면 시간이 흐를수록 독이 온몸에 퍼져 생명을 위협하는 것과 같아서, 시간이 지나면 지날수록 영원히 헤아릴 수 없는 멸망의 길로 빠져 들어가게 되는 것입니다. 죄의 유혹에 빠져 한 번 죄짓게 되면 두 번 죄 짓게 되고, 두 번 죄짓게 되면 세 번 죄짓기 마련입니다. 죄를 여러 차례 짓고 나면 우리의 양심은 점점 때가 묻어 더러운 양심이 되고, 이 더러워진 양심은 나아가 화인 맞은 양심이 되어 결국 우리의 마음을 완고하게 하는 것입니다. 이와 같이 마음이 완고하게 되면 하나님을 멀리하게 됩니다.

이때 예수 그리스도를 믿어 신앙의 한 형제 된 우리는 피차 교제하고 권면함으로 죄악을 물리치고 굳센 믿음을 얻어 신앙을 성장시킬 수 있습니다. 죄로 유혹하는 것도 사람의 손을 통해서이지만 죄인을 다시 주께로 이끄는 것도 사람을 통해서 이끌어 줍니다. 그러므로 신앙의 공동체는 매우 중요합니다. 이렇게 우리들은 피차 권면하여 죄의•유혹으로 마음이 완고하게 되는 것을 막아야겠습니다.

14절 우리가 시작할 때에 확신한 것을 끝까지 견고히 잡고 있으면 그리스도와 함께 참여한 자가 되리라

우리는 예수님을 처음 믿기 시작할 때부터 확실한 신앙을 가져야 합니다. 시작할 때에 확실한 기초 위에 우리의 믿음의 집을 세워야지, 기초를 잘못 놓고 집을 짓게 되면 바람이 불고 창수가 날 때 무너져 버리게 되는 것입니다. 그러므로 시작할 때부터 '예수님께서 나의 죄를 사하기 위해 이 세상에 오셔서 십자가에 돌아가시고 사흘 만에 부활하시고 40여 일 만에 승천하셨으며 약속하신 성령을 보내 주셨고 장차 다시 오실 것' 을 확실하게 믿어야 합니다. 이러한 신앙의 근본 교리들을 처음부터 확실히 믿고 이 믿음을 끝까지 견고히 잡을 때 우리는 그리스도와 함께 참여한 자가 됩니다. '그리스도와 함께 참여한다' 는 것은 하나님 나라의 유업을 그리스도와 함께 상속받는다는 것입니다. 우리는 혼자 사는 것이 아닙니다. 우리는 하나님의 나라를 상속받아 그리스도와 함께 영원히 다스리는 자리에 참여하게 될 것입니다.

15절 성경에 일렀으되 오늘 너희가 그의 음성을 듣거든 격노하시게 하던 것같이 너희 마음을 완고하게 하지 말라 하였으니

본 절은 앞서 7절과 8절에서 인용한 바 있는 시편 95편 7절부터 8절까지의 말씀을 또다시 인용하여 불신앙으로 마음을 완고하게 하는 것이 얼마나 큰 죄인지를 거듭 강조하고 있습니다. 하나님께서는 우리가 옛날

이스라엘 백성과 같이 하나님을 의심하고 시험하여 하나님의 노를 격동하시게 하지 말라고 가르쳐 주고 계신 것입니다.

우리는 하나님을 따를 때 완고한 마음을 버리고 "살든지 죽든지, 흥하든지 망하든지, 성하든지 쇠하든지 주님의 뜻대로 하십시오. 주님의 뜻이면 내 모든 것을 다 버리고 내가 죽어도 상관하지 않습니다."라고 고백하며 깨어져야 합니다. 우리가 완고하게 되면 하나님은 격노하십니다. 하나님의 말씀을 반역하고 하나님께 대항하면 하나님도 격노하시는 것입니다. 그러므로 오늘날 하나님의 음성이 우리 마음속에 들려오면 우리는 그 말씀에 감사하고 순종해야 합니다. 하나님의 말씀이 내 마음속에 두 날 가진 검보다 예리하게 파고들어 올 때, 하나님의 말씀이 능력으로 내 마음을 깨뜨리고, 불길같이 내 마음속에 다가올 때 두말하지 않고 순종하는 것, 주님께서 이것을 원하시는 것입니다.

16절 듣고 격노하시게 하던 자가 누구냐 모세를 따라 애굽에서 나온 모든 사람이 아니냐

이스라엘 백성은 애굽에서 해방되어 가나안 복지로 가는 도중, 하나님을 의심하고 시험함으로 하나님을 격노하시게 했습니다. 그 결과 그들은 택함 받은 백성임에도 불구하고 하나님의 노하심을 받아 하나님께 버림받았습니다. 그러므로 '내가 한번 예수님을 믿고 택함을 받았으니 영원히 구원받는다.' 는 생각은 잘못된 생각입니다. 물론 한번 구원받은 사람은 쉽게 타락하지 않습니다. 그러나 구원받은 자라도 하나님을 떠나 타락하면, 그의 구원은 상실되는 것입니다.

구원은 크게 세가지 단계로 나누어 볼 수 있습니다. 첫 번째로, 우리는

죄를 회개하고 예수 그리스도를 믿음으로 구원을 받습니다. 그리하여 하나님의 자녀라 칭함을 받게 되는 것입니다. 두 번째로, 우리는 성령을 통해 매일매일 구원을 받습니다. 예수님을 구주로 영접하여 하나님의 자녀가 된 우리는 날마다 성령 안에서 성결함을 받아야 합니다. 그리하여 우리에게서 예수 그리스도의 향기가 나타나도록 해야 합니다. 이것은 성령의 인도하심을 따라 날로 그리스도를 닮아 가는 과정이며, 신학 용어로는 '성화'(聖化)라고 합니다. 세 번째로, 우리는 완전한 구원을 받게 됩니다. 이 구원은 천국에 갈 때 이뤄집니다. 우리가 완전 구원을 받으면 우리의 몸은 영화로운 몸으로 변하게 됩니다. 이와 같이 구원은, 우리가 예수님을 믿어 하나님의 자녀가 되고, 매일매일 성령에 의해 성결하게 되고, 이후에 천국에 올라가 영원한 기쁨 가운데 거하게 되는 모든 과정을 포함하고 있는 것입니다.

따라서 예수님을 믿고 나서도 성령의 거룩함을 따라 살지 아니하고 세상 정욕대로 살면서 '나는 한번 구원받았으니 영원히 구원받는다.' 고 생각하는 것은 어리석은 일입니다. 이스라엘 백성이 하나님의 구원을 받아 출애굽 하였으나 하나님을 의심하고 시험하여 그들의 구원을 상실했던 일을 잊지 말고, 우리는 성령님과 동행하며 날로 우리의 믿음을 새롭게 하여야겠습니다.

17절 또 하나님이 사십 년 동안 누구에게 노하셨느냐 그들의 시체가 광야에 엎드러진 범죄한 자들에게가 아니냐

애굽에서 나온 이스라엘 백성들은 하나님을 거역하고 40년 동안 광야에서 방황하다가 약속의 땅 가나안에 들어가지 못하고 하나님께 버림받

아 죽었습니다. 하나님을 믿고 따르는 자에게는 하나님께서 큰 은혜를 베풀어 주십니다. 그러나 하나님을 의심하고 불순종하며 하나님을 시험하는 자에게는 하나님께서 무자비하게 심판을 내리십니다. 이스라엘 백성이 광야에서 하나님의 심판을 받아 거의 다 죽은 것과 같이, 오늘날도 영적 선민으로 택함 받아 애굽과 같은 죄악 세상에서 구원받았으나 하나님을 의심하고 불순종하며 하나님을 시험하는 사람은 하나님께 버림받아 광야에 엎드러진 시체와 같이 되는 것입니다.

하나님은 언제나 하나님의 백성을 젖과 꿀이 흐르는 동산으로 데려가기를 원하십니다. 우리 하나님은 좋으신 하나님이시기 때문에 그 자식들에게 영혼이 잘되고 범사가 잘되고 강건하게 해 주기를 원하시는 것입니다. 하나님의 본심은 우리에게 복을 주시는 것이지 화를 주시는 것이 아닙니다. 그러나 이 하나님의 본심을 우리가 이해하지 못하고 거역할 때 하나님께서는 노하시는 것입니다.

18절 또 하나님이 누구에게 맹세하사 그의 안식에 들어오지 못하리라 하셨느냐 곧 순종하지 아니하던 자들에게가 아니냐

믿음은 곧 순종을 의미합니다. 하나님을 믿는다고 하면서도 하나님의 말씀을 순종하지 않으면 그의 믿음은 잘못된 것입니다. 믿음과 순종은 항상 함께합니다. 이것은 마치 우리의 손과 같아서, 믿음을 손바닥이라고 한다면 순종은 손등과 같습니다. 손바닥과 손등이 분리될 수 없는 것처럼 믿음과 순종도 이와 같습니다. 따라서 진짜 믿는 자는 하나님의 뜻에 철저히 순종합니다.

이렇게 예수님을 믿고 하나님께 순종하면 하나님의 안식에 들어갈 수

있습니다. 하나님은 우리를 위해서 짐을 지시는 분이시요, 우리를 위해서 일하시는 하나님이십니다. 우리가 그 하나님께 우리의 모든 수고로움을 다 내어 맡기고 의지하고 믿고 순종하고 찬양하면서 살아갈 때 하나님께서 항상 우리와 함께 계시고 일해 주시고 은혜와 사랑을 베풀어 주시는 것입니다. 이것이 곧 하나님의 안식에 들어와 사는 것입니다. 그러나 우리가 믿음을 버리고 순종하지 않으면 불순종하여 광야에서 버림받은 이스라엘 백성과 같은 전철을 밟게 되는 것입니다.

19절 이로 보건대 그들이 믿지 아니하므로 능히 들어가지 못한 것이라

이스라엘 백성이 가나안 복지에도 또한 하나님의 안식에도 못 들어간 원인은 그들의 불신앙과 불순종 때문입니다. 오늘날도 하나님께서 원하시는 것은 믿음과 순종입니다. 믿음이 깊어지고 순종이 깊어질수록 그 사람은 위대한 신앙에 이르게 됩니다. 머리에 지식이 많다고 해서 또는 직분이 높아졌다고 해서 그 사람의 신앙이 깊어지는 것은 아닙니다. '얼마나 순전하게 하나님을 믿고 얼마나 깊이 하나님께 순종하느냐?' 이것이 하나님 앞에서 얼마나 그리스도를 닮은 인격자가 되었는가를 판정하는 척도가 됩니다.

예수님은 이 세상의 어떤 인물과도 비교할 수 없는 분이십니다. 이는 그가 이 세상의 주인이 되시기 때문입니다. 그러므로 우리는 주인 되신 예수님께서 우리에게 주신 구원과 축복을 의심하거나 시험하지 말고, 믿고 순종함으로 나의 것으로 받아들여 날로 예수님을 닮아 가는 신앙인이 되어야겠습니다. 이것이 우리가 지켜야 할 믿음입니다.

제 4 장

그리스도의 안식에 들어가라

안식에 들어가도록 힘쓰라 4:1-13

은혜의 보좌 앞으로 나아가라 4:14-16

A COMMENTARY
ON THE EPISTLE TO THE
HEBREWS

본 장의 내용은 두 단락으로 나누어집니다. 전반부(1-13절)에서는 안식의 약속과 함께 안식에 들어가기를 힘쓰라고 권면하고 있습니다. 이스라엘 백성이 불순종함으로 안식을 누리지 못했음에도 불구하고, 안식의 약속은 지금도 유효합니다. 그러므로 우리는 예수 그리스도 안에서 말씀에 절대 순종하여 하나님의 안식을 누려야 하는 것입니다.

후반부(14-16절)에서는 예수님께서 구약 시대의 제사장과 구별되는 큰 대제사장이심을 가르쳐 주고 있습니다. 예수님께서는 하나님의 아들로서 이 세상에서 인생에 다가오는 모든 시험을 받으시고 인간의 속죄 제물이 되셨습니다. 죄가 전혀 없는 의로우신 예수님께서 이처럼 대속의 죽음을 당하시고 부활, 승천하셔서 하나님의 보좌 우편에서 우리를 돕고 계시므로, 우리는 그 은혜의 보좌 앞으로 담대히 나아갈 수 있는 것입니다.

1. 안식에 들어가도록 힘쓰라(4:1-13)

1. 그러므로 우리는 두려워할지니 그의 안식에 들어갈 약속이 남아
있을지라도 너희 중에는 혹 이르지 못할 자가 있을까 함이라 2. 그
들과 같이 우리도 복음 전함을 받은 자이나 들은바 그 말씀이 그들에
게 유익하지 못한 것은 듣는 자가 믿음과 결부시키지 아니함이라 3.
이미 믿는 우리들은 저 안식에 들어가는도다 그가 말씀하신 바와 같
으니 내가 노하여 맹세한 바와 같이 그들이 내 안식에 들어오지 못하
리라 하셨다 하였으나 세상을 창조할 때부터 그 일이 이루어졌느니
라 4. 제칠 일에 관하여는 어딘가에 이렇게 일렀으되 하나님은 제칠
일에 그의 모든 일을 쉬셨다 하였으며 5. 또 다시 거기에 그들이 내
안식에 들어오지 못하리라 하였으니 6. 그러면 거기에 들어갈 자들
이 남아 있거니와 복음 전함을 먼저 받은 자들은 순종하지 아니함으
로 말미암아 들어가지 못하였으므로 7. 오랜 후에 다윗의 글에 다시
어느 날을 정하여 오늘이라고 미리 이같이 일렀으되 오늘 너희가 그
의 음성을 듣거든 너희 마음을 완고하게 하지 말라 하였나니 8. 만
일 여호수아가 그들에게 안식을 주었더라면 그 후에 다른 날을 말씀

하지 아니하셨으리라 9. 그런즉 안식할 때가 하나님의 백성에게 남
아 있도다 10. 이미 그의 안식에 들어간 자는 하나님이 자기의 일을
쉬심과 같이 그도 자기의 일을 쉬느니라 11. 그러므로 우리가 저 안
식에 들어가기를 힘쓸지니 이는 누구든지 저 순종하지 아니하는 본
에 빠지지 않게 하려 함이라 12. 하나님의 말씀은 살아 있고 활력이
있어 좌우에 날선 어떤 검보다도 예리하여 혼과 영과 및 관절과 골수
를 찔러 쪼개기까지 하며 또 마음의 생각과 뜻을 판단하나니 13. 지
으신 것이 하나도 그 앞에 나타나지 않음이 없고 우리의 결산을 받으
실 이의 눈앞에 만물이 벌거벗은 것같이 드러나느니라

1절 그러므로 우리는 두려워할지니 그의 안식에 들어갈 약속이 남아 있을지라도 너희 중에는 혹 이르지 못할 자가 있을까 함이라

본 절부터 13절까지는 그리스도로 말미암아 우리에게 주어진 안식에 들어가는 길과 방법에 대해 설명하고 있습니다. 좋으신 하나님께서는 우리에게 그의 안식을 예비하여 두셨고 그곳으로 들어가는 길과 방법까지 분명하고도 세밀하게 가르쳐 주셨습니다.

하나님께서는 이스라엘 백성에게 가나안 복지라는 안식의 처소를 허락해 주셨습니다. 그곳은 젖과 꿀이 흐르는 곳이요, 하나님이 미리 예비해 놓은 곳입니다. 하지만 그들은 그곳에 들어가지 못했습니다. 믿고 순종하기만 하면 하나님께서 예비해 놓으신 곳에 들어가서 예비해 놓으신 축복을 누릴 수 있는데, 이스라엘 백성은 하나님을 믿지 않고 의심하고 불순종했습니다. 그래서 하나님이 진노하사 그들을 광야에서 다 죽게 만드신 것입니다. 하나님이 예비해 놓은 모든 것은 우리 눈으로 보지 못하고 귀로 듣지 못하고 마음으로 생각하지 못합니다(고전 2:9). 오직 하나님

이 예비해 놓으신 것을 믿고 순종하여 우리가 누리는 것입니다.

"우리는 두려워할지니". 여기서 '두려워하라'는 말은 공포를 느껴 두려워하라는 부정적인 의미로 한 것이 아니라, 긍정적인 의미에서 '조심하고 지키라'는 뜻으로 한 것입니다.

"그의 안식에 들어갈 약속이 남아 있을지라도 너희 중에는 혹 이르지 못할 자가 있을까 함이라". 아직은 은혜의 때라 구원받은 사람의 수가 차기까지 안식에 들어갈 약속이 지속되고 있습니다. 이 약속은 예수님께서 재림하실 때에 이루어질 것입니다. 그런데 본 절을 보니, 그의 안식에 들어갈 약속이 남아 있을지라도 그 약속을 상실할 자들이 있다는 것을 보여 주고 있습니다. 여기서 '이르지 못할 자'는 믿다가 도중에 낙오된 자를 가리킵니다. 그러므로 우리는 우리 주위에 예수님을 믿기로 작정하고 신앙생활을 하다가 도중에 믿음을 잃어버리고 하나님의 뜻에 불순종하여 낙오되는 자가 없는지 항상 두려워해야 합니다. 예수님을 믿다가 도중에 타락하여 믿기 전보다도 못한 사람들이 많이 있습니다. 이렇기 때문에 우리는 마음속에 긍정적인 두려움을 가지고 항상 깨어 있어야 하며 끊임없이 자기 자신을 성찰(省察)하여야 하는 것입니다.

2절 그들과 같이 우리도 복음 전함을 받은 자이나 들은바 그 말씀이 그들에게 유익하지 못한 것은 듣는 자가 믿음과 결부시키지 아니함이라

"그들과 같이 우리도 복음 전함을 받은 자이나". 이스라엘 백성은 젖과 꿀이 흐르는 가나안 복지에 들어가 안식할 약속, 즉 복음을 들었습니다. 가나안 복지는 천국의 모형이기도 합니다. 이스라엘 백성과 마찬가지로, 우리는 하나님의 말씀을 통하여 예수 그리스도가 우리를 위해 예비하신 젖과 꿀이 흐르는 영적 가나안, 곧 천국에 믿음으로 들어갈 수 있다는 복음을 전해 들은 자들입니다.

"들은바 그 말씀이 그들에게 유익하지 못한 것은 듣는 자가 믿음과 결부시키지 아니함이라". 하나님께서는 이스라엘 백성들에 대해 "내가 내려가서 그들을 애굽인의 손에서 건져 내고 그들을 그 땅에서 인도하여 아름답고 광대한 땅, 젖과 꿀이 흐르는 땅 곧 가나안 족속, 헷 족속, 아모리 족속, 브리스 족속, 히위 족속, 여부스 족속의 지방에 데려가려 하노라"(출 3:8)는 복된 약속의 말씀을 하셨습니다. 그러나 그 말씀을 들었던 세대 중 여호수아와 갈렙을 제외하고는 아무도 가나안 복지, 곧 약속된 안식처에 들어가지 못했습니다. 그것은 그들이 하나님의 약속의 말씀에 그들의 믿음을 결부시키지 않고 의심하며 시험했기 때문입니다. 이와 같이 말씀을 믿음으로 받아들이지 아니하면 그 말씀은 아무런 역사도 나타낼 수 없습니다. 그러므로 주님께서 우리에게 복된 소식을 전해 주실 때에 믿음으로 받아들여야만 합니다. 또한 복음을 듣고 우리가 그 말씀에 믿음을 합할 때에 놀라운 역사가 일어나는 것입니다.

3절 이미 믿는 우리들은 저 안식에 들어가는도다 그가 말씀하신 바와 같으니 내가 노하여 맹세한 바와 같이 그들이 내 안식에 들어오지 못하리라 하셨다 하였으나 세상을 창조할 때부터 그 일이 이루어졌느니라

하나님께서는 세상을 창조하실 때 이미 안식을 이루어 놓으셨습니다. 즉, 하나님께서 창조 사역 후 일곱째 날에 안식하심으로 하나님의 안식

은 창조 때에 이미 완성된 것입니다. 하나님께서는 이스라엘 백성을 택하여 하나님의 백성으로 삼으시고 그들에게 안식을 주시려 했습니다. 그러나 그들은 하나님께 불순종하여 가나안 땅에 들어가지 못하였고 따라서 그곳에서의 안식도 얻을 수 없었습니다.

하나님께서 약속하신 안식에는 예수님을 믿는 우리 그리스도인들이 들어가게 되는데, 우리가 들어가는 안식에는 두 종류가 있습니다. 하나는 우리가 예수님을 구주로 믿고 거듭난 후 이 세상에 살면서 누리는 육신의 안식이고, 다른 하나는 세상에서 육신의 장막을 벗고 난 후에 누리게 될 영원한 천국의 안식입니다. 이미 믿는 우리들은 그 안식에 들어와 있는 것입니다.

4절 제칠 일에 관하여는 어딘가에 이렇게 일렀으되 하나님은 제칠 일에 그의 모든 일을 쉬셨다 하였으며

하나님께서는 엿새 동안 천지 만물을 지으시고 그의 형상대로 사람을 창조하신 후, 7일째는 쉬셨습니다(창 2:2). 하나님께서는 엿새 동안 사람이 이 땅에서 먹고 살 수 있는 모든 것을 미리 만들어 놓으셨습니다. 그 다음에 사람을 하나님의 형상과 모양대로 만드셨습니다. 모든 필요한 것을 미리 준비해 놓으시는 하나님은 야훼이레, 즉 예비하시는 하나님입니다.

이렇게 하나님께서는 엿새 동안의 창조를 마치신 후, 일곱째 날에 안식하셨습니다. 이 안식은 영적인 안식과 물질세계의 안식을 포함합니다. 그러므로 우리는 믿기만 하면 영적인 안식과 물질세계의 안식에 들어갈 수 있습니다. 그런데 인간이 창조된 날은 여섯째 날이었고 바로 그

다음날 하나님께서 안식하셨으므로, 결국 인간이 맞이한 첫날은 하나님의 안식일입니다. 따라서 우리가 하나님을 믿고 순종하는 삶을 살기 위해서는 하나님의 안식으로부터 인생을 출발하여야 합니다. 우리 인생은 언제나 하나님께서 예비해 놓으신 곳에서 살아야 합니다. 그리고 그곳으로부터 삶이 시작되어야 하는 것입니다.

5-6절 또 다시 거기에 그들이 내 안식에 들어오지 못하리라 하였으니 그러면 거기에 들어갈 자들이 남아 있거니와 복음 전함을 먼저 받은 자들은 순종하지 아니함으로 말미암아 들어가지 못하였으므로

하나님께서는 육적인 안식 곧 물질적인 안식을 이미 다 이루어 놓으셨으며 또한 영적인 안식 곧 영생의 안식도 다 이루어 놓으셨습니다. 그러나 먼저 복음 전함을 받은 이스라엘 백성들은 이러한 하나님의 말씀을 불신앙하고 불순종함으로, 하나님께서 예비해 놓으신 안식에 들어가지 못했습니다. 그러나 우리는 믿고 순종하여 하나님이 예비하신 안식에 들어가 누리며 살아야 되는 것입니다.

7절 오랜 후에 다윗의 글에 다시 어느 날을 정하여 오늘이라고 미리 이같이 일렀으되 오늘 너희가 그의 음성을 듣거든 너희 마음을 완고하게 하지 말라 하였나니

여기서 '오늘'은 어느 한때를 가리키는 것이 아니라, 모세 이후로부터 다윗의 때를 지나 오늘에 이르는 모든 때를 말합니다. 본 서의 기록자는 본 절에서 다윗이 기록한 시편 95편 7절과 8절을 인용하여, 복음을 듣고

도 마음을 완고하게 하여 안식을 얻지 못한 이스라엘 백성들같이 되지 않도록 하나님의 말씀을 들을 때 마음을 완고하게 하지 말라고 권면하고 있습니다.

오늘 우리가 하나님이 예비하신 안식에 들어가려면, 우리 마음의 완고함을 깨뜨리고 하나님 말씀에 순종하며 믿음으로 나아가야 하는 것입니다.

8절 만일 여호수아가 그들에게 안식을 주었더라면 그 후에 다른 날을 말씀하지 아니하셨으리라

모세는 가나안 땅에 들어가지 못하였으나, 그의 후계자 여호수아가 이스라엘 백성을 이끌고 젖과 꿀이 흐르는 땅 가나안에 들어갔습니다. 만약 그것이 영원한 안식에 들어간 것이라면 하나님께서 다른 안식을 말씀하지 않으셨을 것입니다. 여호수아가 들어갔던 젖과 꿀이 흐르는 땅 가나안은 물질적인 안식이었지 영적인 영원한 안식이 아니었습니다. 가나안 땅은 영원한 안식의 모형일 뿐, 영원한 안식 그 자체는 아닙니다. 가나안 땅에 들어가서도 사람들은 역시 죽고 병들고 수고하는 삶을 살았습니다. 죽음과 병과 수고가 없는 영원한 안식은 따로 있는 것입니다.

9절 그런즉 안식할 때가 하나님의 백성에게 남아 있도다

하나님의 백성에게는 참된 안식이 남아 있습니다. 우리는 참된 안식에 들어갈 자격이 없으나, 예수님께서 십자가 위에서 "다 이루었다"(요 19:30)고 하심으로 우리가 참된 안식에 들어가게 허락하여 주셨습니다. 오직 믿음으로 우리는 이 안식에 들어갈 수 있습니다. 우리가 예수 그리

스도를 믿으면 영혼이 잘되고 범사에 잘되며 강건하게 되는 복이 다가옵니다. 이는 마치 젖과 꿀이 흐르는 가나안 복지처럼 현세적인 안식입니다. 그리고 궁극적으로 우리는 예수님께서 예비하신 새 하늘과 새 땅의 영원한 안식에 들어가게 되는 것입니다.

10절 이미 그의 안식에 들어간 자는 하나님이 자기의 일을 쉬심과 같이 그도 자기의 일을 쉬느니라

하나님께서는 천지 만물을 창조하실 때 안식을 이루어 놓으셨습니다. 하나님께서는 물질세계와 영적 세계를 다 지으시고 지금 안식 가운데 거하고 계십니다. 주님을 믿고 죽은 사람은 천국에 올라가 하나님의 안식 가운데 거하고 있습니다. 또한 지금 이 땅에 살고 있는 우리도 믿음으로 말미암아 하나님의 안식 가운데 거하고 있습니다. 오직 하나님만을 믿고 그의 뜻에 순종하면 이 세상에 사는 동안 영혼이 잘되고 범사에 잘되며 강건하게 되는 복을 얻고, 나아가 영원한 새 하늘과 새 땅에 들어가게 되는 것입니다. 하나님께서는 이미 모든 것을 다 예비해 놓으셨습니다. 예비된 하나님의 안식은 우리의 눈으로 보지 못하고 귀로 듣지 못하나, 오직 성령께서 보여 주시고 깨닫게 해 주십니다. 하나님께서 이미 우리의 생활 전체를 보장하셨으므로, 우리가 하나님의 뜻을 믿고 순종하고 감사하며 나아가면 하나님께서 일을 쉬시고 안식하신 것같이 우리도 안식하며 살아갈 수 있게 되는 것입니다. 예레미야 33장 2절은 "일을 행하시는 야훼, 그것을 만들며 성취하시는 야훼"라고 했습니다. 야훼 하나님께서 모든 것을 이미 다 이루어 놓으셨습니다. 우리는 이 말씀을 믿음으로 받아들이면 됩니다.

오늘날 많은 사람들이 천국에 들어가는 믿음을 가지고 있으나, 물질의 안식은 믿음으로 소유하지 않고 있습니다. 그래서 세상일에 얽매여 주일 성수를 등한히 하며 십일조 드리기를 꺼려합니다. 이러한 사람에게는 환경의 축복이 다가오지 않습니다. 오직 모든 것을 믿음으로 하나님께 맡기고 그의 말씀과 성령의 인도에 순종하면 이 세상에서 평안과 기쁨 가운데서 영혼과 일상생활과 육신의 안식을 누리게 됩니다. 이는 장차 하늘나라에서 누릴 안식의 모형이요, 연습입니다.

11절 그러므로 우리가 저 안식에 들어가기를 힘쓸지니 이는 누구든지 저 순종하지 아니하는 본에 빠지지 않게 하려 함이라

우리는 하나님의 안식에 들어가기 위해 힘써야 합니다. 즉, 불순종과 불신앙을 회개하고 우리의 믿음을 점검하여 더욱 하나님을 믿고 의지하여야 합니다. 그런데 실제로 내 모든 문제를 전폭적으로 맡기는 생활은 그리 쉽지 않습니다. 그러므로 하나님의 말씀을 말씀 그대로 믿고 순종하는 일에 힘쓰고 애써야 합니다. 그리하여 하나님께서 예비하신 오중복음과 삼중축복을 다 누리는 우리들이 되어야겠습니다.

12절 하나님의 말씀은 살아 있고 활력이 있어 좌우에 날선 어떤 검보다도 예리하여 혼과 영과 및 관절과 골수를 찔러 쪼개기까지 하며 또 마음의 생각과 뜻을 판단하나니

하나님이 예비하신 안식에 믿음과 순종으로 들어가도록 역사하는 '하나님의 말씀' 에는 생명력이 있습니다. 성령의 능력이 하나님의 말씀 가운데 약동하고 있습니다. 하나님의 말씀에 성령의 역사가 함께하시므

로, 사람의 마음이 변화되고 생활이 변화되며 환경이 변화됩니다. 또한 하나님의 말씀은 활력이 있어 좌우에 날선 어떤 검보다도 예리하여 우리의 혼과 영과 및 관절과 골수를 찔러 쪼개기까지 합니다. 하나님의 말씀은 우리 영혼의 잘못된 모든 것을 잘라내며 육신의 병도 수술해 냅니다. 하나님의 말씀이 우리 안에 들어오면 우리의 영이 하나님과 더 깊은 교제를 하도록 만들며, 우리의 혼이 이 세상과 교제할 때라도 세상과 구분된, 즉 거룩하고 성결하게 세상과 분리된 삶을 살도록 도와줍니다. 하나님의 말씀이 우리의 육체에 임하면 건강과 치료의 역사가 일어나게 됩니다. 그리하여 하나님의 말씀은 우리의 전 생활과 운명을 변화시킵니다.

우리가 하나님의 말씀을 주야로 묵상하고 예배마다 참석하여 말씀을 들을 때에 놀라운 역사가 우리 생활 속에 일어나게 되는 것입니다. 나는 미국에 가서 수많은 사람들로부터 "목사님의 설교 테이프를 듣고 은혜를 받았습니다."라는 간증을 들었습니다. 하나님의 말씀이 전파되는 곳에는 놀라운 성령의 역사가 뒤따르는 것입니다. 지금도 하나님의 말씀은 살아 움직여서 사람들의 심령을 살리며, 활력이 있어 사람들의 마음에 감동을 주고 회개하여 구원에 이르게 합니다. 또한 좌우에 날선 어떤 검보다도 예리하여 우리의 심령의 문제를 치유하며 잘못된 길로 가지 않도록 마음의 생각과 뜻을 감찰하고 있습니다. 말씀은 곧 하나님이시기 때문에(요 1:1) 이와 같은 능력의 역사가 일어나는 것입니다.

13절 지으신 것이 하나도 그 앞에 나타나지 않음이 없고 우리의 결산을 받으실 이의 눈앞에 만물이 벌거벗은 것같이 드러나느니라

하나님의 말씀은 하나님의 눈과 같습니다. 하나님의 말씀 앞에 숨길

것이 아무것도 없습니다. 하나님의 말씀 앞에 모든 것이 다 드러나는 것입니다. 그러므로 우리가 하나님의 말씀에 비추어 볼 때, 우리의 잘못된 모든 것을 낱낱이 발견할 수 있고 그 말씀을 통하여 그 모든 것을 고침받을 수 있습니다.

하나님의 말씀은 우리가 이 땅에 있을 동안에 우리의 영과 혼과 및 관절과 골수를 감찰하고 쪼개고 변화시켜 줍니다. 우리는 말씀을 통하여 하나님 앞에 올바르게 설 수 있는 새사람이 되어 가는 것입니다.

2. 은혜의 보좌 앞으로 나아가라(4:14-16)

14. 그러므로 우리에게 큰 대제사장이 계시니 승천하신 이 곧 하나님의 아들 예수시라 우리가 믿는 도리를 굳게 잡을지어다 15. 우리에게 있는 대제사장은 우리의 연약함을 동정하지 못하실 이가 아니요 모든 일에 우리와 똑같이 시험을 받으신 이로되 죄는 없으시니라 16. 그러므로 우리는 긍휼하심을 받고 때를 따라 돕는 은혜를 얻기 위하여 은혜의 보좌 앞에 담대히 나아갈 것이니라

우리가 아직 완전하지 못한 까닭에 불가항력적으로 또는 무의식적으로 하나님께 범죄하면 어떻게 될까요? 그 안식에서 떨어지고 다시는 들어가지 못할까요? 본 절부터 16절까지의 말씀은 그 질문에 대한 해답을 주고 있습니다.

14절 그러므로 우리에게 큰 대제사장이 계시니 승천하신 이 곧 하나님의 아들 예수시라 우리가 믿는 도리를 굳게 잡을지어다

대제사장은 구약의 아론으로부터 시작하여 제사장을 대표하여 제사를 맡아 온 그의 자녀들을 말합니다. 그런데 예수님께서는 어떤 대제사장보다도 뛰어나신 '큰 대제사장' 이십니다. 제사장은 사람을 대표하여 하나님께 제물을 드리고 하나님을 대변해서 하나님의 말씀을 가르치는 중보의 역할을 하는 자입니다. 예수님은 하나님의 아들이심에도 불구하고 우리 인간을 위하여 인간 편에 서서 대제사장이 되셨습니다. 예수님께서는 큰 대제사장으로 이 세상에 오셔서 그의 몸과 피를 하나님의 공의와 진노의 제단 위에 드리시고 우리의 죄를 속량하셨습니다. 인간을 위한 대제사장이자 희생의 제물로 오신 예수님은 십자가 위에서 모든 일을 다 이루시고, 장사한 지 사흘 만에 부활하셨으며, 하늘에 오르사 지금은 하나님 우편에 앉아 계십니다. 그러므로 우리는 '믿는 도리' 를 굳게 잡아야 합니다. 즉, 진리의 말씀을 마음으로 믿고 입술로 강하게 긍정적으로 시인하라는 것입니다. "예수는 나의 구주다.", "그가 채찍에 맞음으로 내가 나음을 받았다.", "나는 아브라함의 복을 받은 사람이다." 이렇게 마음으로 믿고 입술로 고백하여 우리 신앙을 굳게 붙잡아야 합니다.

주님께서 우리의 대제사장이 되셔서 모든 것을 다 이루신 것을 굳게 믿고, 눈에는 아무 증거 안 보이고 귀에는 아무 소리 안 들리고 손에는 잡히는 것 없어도 하나님의 말씀을 끝까지 마음으로 믿고 입술로 고백할 때 놀라운 하나님의 능력이 나타나는 것입니다.

15절 우리에게 있는 대제사장은 우리의 연약함을 동정하지 못하실 이가 아니요 모든 일에 우리와 똑같이 시험을 받으신 이로되 죄는 없으시니라

대제사장이신 예수님께서는 이 세상에 오셔서 우리 인간이 경험할 수 있는 모든 시험과 어려움을 다 겪으셨습니다. 예수님은 이 땅에 사시는 동안 가난하고 헐벗고 굶주리고 풍찬노숙(風餐露宿)을 하셨습니다. 또한 사람들의 멸시와 천대와 박대 속에서 슬픔과 괴로움을 당하셨고 때로는 울기도 하셨습니다. 그리고 마지막에는 하나님과 사람들에게 버림받아 십자가에서 외로움 가운데 찢기고 상처입고 죽기까지 하셨습니다. 우리를 위해 인간의 모든 연약함을 생생히 겪으셨던 것입니다. 우리가 주님을 의지하고 나아갈 때 우리의 기도가 응답될 수 있는 것은, 우리 주님이 우리의 연약한 형편과 사정을 잘 아시고 우리를 위해 중보 기도해 주시기 때문입니다.

또한 예수님께서는 인간의 밑바닥에서 인간이 당하는 모든 희로애락의 감정을 다 경험하시고 인간이 겪는 모든 어려움을 다 겪으셨습니다. 그러나 예수님은 죄를 짓지도 아니하시고 죄를 알지도 못하신 분입니다. 이 예수님께서 우리를 위하여 묵묵히 십자가에 달리셨던 것입니다. 이러한 예수님의 희생적인 사랑이 죄 가운데 빠져 허덕이고 있는 모든 사람에게 참된 소망과 참된 생명을 가져다준 것입니다.

16절 그러므로 우리는 긍휼하심을 받고 때를 따라 돕는 은혜를 얻기 위하여 은혜의 보좌 앞에 담대히 나아갈 것이니라

우리가 시험에 들어서 죄를 지었을 때 주님께 나아가 용서받고 불쌍히

여김을 받는 것이 긍휼입니다. 내 형편과 사정을 알아주시고 나를 위해 기도해 주시는 예수님이 대제사장으로서 하나님 보좌 우편에 앉아 계시니 우리는 긍휼하심을 받고 때를 따라 돕는 은혜를 받기 위해 주님의 은혜의 보좌 앞에 담대히 나아가야 합니다. 주님께서 채찍에 맞으시고 저주를 받으시고 피를 흘리심으로 우리의 모든 죄와 불의와 추악과 저주와 절망과 죽음을 다 청산하셨기 때문에 우리는 은혜의 보좌 앞에 나아갈 수 있게 된 것입니다. 그러므로 우리는 죄짓고 불의하고 못났음에도 불구하고 주님 앞으로 나아가야 합니다. 우리가 회개하는 심령으로 주님께 나아갈 때, 주님께서는 우리의 모든 죄를 씻어 주시고 우리의 눈물을 닦아 주시며 한없는 은혜를 부어 주십니다. 그러므로 우리는 믿음을 굳게 하여 오직 주님만을 의지하고 담대히 나아가야겠습니다. 우리가 은혜의 보좌 앞에 담대히 나아가는 신앙생활을 할 때, 주님께서 우리를 도우셔서 이 세상이 가져다주는 모든 시련을 이기게 하시며, 혹 넘어졌다고 하더라도 다시 붙잡아 일으켜 천국 가는 그날까지 항상 승리의 삶을 살게 하시는 것입니다.

제 5 장

대제사장 되신 예수 그리스도

A COMMENTARY
ON THE EPISTLE TO THE
HEBREWS

대제사장은 사람이어야 하며, 하나님의 부르심을 받아야 하며, 사람들을 이해하고 긍휼히 여길 줄 알아야 합니다. 예수님은 이러한 대제사장의 자격 요건과 자질을 다 갖추신 분이십니다. 즉, 예수님께서는 완전한 사람으로 오셨으며, 하나님의 뜻을 따라 대제사장이 되셨으며, 인생의 온갖 고초를 겪으셔서 사람들을 너무나도 잘 이해하시고 불쌍히 여기셨습니다.

예수님께서는 아론의 반차를 따르지 않고 멜기세덱의 반차를 따라 영원한 대제사장이 되셨으며, 율법의 언약 대신 은혜의 새 언약을 세우셨습니다. 이러한 예수님을 올바로 알고 믿으려면, 영적으로 미숙한 어린아이의 신앙에 머무르지 말고 장성한 믿음의 분량에 이르러야 합니다.

1. 대제사장의 자격을 갖추신 예수님(5:1-10)

1. 대제사장마다 사람 가운데서 택한 자이므로 하나님께 속한 일에
사람을 위하여 예물과 속죄하는 제사를 드리게 하나니 2. 그가 무식
하고 미혹된 자를 능히 용납할 수 있는 것은 자기도 연약에 휩싸여
있음이라 3. 그러므로 백성을 위하여 속죄제를 드림과 같이 또한 자
신을 위하여도 드리는 것이 마땅하니라 4. 이 존귀는 아무도 스스로
취하지 못하고 오직 아론과 같이 하나님의 부르심을 받은 자라야 할
것이니라 5. 또한 이와 같이 그리스도께서 대제사장 되심도 스스로
영광을 취하심이 아니요 오직 말씀하신 이가 그에게 이르시되 너는
내 아들이니 내가 오늘 너를 낳았다 하셨고 6. 또한 이와 같이 다른
데서 말씀하시되 네가 영원히 멜기세덱의 반차를 따르는 제사장이
라 하셨으니 7. 그는 육체에 계실 때에 자기를 죽음에서 능히 구원
하실 이에게 심한 통곡과 눈물로 간구와 소원을 올렸고 그의 경건하
심으로 말미암아 들으심을 얻었느니라 8. 그가 아들이시면서도 받
으신 고난으로 순종함을 배워서 9. 온전하게 되셨은즉 자기에게 순
종하는 모든 자에게 영원한 구원의 근원이 되시고 10. 하나님께 멜
기세덱의 반차를 따른 대제사장이라 칭하심을 받으셨느니라

1절 대제사장마다 사람 가운데서 택한 자이므로 하나님께 속한 일에 사람을 위하여 예물과 속죄하는 제사를 드리게 하나니

이스라엘의 제사장들은 백성들이 하나님의 율법을 잘 지키도록 가르치고 해석하며, 율법대로 하나님 앞에 제사를 드리는 총책임을 맡았습니다. 그런데 이스라엘 백성들은 대제사장과 제사장들이 행하는 제사 의식을 통해서만 하나님과 교통할 수 있었습니다. 그러므로 대제사장과 제사장들이 하는 가장 중요한 일은 하나님께 제사를 드리는 것이었습니다. 즉, 하나님이나 사람 앞에 저지른 과실로 인해 생긴 손해 배상을 위한 속건제, 매일 하나님께 감사하고 더 헌신하고 하나님 뜻대로 살기 위해 드리는 번제, 하나님과 사람 사이의 친교를 위해 희생 제물을 드리는 화목제 그리고 하나님께 성결과 충성을 약속하는 소제 등을 제사장이 대신 드렸습니다. 이렇게 제사장은 백성들과 하나님 사이의 관계를 맺는 데 있어서 중간 역할을 했던 것입니다.

특히 대제사장은 1년에 한 번, 온 이스라엘 백성을 대표하여 지성소에 들어가서 하나님 보좌 앞에 있는 속죄소에 희생 제물의 피를 뿌리고 1년 동안 이스라엘 백성의 죄를 속죄하는 가장 중요한 제사를 드렸습니다. 이렇게 대제사장은 사람을 대표해서 하나님 앞에 제사와 예물을 드리고 기도를 해주는 자로서, 반드시 사람 가운데서 택함을 받았습니다. 천사나 혹은 다른 존재가 우리를 위하여 대제사장이 될 수 없습니다. 오직 택함을 받은 사람만이 하나님 앞에 제사와 예물을 드리고 다른 사람을 위해 속죄의 제사와 기도를 하나님께 드릴 수 있는 것입니다.

그런데 본문에서 '대제사장마다' 라고 한 것은 대제사장 역시 생명이 유한한 사람이므로 대제사장이 죽으면 그다음에 계속하여 그 반열을 따

라 대제사장을 세우게 된다는 것을 의미합니다. 모든 대제사장은 '하나님께 속한 일', 즉 '우리의 죄를 사하시고 기도를 응답하시며, 축복해 주시는 일'에 대해 하나님의 뜻을 따라 일했습니다.

2절 그가 무식하고 미혹된 자를 능히 용납할 수 있는 것은 자기도 연약에 휩싸여 있음이라

대제사장이 일반 백성들을 위하여 제사를 드리고 죄 속함을 기원하려면 먼저 백성들의 형편을 이해할 수 있어야 합니다. 백성들은 하나님의 진리에 대해 무지하고 마귀에게 쉽게 미혹되는 인생들입니다. 그러므로 대제사장은 백성들의 모든 것을 참고 이해하고 받아들여야 합니다. 이러한 용납은 대제사장이 사람이기 때문에 가능합니다. 오직 사람이 사람을 이해할 수 있는 것입니다. 대제사장이 무식하고 미련한 인생들을 용납하고 그들을 위해 하나님 앞에 속죄해 주고 기두해 줄 수 있는 것은, 그 자신도 보통 인간이 당하는 시험과 환난과 곤고와 괴로움을 동일하게 겪을 수밖에 없는 연약한 인간이기 때문입니다. 대제사장도 연약함이 있는 사람이기 때문에 자비와 사랑과 동정을 가지고 백성의 죄를 하나님 앞에 고하고 용서를 빌 수 있는 것입니다.

3절 그러므로 백성을 위하여 속죄제를 드림과 같이 또한 자신을 위하여도 드리는 것이 마땅하니라

대제사장은 백성을 위해 제사 드리기에 앞서 먼저 자신과 가족의 속죄를 위하여 제사 드립니다(레 16:6, 11). 왜냐하면 대제사장 자신도 연약한 인간이므로 일반 백성과 똑같이 죄를 짓게 되기 때문입니다. 그러므로

먼저 자신을 위해 속죄 제사를 드림으로 하나님께 용서를 받고, 그다음에 백성들을 위하여 제사를 드렸던 것입니다. 이처럼 대제사장은 백성과 똑같은 연약한 인간인 것입니다.

4절 이 존귀는 아무도 스스로 취하지 못하고 오직 아론과 같이 하나님의 부르심을 받은 자라야 할 것이니라

대제사장이 될 수 있는 자격은 '하나님의 부르심을 받은 자' 라야 합니다. 하나님께서는 친히 아론을 부르셔서 초대 대제사장으로 세우셨습니다(출 29:4-9; 민 3:10). 그리고 아론의 후손만이 대제사장이 될 수 있게 하셨으며 레위 지파 사람들만이 대제사장을 돕는 제사장들이 될 수 있게 하셨습니다. 이렇게 그 누구를 막론하고 하나님께서 부르지 아니하시면 대제사장이 될 수 없습니다.

주의 종이 되는 것도 대제사장과 한가지입니다. 오늘날 많은 사람이 주의 종이 되겠노라고 자원(自願)하고 나섭니다. 나는 그러한 사람들에게 언제나 주의를 줍니다. "주의 종은 하나님께서 부르셔야 합니다. 하나님의 부르심이 있습니까?" 이렇게 물어 보면, 대부분의 사람들이 "글쎄, 부르심이 있는지 없는지 잘 모르겠습니다. 그런데 주의 종들이 우리 집에 와서 '주의 종이 되라' 고 말하므로 주의 종이 되고자 합니다."라고 대답합니다. 나는 그러한 사람들에게 "하나님이 부르시면 마음속에 주의 종이 되겠다는 부르심에 대한 결단이 섭니다. 그러면 세상의 모든 일이 다 싫어지고 오로지 주의 종에 대한 불타는 소원이 일어납니다. 돈벌이도 명예도 지위도 다 싫어지고, 오직 이 세상에 사는 삶의 목적과 의미를 주의 일을 하는 데 두겠다는 결심을 하게 됩니다. 이러한 하나님의 부르심

이 있어야 주의 종이 될 수 있습니다."라고 말해 줍니다. 그러한 부르심 없이 주의 일에 뛰어들 때, 그가 맡은 교회는 침체되고 분쟁과 분열이 일어나게 됩니다. 분명한 하나님의 부르심을 받고 주의 종이 되어야 일생을 종으로서 헌신할 수 있으며, 자신의 힘이 아닌 하나님의 능력을 받아야 목회할 수 있는 것입니다.

5절 또한 이와 같이 그리스도께서 대제사장 되심도 스스로 영광을 취하심이 아니요 오직 말씀하신 이가 그에게 이르시되 너는 내 아들이니 내가 오늘 너를 낳았다 하셨고

예수 그리스도께서 대제사장 되신 것은 자원하여 되신 것이 아니라, 아론과 마찬가지로 하나님의 택하심과 부르심을 통하여 되신 것입니다. 본 절은 이 사실에 대해 시편 2편 7절의 "너는 내 아들이라 오늘 내가 너를 낳았도다"라는 말씀을 인용하여 증거하고 있습니다. 이 말씀은 예수님께서 창세전부터 하나님의 아들이심을 의미합니다. 이렇게 본 절에서는 그리스도께서 대제사장 되심의 근거를 그리스도가 '하나님의 아들'이기 때문이라고 말씀하고 있는 것입니다.

6절 또한 이와 같이 다른 데서 말씀하시되 네가 영원히 멜기세덱의 반차를 따르는 제사장이라 하셨으니

여기에 인용된 말씀은 시편 110편 4절에 기록된 것으로, 예수님의 대제사장직에 대한 예언의 말씀입니다. 원래 하나님께서 이스라엘 민족을 위해 아론을 첫 대제사장으로 세우셨습니다. 그 후 모든 대제사장은 아론의 반차를 따라 나왔으며, 아론의 반차를 따르지 아니한 자 중에서는

누구도 대제사장이 될 수 없었습니다. 하나님께서는 이스라엘 민족과 언약을 맺고 율법을 주셨습니다. 아론을 비롯한 구약의 모든 대제사장들은 하나님께서 주신 율법을 지키는 자, 곧 율법의 보존자요, 증인이었습니다. 그러나 예수님께서는 이 세상에 은혜의 보존자요, 증인으로 오셨습니다. 그렇기 때문에 예수님은 아론의 반차를 따라 대제사장이 될 수 없었습니다. 만일 예수님이 아론의 반차를 따라 대제사장이 되셨다면 예수님 역시 하나님의 율법인 십계명을 행함으로 구원받는 율법의 언약 아래에서 태어나서 율법을 증언하는 대제사장이 되고 말았을 것입니다. 그러나 예수님은 구약 시대의 율법을 사이에 두고 세운 옛 언약을 폐하시고 새로운 언약, 즉 신약을 세우기 위해 아론의 반차가 아닌 멜기세덱의 반차를 따라 유다 지파에서 나오셨습니다. 이때 예수님께서 세우신 새로운 언약은 믿음의 언약입니다. 예수님께서 우리의 영원한 제물이 되셔서 십자가에 못 박혀 피를 흘리심으로 영원한 제사를 드리셨으므로 예수님은 영원한 우리의 대제사장이요, 누구든지 예수님을 믿기만 하면 구원받고 용서받은 의인이 되는 것입니다. 이렇게 예수님은 율법을 온전히 지켜야 구원받는다는 옛 언약을 폐하시고 예수님을 믿음으로 구원받는다는 새 언약, 즉 신약을 세우시기 위해 아론의 반차가 아닌 멜기세덱의 반차를 따라 대제사장이 되셨습니다.

멜기세덱에 대한 자세한 내용은 7장에서 언급될 것입니다. 여기에서 멜기세덱의 특징만을 간략하게 설명하면 다음과 같습니다.

첫째, 멜기세덱은 왕직(王職)과 대제사장직을 겸했던 분입니다. 원래 대제사장은 왕직을 겸하지 못합니다. 그러나 멜기세덱은 예외적으로 이 두 가지 직분을 겸했던 것입니다. 마찬가지로 예수님도 왕직과 대제사장직을 겸하여 이 세상에 오셨습니다.

둘째, 살렘 왕 멜기세덱은 전능하신 하나님의 대제사장으로서, 아브라함이 전쟁에서 이기고 돌아올 때 떡과 포도주를 가지고 나와서 그를 축복해 주고 십일조를 받았습니다. 멜기세덱이 갖고 나온 떡과 포도주는 예수님의 살과 피, 즉 성찬을 의미합니다. 예수님께서는 우리를 위해 그의 살과 피를 주셨으며, 우리는 받은바 은혜에 감사하여 예수님의 몸 된 교회에 십일조를 드립니다.

셋째, 멜기세덱은 시작도 없고 끝도 없이 단 한 번 홀연히 나타났다가 사라졌습니다. 이러한 무시무종(無始無終)은 예수님의 속성입니다. 원래 예수님은 하나님의 본체로서 시작과 끝이 없으신 분이며, 육신을 입고 이 세상에 단 한 번 오셔서 그의 죽음과 부활을 통하여 우리에게 구원을 주셨습니다.

넷째, 멜기세덱은 혈통에 의하지 않고 하나님께서 직접 세우신 대제사장이었습니다. 마찬가지로 예수님께서는 비록 육신을 쓰고 이 세상에 오셨으나, 혈통에 의하지 않고 여인의 후손(창 3:15)으로 오신 영원한 대제사장이십니다.

다섯째, 멜기세덱은 의(義)와 평강의 왕이었습니다(히 7:2). 예수님도 전 인류를 위한 의와 평강의 왕으로 오셨습니다.

이와 같이 멜기세덱과 예수님은 비슷한 점이 많습니다. 대제사장이 바뀌게 되면 언약도 바뀌고 언약의 보증도 바뀝니다. 예수님께서는 아론의 반차를 따르지 아니하고 멜기세덱의 반차를 따라 대제사장이 되셨습니다. 그렇기 때문에 우리는 율법을 지켜 행함으로 구원받는 것이 아니라 오직 믿음으로 구원받게 되었으며, 구약의 율법이 아니라 은혜의 새 계명을 지키게 된 것입니다.

7절 그는 육체에 계실 때에 자기를 죽음에서 능히 구원하실 이에게 심한 통곡과 눈물로 간구와 소원을 올렸고 그의 경건하심으로 말미암아 들으심을 얻었느니라

예수님은 이 세상에 오셔서 우리와 같이 모든 연약함을 겪으셨습니다. 그는 하나님의 아들이고 대제사장이었음에도 불구하고 자기를 죽음에서 능히 구원하실 이에게 겟세마네 동산에서 통곡과 눈물로 간절히 기도하셨습니다(마 26:36-46; 막 14:32-42; 눅 22:39-46). 이때 예수님께서 얼마나 심하게 통곡하시며 눈물로 기도하셨던지 온몸의 피하 조직의 모세 혈관이 터져서 땀에 피가 섞여 나왔습니다(눅 22:44).

의학적 보고에 의하면 사람이 정신적으로 극도의 압력을 받으면 피하의 모세 혈관이 터져서 땀방울과 함께 피가 섞여 나온다고 합니다. 예수님도 얼마나 엄청난 부담을 갖고서 심하게 통곡과 눈물로 기도하셨던지 피땀을 흘리신 것입니다. 예수님께서 육체에 거하실 때 연약함을 이기기 위하여 이처럼 간절히 기도하신 것같이, 우리도 주님의 뜻에 순종하기 위해 간절히 기도드려야 합니다. 예수님은 하나님의 뜻에 순종하기 위해 간절히 기도드리셨으며, 하나님께서는 이 기도를 들으시고 예수님께 십자가의 고난을 이길 힘을 주신 것입니다. 그리하여 예수님께서는 십자가의 고통을 능히 이기시고 6시간 후에 "내가 다 이루었다." 하시며 아담 이후로 지은 모든 인생의 죄를 영원히 청산하셨습니다.

8절 그가 아들이시면서도 받으신 고난으로 순종함을 배워서

예수님은 전적으로 순종하는 성품을 가지고 계십니다. 그러므로 여기서 '고난으로 순종을 배웠다'는 것은 고난을 통해 순종하게 되었다는 것이 아니라 순종함으로 고난도 받은 것을 말합니다. 예수님께서는 하나님의 뜻에 철저히 순종하여 인간으로서는 가장 견디기 힘든 십자가의 고난을 당하셨던 것입니다.

예수님은 우리가 주님의 순종을 배우기를 원하고 계십니다. 자아가 깨어짐 없이 순종을 배울 수 없습니다. 그러므로 우리는 삶 가운데 다가오는 여러 가지 시험과 환난과 고난을 통하여 자아(自我)를 깨뜨림으로 순종을 배우고, 예수님께서 체험하신 순종에 참여해야 합니다. 처음 예수님을 믿고 난 후에 성령 침례를 받고 기쁨을 체험하면 모든 것이 다 이루어진 것 같습니다. 그러나 그때부터 신앙은 첫 출발하는 것입니다. 그 뒤 시련과 환난을 통해 자아가 깨어지고 또 깨어져서 순종을 배우고 믿음을 배우면서 신앙이 자라게 되는 것입니다.

그러므로 우리에게 여러 가지 불같은 시험이 다가오더라도 낙심하거나 좌절해서는 안 됩니다. 하나님께서는 시험을 통해 우리의 믿음을 연단시키고 순종을 배우게 해서 우리의 신앙을 더욱 성장시켜 주시는 것입니다. 하나님께서는 시험해 보지 않고 응답해 주시는 법이 없습니다. 시험이 없으면 축복도 없습니다. 그러므로 우리가 원하든 원하지 않든 간에 우리의 신앙이 성장하기 위해서는 고난이 있어야 합니다. 예수님께서는 하나님의 아들이심에도 불구하고 고난을 통하여 죽기까지 순종하셨습니다. 그러므로 우리는 이러한 예수님의 순종을 배워야겠습니다.

9절 온전하게 되셨은즉 자기에게 순종하는 모든 자에게 영원한 구

원의 근원이 되시고

예수님께서는 죽기까지 하나님께 순종함으로 온전하게 되셨고 예수님을 순종하는 모든 자에게 영원한 구원의 근원이 되셨습니다. 그러므로 예수님이야말로 진실로 우리의 참대제사장이 되십니다. 이 예수님 앞에 나오면 주님은 우리의 대제사장이 되셔서 우리를 위해 기도해 주시고, 우리의 죄를 사해 주시고, 우리를 돌보아 주시며, 우리에게 영원한 구원을 선물로 주시는 것입니다.

10절 하나님께 멜기세덱의 반차를 따른 대제사장이라 칭하심을 받으셨느니라

본 절에는 앞서 6절에 인용되었던 시편 110편 4절 말씀이 다시 한 번 언급되어 있습니다. 예수님은 멜기세덱의 반차를 따라 대제사장으로서 은혜의 언약을 세우셨습니다.

2. 어린아이 같은 신자(5:11-14)

11. 멜기세덱에 관하여는 우리가 할 말이 많으나 너희가 듣는 것이 둔하므로 설명하기 어려우니라 12. 때가 오래 되었으므로 너희가 마땅히 선생이 되었을 터인데 너희가 다시 하나님의 말씀의 초보에 대하

여 누구에게서 가르침을 받아야 할 처지이니 단단한 음식은 못 먹고 젖이나 먹어야 할 자가 되었도다 13. 이는 젖을 먹는 자마다 어린아이니 의의 말씀을 경험하지 못한 자요 14. 단단한 음식은 장성한 자의 것이니 그들은 지각을 사용함으로 연단을 받아 선악을 분별하는 자들이니라

11절 멜기세덱에 관하여는 우리가 할 말이 많으나 너희가 듣는 것이 둔하므로 설명하기 어려우니라

본 절은 히브리 성도들에게 '멜기세덱이 바로 예수 그리스도의 모형이며 하늘 대제사장의 모형임' 을 설명하려 해도, 아직 그들이 이 사실을 깨달을 만큼 신앙이 성장하지 못했으므로 답답하다는 의미입니다. 그들은 아론의 대제사장직만 알 뿐, 하나님이 멜기세덱의 반차를 따라 새로운 대제사장으로 예수 그리스도를 세우셔서 율법의 언약을 폐하시고 은혜의 언약을 세우신 것에 대해서는 이해하지 못했습니다. 그래서 설명해 주어도 알아듣지 못하므로 해석하기 힘들다고 했습니다. 오늘날도 우리가 아무리 성령을 받고 은혜를 받았다 하더라도 성경을 깊이 깨닫지 못하면 깊이 있는 신앙인이 되지 못합니다.

12절 때가 오래 되었으므로 너희가 마땅히 선생이 되었을 터인데 너희가 다시 하나님의 말씀의 초보에 대하여 누구에게서 가르침을 받아야 할 처지이니 단단한 음식은 못 먹고 젖이나 먹어야 할 자가 되었도다

이 편지를 읽는 히브리인들은 예수님을 믿은 지 이미 오래되었으므로

마땅히 다른 사람들을 가르칠 만한 능력이 있어야 했습니다. 그러나 그들은 처음 믿는 신자들보다 조금도 나은 것이 없었습니다. 그들은 '하나님의 말씀의 초보' 에 머물러 있었는데, 이는 죄를 회개하고 예수님을 구주로 모시며 물 침례와 성령 침례를 받는 단계를 뜻합니다. 그들은 오랫동안 예수님을 믿었음에도 불구하고 여전히 '초보' 단계에 있었던 것입니다. 이 단계에 속한 사람들은 단단한 음식을 먹지 못합니다. '단단한 음식' 은 부활하신 예수님께서 지금 하늘나라에서 우리를 위해 하시는 일, 예수님의 대제사장 되심 등 예수님의 사역에 대한 성경의 여러 가지 진리를 말합니다. 그런데 당시 히브리 신자들은 아직 이러한 진리를 깨닫지 못하고 초보 단계에 머물러 있었으므로, 바울 사도는 이를 탄식하고 있는 것입니다.

13절 이는 젖을 먹는 자마다 어린아이니 의의 말씀을 경험하지 못한 자요

'젖' 은 성경의 초보적인 원리, 즉 신앙의 초보를 의미합니다. 예수님을 믿고, 죄 사함을 받고, 귀신이 쫓겨 나가고, 병 고침을 받고, 성령을 받는 이러한 것이 전부 '젖' 입니다. 갓난아이 때에는 젖을 먹고 자랍니다. 그러나 성장하면서 차차 단단한 음식을 먹게 됩니다. 우리의 신앙도 이와 마찬가지입니다. 우리가 처음 예수님을 믿고 기쁨 가운데 거할 때에는 신앙의 깊은 진리를 이해할 수 없습니다. 그러나 신앙이 성장해 가면서 예수 그리스도의 십자가의 대속의 은혜를 깨닫게 되고, 예수님이 새로운 언약의 대제사장으로서 지금 우리를 위해 무엇을 하고 계신지 차차 깨닫게 되며 뿌리 깊은 신앙의 단계로 들어가게 되는 것입니다.

'의의 말씀' 은 하나님께서 우리를 의롭게 하시는 말씀, 즉 성경 말씀을 의미합니다. 그런데 이 깊은 하나님의 말씀, 즉 하나님의 의에 이르지 못하는 것은 아직 신앙이 장성한 신자가 되지 못하였기 때문입니다. 장성한 신자는 병 낫고 방언하고 안수 받는 신앙의 초보 단계에 만족하지 않고 더 깊은 말씀의 진리 가운데로 들어갑니다. 그들은 말씀을 공부하고 싶은 갈급함을 느낍니다. 이러한 간절한 소원을 가진 자의 신앙은 날로 성장해 나갑니다.

14절 단단한 음식은 장성한 자의 것이니 그들은 지각을 사용함으로 연단을 받아 선악을 분별하는 자들이니라

어린아이와 장성한 자의 차이는 지각을 사용하는 능력에 있습니다. 신앙이 장성한 신자들은 영적인 지각(知覺)을 사용합니다. 즉, 그들은 말씀에 순종하고 실천하므로 영적인 지각을 연단받습니다. 그리하여 연단받은 신앙인이 되어 선악을 분별하게 됩니다. 여기서 '선악' 은 인간의 지혜로 판단되는 선악이 아니라 하나님의 지혜를 통해, 하나님의 말씀을 통해 옳고 그름을 분별하는 것입니다. 장성한 신자들은 하나님의 말씀에 대한 영적인 지식과 깨달음으로 많은 신앙 경험을 얻게 되며 하나님의 뜻을 분별해서 알게 됩니다.

제 6 장

장성한 신자가 되자

믿음의 진보를 이루라 6:1-8
소망을 잃지 말라 6:9-12
하나님의 약속과 맹세 6:13-20

A COMMENTARY
ON THE EPISTLE TO THE
HEBREWS

앞 장에 이어 본 장에서는 어린아이 같은 유약한 신앙에서 벗어나 성숙한 신앙인이 될 것을 권면하고 있습니다. 장성한 신앙의 단계에 이르려면, 영적 지식을 습득하는 데 부지런하여야 하며 그에 합당한 신앙의 열매를 맺어야 합니다.

영적으로 성장하면 타락을 방지할 수 있는 반면, 그 과정에는 시험도 필연적으로 다가옵니다. 시험을 이기지 못하면 영적으로 성숙되지 못하고 타락의 위험에 빠집니다. 그러나 끝까지 인내함으로써 시험을 이기면 하나님께서 보증하시고 예수님께서 열어 놓으신 하나님 나라의 안식에 들어가게 됩니다. 그러므로 우리는 말씀에 뿌리를 내려 계속적으로 성장하는 신앙인이 되어 믿음의 열매를 맺으며, 시험 가운데서도 믿음으로 인내하고 소망의 줄을 굳게 잡아 하나님 나라에 들어가야겠습니다.

1. 믿음의 진보를 이루라(6:1-8)

1. 그러므로 우리가 그리스도의 도의 초보를 버리고 죽은 행실을 회
개함과 하나님께 대한 신앙과 2. 침례들과 안수와 죽은 자의 부활과
영원한 심판에 관한 교훈의 터를 다시 닦지 말고 완전한 데로 나아갈
지니라 3. 하나님께서 허락하시면 우리가 이것을 하리라 4. 한 번
빛을 받고 하늘의 은사를 맛보고 성령에 참여한 바 되고 5. 하나님
의 선한 말씀과 내세의 능력을 맛보고도 6. 타락한 자들은 다시 새
롭게 하여 회개하게 할 수 없나니 이는 그들이 하나님의 아들을 다시
십자가에 못 박아 드러내 놓고 욕되게 함이라 7. 땅이 그 위에 자주
내리는 비를 흡수하여 밭 가는 자들이 쓰기에 합당한 채소를 내면 하
나님께 복을 받고 8. 만일 가시와 엉겅퀴를 내면 버림을 당하고 저
주함에 가까워 그 마지막은 불사름이 되리라

1-2절 그러므로 우리가 그리스도의 도의 초보를 버리고 죽은 행실

을 회개함과 하나님께 대한 신앙과 침례들과 안수와 죽은 자의 부활과 영원한 심판에 관한 교훈의 터를 다시 닦지 말고 완전한 데로 나아갈지니라

여기서 '버리라' 는 말은 아주 없애 버리라는 말이 아니라 지금 위치에서 다음을 향해 떠나라, 즉 지금 위치에서 졸업하라는 말입니다. 그러므로 '그리스도의 도의 초보를 버리고' 라는 말은 신앙의 초보를 기초로 하여 더 깊은 곳으로 나아가라는 의미입니다. 그러면 도의 초보, 즉 신앙의 초보가 무엇인지 살펴보도록 하겠습니다.

첫째, 죽은 행실을 회개하는 것입니다. '죽은 행실' 은 우리가 주님을 믿기 전에 죄로 인해 죽었던 상태를 말합니다(엡 2:1; 골 2:13). 우리가 주님을 믿기 전에는 육신의 정욕과 안목의 정욕과 이생의 자랑을 따라 죄 가운데 살았습니다. 그러나 예수님을 구주로 영접한 후에는 이러한 죽은 행실, 즉 죄의 행실을 회개했습니다. 우리는 한 번 회개한 후에는 죽은 행실을 버려야 합니다. 그리고 다시는 그러한 죄를 짓지 않기로 결단하고 전폭적으로 예수님만 의지하는 담대한 신앙생활을 해 나아가야 합니다. 많은 사람이 예수님을 믿고 난 후에도 여전히 이전의 생활을 계속하면서 똑같은 회개만을 되풀이한다면 초보적인 신앙에서 더 이상 성장할 수 없습니다. 예수님을 믿고 난 후에는 어떠한 시험이 닥쳐오더라도 "천부여 의지 없어서 손들고 옵니다.", "주님만 믿습니다." 라고 고백하며 주님만 의지하는 신앙생활을 하여야 합니다.

둘째, 하나님께 대한 신앙입니다. 이것은 회개한 후 하나님을 따르는 믿음을 말합니다. 하나님에 대한 신앙을 한 번 가졌으면 굳건히 지키고 깊이 들어가야 합니다. 이렇게 신앙의 가장 초보적인 것이 바로 '회개'

와 '하나님께 대한 신앙' 입니다.

셋째, 침례들입니다. 이 침례는 복수의 의미로, 물 침례와 성령 침례를 말합니다. 물 침례를 통하여 옛사람, 즉 죄의 사람은 물속에 장사 지낸 바 되고, 성령 침례를 통하여 거듭나게 됩니다.

넷째, 안수입니다. 안수는 축복할 때에나 병을 고칠 때에 하나님의 은혜를 전하는 하나의 방식입니다. 또한 직분을 줄 때도 안수를 합니다(행 6:6; 13:3). 안수는 영적으로 힘을 합쳐 주는 것이기 때문에 참 좋은 것이지만, 영적 분별력 없이 아무에게나 안수를 받는 것은 조심해야 합니다.

다섯째, 죽은 자의 부활입니다. 우리는 예수님께서 재림하실 때 죽은 자들이 변화된 몸으로 부활할 것을 믿습니다(고전 15장). 그러나 부활에 대한 성경의 가르침을 믿지 못하고 자꾸 의심한다면 그의 신앙은 초보적인 단계에 머물러 있는 것입니다.

여섯째, 영원한 심판입니다. 장차 이 세상 끝 날에 영원한 심판이 있습니다. 생명책에 기록된 사람은 자기 행위대로 상급을 받아 영생에 이르게 되고, 기록되지 못한 사람은 둘째 사망 곧 불과 유황이 타는 못에 던져집니다(계 20:11-15).

이상의 여섯 가지 내용은 기독교의 초보적인 교리입니다. 이와 같은 초보적인 단계는 물과 성령으로 거듭난 후 신앙 고백을 통하여 터를 닦고 지나가야 합니다. 그리하여 '완전한 데', 즉 진리의 깊은 곳으로 나아가야 하는 것입니다.

3절 하나님께서 허락하시면 우리가 이것을 하리라

우리가 원한다고 해서 진리의 더 깊고 완전한 곳으로 들어가는 것은 아닙니다. 깊은 신앙에 들어가기 위해서는 성령님이 역사해야 하는 것입니다. 그러므로 우리가 끊임없이 성령님을 인정하고 환영하고 모셔 들이며 그의 인도하심을 간구할 때, 성령님께서 우리를 진리의 동산으로 인도해 주십니다. 예수님은 우리의 길과 진리와 생명이 되시고, 예수님이 약속하신 보혜사 성령님은 예수님께서 하신 모든 일을 우리에게 증언하시며 주님의 뜻 가운데 우리를 인도해 주십니다. 그러므로 우리는 성령님을 전폭적으로 의지하는 삶을 살아야 합니다. 그리할 때 성령님의 도우심을 받아 은혜와 진리의 깊은 곳으로 들어가게 되는 것입니다.

4-6절 한 번 빛을 받고 하늘의 은사를 맛보고 성령에 참여한 바 되고 하나님의 선한 말씀과 내세의 능력을 맛보고도 타락한 자들은 다시 새롭게 하여 회개하게 할 수 없나니 이는 그들이 하나님의 아들을 다시 십자가에 못 박아 드러내 놓고 욕되게 함이라

본 절부터 8절까지는 신앙에서 떨어지는 자들에 대한 무서운 경고입니다. 여기서 '빛을 받고' 라는 것은 성령의 빛을 받음으로 복음을 믿고 받아들이는 것을 말합니다. 복음을 받아들여 예수 그리스도를 구주로 믿고 영접한 사람들은 하늘의 은사 곧 중생함으로 얻는 영생의 기쁨을 맛보고, 성령에 참여한 바 되어 성령의 감동하심과 성령 침례를 받고, 성령의 말하게 하심을 따라 다른 방언으로 말하게 됩니다. 또한 복음을 받아들여 하나님의 복된 말씀을 맛보고, 내세의 능력 곧 장차 부활하여 영원한 영광을 얻을 것을 믿음으로 체험하게 되는 것입니다.

이런 체험이 있었음에도 예수 그리스도에 대한 믿음의 도를 버리고 타락한 자들은 하나님께서 절대로 그의 자녀로 회복시키시지 않습니다. 물

론 육신이 연약한 고로 잠시 동안 신앙생활에서 떠나 있다가 다시 회개하고 돌아오는 것은 하나님께서 용납하십니다. 그러나 모든 것을 알면서도 고의적이고 계획적으로 하나님의 존재를 부인하고 성령님의 역사를 모독하고 훼방하는 자에게는 재생의 길이 없는 것입니다. 이러한 사람들은 다시 회개하여 새롭게 될 수 없습니다. 회개의 역사는 성령께서 그 마음에 감동하심으로 이루어지는데, 한 번 예수님을 구주로 믿은 후 타락한 자에게서는 성령께서 떠나시므로 다시 회개할 수 없게 되는 것입니다. 이러한 사람들은 예수 그리스도를 다시 십자가에 못 박는 자들입니다. 그러므로 우리는 믿은 후 다시 타락하지 않도록 신앙의 초보적인 단계에서 빨리 성장하여 주님의 깊은 은혜 가운데로 들어가야겠습니다.

7절 **땅이 그 위에 자주 내리는 비를 흡수하여 밭 가는 자들이 쓰기에 합당한 채소를 내면 하나님께 복을 받고**

본 절과 8절의 말씀은 4절부터 6절까지의 말씀을 땅에 비유하여 다시금 강조하여 설명한 말씀입니다.

우리는 성령님의 도우심으로 '그 위에 자주 내리는 비', 즉 하나님의 말씀과 은혜를 받아 장성하고 성숙한 신앙인이 되어서 하나님께서 기뻐하시는 열매를 맺어야 합니다. 우리는 개인적으로 믿음과 소망과 사랑의 열매를 맺어야 합니다. 또한 사랑과 희락과 화평과 오래 참음과 자비와 양선과 충성과 온유와 절제의 성령의 열매도 맺어야 합니다. 그렇게 될 때 하나님의 크신 복이 우리의 삶 가운데 풍성히 임하고 영생에 이르게 되는 것입니다.

8절 만일 가시와 엉겅퀴를 내면 버림을 당하고 저주함에 가까워 그 마지막은 불사름이 되리라

아담과 하와가 타락함으로 인하여 땅은 저주를 받아 가시와 엉겅퀴를 내었습니다(창 3:18). 가시와 엉겅퀴는 저주의 결과입니다. 예수님을 믿은 후 하나님의 말씀과 은혜와 성령의 비를 흡족히 받고도 가시와 엉겅퀴 같은 저주의 열매를 맺는 배교자는 하나님께 버림받고 저주받으며, 그 마지막은 불의 심판을 받아 멸망에 이르게 되는 것입니다.

2. 소망을 잃지 말라(6:9-12)

9. 사랑하는 자들아 우리가 이같이 말하나 너희에게는 이보다 더 좋은 것 곧 구원에 속한 것이 있음을 확신하노라 10. 하나님은 불의하지 아니하사 너희 행위와 그의 이름을 위하여 나타낸 사랑으로 이미 성도를 섬긴 것과 이제도 섬기고 있는 것을 잊어버리지 아니하시느니라 11. 우리가 간절히 원하는 것은 너희 각 사람이 동일한 부지런함을 나타내어 끝까지 소망의 풍성함에 이르러 12. 게으르지 아니하고 믿음과 오래 참음으로 말미암아 약속들을 기업으로 받는 자들을 본받는 자 되게 하려는 것이니라

9절 사랑하는 자들아 우리가 이같이 말하나 너희에게는 이보다 더

좋은 것 곧 구원에 속한 것이 있음을 확신하노라

이 편지는 신앙이 희미해진 예루살렘을 중심으로 이스라엘에 있는 유대인 성도들을 향해서 기록된 편지입니다. 유대에 많은 박해와 환난이 다가오면서 유대에서 예수님을 믿는 히브리 교인들의 마음이 흔들리기 시작하는 것을 염려하여 그들에게 격려의 메시지를 보낸 것입니다. 따라서 히브리 교인들에게 타락한 자들에 대한 무서운 심판의 경고를 한 후, 본 절부터는 위로의 말씀을 주고 있습니다.

하나님의 부르심을 받고 예수님을 그리스도로 믿는 자들이 '사랑하는 자들' 인 것입니다. 히브리서 기자는 히브리 교인들에게 무서운 경고와 심판을 말하는 한편, 그들이 타락하여 버림받는 위치에 있지 않고 구원에 가까운 것, 즉 이미 구원을 소유한 것을 확신한다며 그들을 격려하고 있습니다. "너희들은 신앙을 저버리고 심판받고 타락하고 버림받는 무리에 속하지 아니하고 이보다 더 좋은 것과 구원에 속한 것을 확신한다."라고 말씀하고 있는 것입니다. 하나님은 우리의 유익을 위해 한편으로는 꾸짖기도 하시지만 또 다른 한편으로는 우리에게 격려와 용기를 주는 것을 잊지 않으십니다.

10절 하나님은 불의하지 아니하사 너희 행위와 그의 이름을 위하여 나타낸 사랑으로 이미 성도를 섬긴 것과 이제도 섬기고 있는 것을 잊어버리지 아니하시느니라

하나님은 공평하고 의로우시므로, 성도들의 모든 선한 행위를 기억하시고 그 행위대로 갚아 주십니다. 즉, 하나님께서는 우리 그리스도인들이 열심히 선을 행하는 것과 예수 그리스도의 이름을 위하여 사랑을 실

천하며 성도를 섬기는 것을 모두 기억하실 뿐만 아니라, 우리들을 위해 상급을 예비하고 계십니다.

사랑에는 반드시 수고가 따릅니다. 오늘날 교회가 그리스도의 사랑을 가지고 있으면 헐벗고 굶주리고 소외당하고 불쌍한 사람을 끌어안게 됩니다. 그들을 위해 기도하고 전도하고 돌봐 주고 먹여 주고 입혀 주고 치료하기 위해서는 수고로움이 필요한 것입니다. 이렇게 사랑은 수고를 자처하게 됩니다. 따라서 우리가 주님을 진심으로 사랑하는지 그렇지 않은지를 아는 것은 간단합니다. 우리가 "주여, 당신을 사랑합니다."라고 하면 하나님께서 말씀하십니다. "네가 나를 위해 무엇을 수고하였느냐? 나를 사랑한 증거를 내놓아라." 이때 주님을 사랑한다 하면서도 주님을 위해 수고한 것이 없으면 그것은 말로만 사랑한 것입니다. 이처럼 사랑의 수고는 절대적으로 필요합니다.

당시 히브리 교인들은 열심히 주님을 믿는 행위가 있었고, 주님의 이름을 위하여 사랑으로 성도를 섬겼고 이제도 섬기는 것을 잊지 않았습니다. 이것이 사랑의 수고입니다. 이 수고를 하나님께서 잊어버리지 않으셨습니다. 하나님은 이렇게 한 사람 한 사람의 모든 행위를 기억하고 계십니다. 우리가 평소에 주를 위하여 몸 드리고 시간 드리고 물질 드리고 수고롭게 일한 것을 하나님께서는 기억하고 계십니다. 주님께서는 현세에 그것을 기억해 주실 뿐 아니라 내세에도 우리가 이 땅에서 행한 대로 상급을 주십니다. 구원은 값없이 받지만 상급은 행위로 받습니다. 구원은 예수님을 믿음으로 말미암아 받습니다. 그러나 하나님 앞에서 복을 받고 하늘에 가서 상급을 받는 것은 행위에 따른 것입니다. 그러므로 히브리 교인들이 큰 박해를 받고 환난을 받아서 믿음이 흔들림에도 하나님께서는 히브리 교인들이 열심으로 사랑의 구제와 수고를 해 온 것을 기억하고 계셨습니다. 그러므로 하나님이 특별히 그들을 붙들어 주셔서 타락하지 않도록 하시고 더 좋은 것, 곧 구원의 역사를 베풀어 주실 것이라고 말씀하신 것입니다. 이처럼 하나님은 기억하시는 하나님이십니다.

11절 **우리가 간절히 원하는 것은 너희 각 사람이 동일한 부지런함을 나타내어 끝까지 소망의 풍성함에 이르러**

우리는 사랑의 봉사에 힘쓰는 것만큼 풍성한 소망을 갖도록 힘써야 합니다. 우리의 궁극적인 소망인 주님의 재림과 우리의 구원의 완성이 이루어질 때까지 부단히 더 큰 소망을 갖고 지켜야 합니다. 또한 내일은 오늘보다, 다음 달은 이번 달보다, 명년은 올해보다 하나님의 복 주심으로 더 나아진 모습을 소망해야 합니다. 소망을 잃어버린 사람은 하나님께서 도와주실 수 없습니다. 그러므로 우리는 긍정적이고 적극적이고 창조적인 소망을 마음속에 풍성히 간직하고 지켜야겠습니다.

12절 **게으르지 아니하고 믿음과 오래 참음으로 말미암아 약속들을 기업으로 받는 자들을 본받는 자 되게 하려는 것이니라**

우리가 하나님의 약속을 받기 위해서 첫째는, 게으르지 않아야 합니다. 성경에는 "침례 요한의 때부터 지금까지 천국은 침노를 당하나니 침노하는 자는 빼앗느니라"(마 11:12)고 기록되어 있습니다. 천국을 침노하려면 못 들어오게 하는 원수를 밀치고 들어가야 합니다. 그러기 위해서는 부지런히 매달려 부르짖고 기도해야 하는 것입니다. 하나님께서 우리에게 많은 은혜와 축복을 주셨지만, 이 세상은 타락한 원수 마귀가 붙들고 있습니다. 하나님께서는 우리들에게 그것들을 물리칠 힘을 주셨습니다. 그러므로 천국을 침노하여 하나님의 약속을 받으려면 부지런하여 게으르지 말아야 합니다.

둘째는, 믿음으로 나아가야 합니다. 우리는 환경을 바라보고 불평을 합니다. 환경을 바라보고 절망하면, 하늘나라는 역사할 수 없습니다. 우리는 하나님의 약속의 말씀을 굳세게 믿고 힘차게 나아가야 하는 것입니다. 무엇보다 우리에겐 믿음이 필요합니다. 믿음이란 하나님의 말씀을 알고 말씀 위에 서는 것입니다. 로마서 10장 17절의 말씀대로 믿음은 들음에서 나며 들음은 그리스도의 말씀으로 말미암기 때문에, 하나님의 약속의 말씀을 분명히 알아야만 하는 것입니다. 하늘이 무너지고 이 땅이 꺼져도, 하나님의 말씀은 일점이라도 변치 않습니다. 이 말씀에 서서 부르짖고 견디는 것이 믿음입니다. 그러나 말씀 위에 서지 않고 믿는 것은 고집입니다. 헛된 고집을 부리는 것입니다. 이러므로 우리가 올바른 말씀 위에 서서 믿음을 가져야 됩니다.

셋째는, 오래 참음으로 말미암아 하나님의 약속들을 기업으로 받습니다. 일찍이 우리의 신앙의 선배들은 하나님의 약속의 말씀을 받은 후 믿고 오래 참았습니다. 하나님께서는 약속을 주시고 난 다음 반드시 믿음을 시험하셨습니다. 이러한 시련을 오래 참고 견디며 극복할 때, 하나님께서는 약속하신 모든 것을 기업으로 주시는 것입니다. 하나님께서 약속하신 때와 시간은 하나님이 정해 놓으셨습니다. 모세는 마흔 살에 이스라엘 백성을 구출하겠다고 결심하였으나 바로 왕이 모세를 죽이려고 하여 미디안 광야로 도망쳤습니다. 모세는 그때 이스라엘 백성을 구원하는 것이 하나님의 뜻인 줄 알았지만, 하나님의 때는 달랐습니다. 하나님께서는 모세가 미디안 광야에서 40년을 지내고 80세가 되었을 때에야 비로소 "애굽에 가서 내 백성을 구원하라." 고 하셨습니다.

바울은 아시아에 복음을 전하려다가 실패했습니다. 하나님께서는 복음이 팔레스타인에서 유럽으로, 유럽에서 미국으로, 미국에서 아시아 태평양으로 오도록 계획하셨기 때문입니다. 그러므로 때와 시간은 하나님께 있습니다. 예수님의 제자들이 예수님께 나와서 "주여! 이스라엘을 회복할 때가 이때이니까?" 라고 했을 때, 예수님께서는 "때와 시기는 아버지께서 자기의 권한에 두셨으니 너희가 알 바 아니요"(행 1:7)라고 말씀하셨습니다. 그러므로 우리가 하나님의 말씀을 믿고 기도했으면 그다음에는 인내해야 합니다. 하나님께서는 하나님의 때를 따라 모든 것을 아름답게 하십니다.

그러므로 하나님의 약속들을 기업으로 받기 위해서는, 게으르지 말고 부지런하며 말씀 위에 굳게 선 믿음을 가지고 오래 참아 하나님의 때를 기다려야 합니다. 이렇게 하여 우리는 하나님께서 약속하신 모든 것을 소유하는 자가 되어야겠습니다.

3. 하나님의 약속과 맹세(6:13-20)

13. 하나님이 아브라함에게 약속하실 때에 가리켜 맹세할 자가 자기
보다 더 큰 이가 없으므로 자기를 가리켜 맹세하여 14. 이르시되 내
가 반드시 너에게 복 주고 복 주며 너를 번성하게 하고 번성하게 하리
라 하셨더니 15. 그가 이같이 오래 참아 약속을 받았느니라 16. 사람
들은 자기보다 더 큰 자를 가리켜 맹세하나니 맹세는 그들이 다투는
모든 일의 최후 확정이니라 17. 하나님은 약속을 기업으로 받는 자
들에게 그 뜻이 변하지 아니함을 충분히 나타내시려고 그 일을 맹세
로 보증하셨나니 18. 이는 하나님이 거짓말을 하실 수 없는 이 두 가
지 변하지 못할 사실로 말미암아 앞에 있는 소망을 얻으려고 피난처
를 찾은 우리에게 큰 안위를 받게 하려 하심이라 19. 우리가 이 소망
을 가지고 있는 것은 영혼의 닻 같아서 튼튼하고 견고하여 휘장 안에
들어가나니 20. 그리로 앞서 가신 예수께서 멜기세덱의 반차를 따라
영원히 대제사장이 되어 우리를 위하여 들어가셨느니라

13절 하나님이 아브라함에게 약속하실 때에 가리켜 맹세할 자가 자기보다 더 큰 이가 없으므로 자기를 가리켜 맹세하여

하나님께서는 아브라함에게 약속하실 때 하나님이 절대로 변하지 않는다는 것을 보여 주시기 위해 하나님 자신을 가리켜 맹세했습니다. 사람들은 자기보다 더 크고 불변하는 존재나 사물을 보증으로 내세우고 맹세합니다. 그런데 하나님께서는 이 세상에 하나님보다 더 큰 이가 없으

므로 자신을 가리켜 맹세하셨습니다.

본 절은 14절과 함께 창세기 22장을 배경으로 하고 있습니다. 하나님께서는 아브라함을 시험하기 위해 외아들 이삭을 번제물로 바치라고 명령하셨습니다. 아브라함이 그대로 순종하려고 하자, 하나님이 그를 만류하신 다음 그에게 약속하셨습니다.

14절 이르시되 내가 반드시 너에게 복 주고 복 주며 너를 번성하게 하고 번성하게 하리라 하셨더니

본 절의 말씀은 창세기 22장 17절의 인용입니다. 이 말씀은 아브라함의 육적 자손들과 영적 자손들에게 하신 하나님의 약속입니다. 아브라함의 육의 자손은 둘로 나눠집니다. 그 하나는 이삭의 자손인 이스라엘 민족이고, 다른 하나는 이스마엘의 자손인 아랍 민족입니다. 지금 전 세계에 걸쳐 경제권을 쥐고 있는 민족은 이스라엘 민족입니다. 비록 이스라엘 민족이 예수 그리스도를 십자가에 못 박은 죄로 2천 년 동안 나라 없이 유랑 생활을 했지만, 그들은 가는 곳마다 큰 복을 받았습니다. 또한 이스마엘 자손은 하나님께서 택하신 언약 백성인 이스라엘 민족과 달리 하나님의 택하심을 받지 못한 민족입니다. 그러나 이스마엘의 후손인 아랍 민족도 그들의 땅에서 석유가 무한정 솟아 나와 경제적인 부를 누리고 있습니다. 그리고 이러한 축복은 아브라함의 영의 자손, 즉 예수 그리스도를 믿는 사람에게도 똑같이 임합니다. 이에 대해 성경은 "이는 그리스도 예수 안에서 아브라함의 복이 이방인에게 미치게 하고"(갈 3:14)라고 밝히 말씀하고 있습니다. 예수 그리스도를 믿음으로 아브라함의 영적 자손이 된 기독교인들은 육적인 자손보다 더 큰 복을 받았습니다.

일찍이 기독교를 받아들인 유럽의 기독교 국가들과 북미 나라들은 정치, 경제, 교육, 문화, 과학 등 모든 면에 있어 비기독교 국가보다 훨씬 더 번창하였습니다. 이러한 복은 하나님께서 자신을 가리켜 맹세한 것입니다. 그러므로 오늘날도 우리가 예수 그리스도 안에서 믿음을 잃지 않고 소망의 풍성함에 이르면, 하나님께서 아브라함에게 주셨던 그 약속의 기업이 우리의 것이 되는 것입니다.

나는 하나님께서 아브라함에게 맹세하신 "내가 반드시 너에게 복 주고 복 주며 너를 번성하게 하고 번성하게 하리라"는 말씀을 굳게 믿었습니다. 1958년 불광동에서 교회를 개척할 때, 천막을 치고 가마니를 깔고 예배를 드리면서도 항상 한국 최대의 교회로 부흥하는 꿈을 꾸었습니다. 가마니 위에 무릎을 꿇고 눈만 감으면 하나님의 복 주심으로 교회가 날로 번창하여 한국 최대의 교회로 성장할 것이라는 꿈으로 가슴이 설레었습니다. 환경은 칠흑같이 어둡고 아무것도 보이지 않았지만, 이 꿈이 내 마음속에서 불타올랐으며 이 꿈에 사로잡혀 희망을 가지고 기뻐하고 즐거워하였습니다. 아닌 게 아니라 하나님의 말씀을 굳게 믿고 믿음으로 나아가자, 꿈대로 주님께서 복을 주셔서 우리 교회가 복되고 번성하게 되었습니다.

이와 같이 우리도 예수님 안에서 아브라함의 복을 받도록 되어 있습니다. 우리는 믿음으로 그 유업을 받아야 합니다. 하나님께서는 하나님을 섬기고 믿음으로 나아가는 사람에게 복 주시기를 원하십니다. 우주 만물을 만드신 분도 하나님이시고, 우리가 먹고 입고 마시고 살 수 있게 하시는 분도 하나님이십니다. 이 하나님은 복의 근원이 되십니다. 하나님께서는 예수님을 믿고 섬기고 나아가는 우리 모두에게 복 주고 번성하게 하기를 원하시는 것입니다. 이것이 하나님의 뜻입니다.

15절 그가 이같이 오래 참아 약속을 받았느니라

아브라함은 오래 참음으로 하나님께서 약속하신 복을 받았습니다. 즉, 아브라함은 하나님의 약속대로 이삭을 낳았으며, 하늘과 별과 바다의 모래같이 셀 수 없이 많은 후손들을 얻게 되었습니다. 이 하나님께서는 신실하셔서 그의 약속을 반드시 지키십니다. 그러므로 우리는 요동하지 않는 믿음과 오래 참음으로 하나님께서 말씀하신 모든 약속이 우리 삶 속에 실제로 이루어지기까지 기다려야겠습니다.

16절 사람들은 자기보다 더 큰 자를 가리켜 맹세하나니 맹세는 그들이 다투는 모든 일의 최후 확정이니라

사람들은 자신의 주장을 확증하려고 할 때 항상 자기보다 더 위대한 자를 걸고 맹세합니다. 미국의 법정에서 성경에 손을 얹고 맹세하고, 우리 나라 사람들이 하늘에 두고 맹세하는 것처럼, 유대인들은 야훼 하나님의 이름으로맹세하였습니다. 사람들은 다투다가도 맹세로 확정을 하면 다툼을 그칩니다. 맹세는 그만큼 진실성과 최종적 권위를 갖고 있는 것입니다.

17절 하나님은 약속을 기업으로 받는 자들에게 그 뜻이 변하지 아니함을 충분히 나타내시려고 그 일을 맹세로 보증하셨나니

하나님은 약속을 기업으로 받는 자들에게 그 뜻이 변하지 아니함을 충분히 나타내시기 위해 하나님의 이름을 들어서 아브라함에게 축복을 맹세하셨습니다. 그러므로 아브라함의 영적 자손인 우리 그리스도인들에게 있어 복을 받는 것은 하나님의 맹세로 보증된 것입니다. 하나님의 약속 뒤에는 하나님의 맹세가 있기 때문에, 저 하늘이 무너지고 이 땅이 꺼져도 하나님의 약속은 거짓될 수 없습니다. 그러므로 우리는 가난과 저주의 부정적인 사고를 버리고 "영혼이 잘됨같이 범사에 잘되고 강건하기를"(요삼 1:2) 간구해야 합니다. 부정적인 마음으로 이 세상을 포기하고 내세, 즉 천국만을 소망하고 사는 것은 성경의 가르침이 아닙니다. 우리는 이 세상을 살면서 하나님께서 맹세하신바 우리에게 주기로 약속하신 모든 복을 누려야 합니다. 그리하여 우리 기독교인들이 가는 곳마다 슬픔이 기쁨으로, 가난이 부요로, 절망이 희망으로, 추함이 아름다움으로 변하는 역사가 일어나야 하는 것입니다. 이것이 가능한 것은 하나님께서 믿음의 조상 아브라함과 함께 약속을 기업으로 받은 사람들에게 자기를 가리켜 맹세하셨기 때문입니다.

18절 이는 하나님이 거짓말을 하실 수 없는 이 두 가지 변하지 못할 사실로 말미암아 앞에 있는 소망을 얻으려고 피난처를 찾은 우리에게 큰 안위를 받게 하려 하심이라

'두 가지 변하지 못할 사실'은 약속과 맹세를 가리킵니다. 하나님은 절대로 거짓말을 하지 않으시므로(민 23:19), 하나님께서 하신 약속과 맹세는 반드시 그대로 이루어집니다. 이러한 사실은, 하나님의 약속과 맹세를 힘입어 '앞에 있는 소망', 즉 내세의 소망인 천국을 얻기 위해 죄와 마귀를 피하여 가는 우리에게 큰 위로가 되는 것입니다. 그러므로 우리가 하나님의 약속을 믿었으면, 소망과 마음의 평안을 가지고 조금도 흔

들리지 말아야겠습니다.

19절 우리가 이 소망을 가지고 있는 것은 영혼의 닻 같아서 튼튼하고 견고하여 휘장 안에 들어가나니

'우리가 이 소망을 가지고 있는 것'이란 '우리에게 하나님의 약속이 이루어질 희망이 있기 때문에'라는 뜻입니다. 그러므로 우리의 소망은 하나님께 있습니다. 천지와 만물을 지으시고, 생사화복을 주장하시고, 알파와 오메가 되시고, 처음과 나중 되시고, 시작과 끝이 되신 하나님, 그 하나님의 약속의 말씀과 맹세가 우리에게 주어졌기 때문에 우리에겐 소망이 있는 것입니다. 소망은 영혼의 닻과 같습니다. 우리 영혼의 닻을 하나님의 약속과 맹세 위에 내리면 아무리 세상 풍파가 심하게 불어와도 우리는 흔들리지 않습니다. 우리는 하나님의 약속과 맹세를 굳게 붙잡음으로 환경의 변화에 아무 상관없이 위로와 평안 가운데 복된 인생을 살다가 휘장으로 가려진 지성소, 즉 하나님께서 거하시는 하늘나라에 이르게 되는 것입니다.

20절 그리로 앞서 가신 예수께서 멜기세덱의 반차를 따라 영원히 대제사장이 되어 우리를 위하여 들어가셨느니라

구약 시대에 아론의 반차를 따라 위임받은 대제사장들은 매년 한 번씩 짐승의 피를 가지고 지성소에 들어가서 제사를 드렸습니다. 그러나 멜기세덱의 반차를 따라 대제사장이 되신 예수님은 단 한 번 속죄의 피를 흘리심으로 영원한 대속의 제사를 드리시고, 영원한 대제사장으로서 우리를 위해 먼저 하늘 지성소에 들어가셨습니다. 멜기세덱의 반차를 따

라 대제사장이 되신 예수님은 율법이 아닌 믿음으로 하나님의 지성소에 들어가셨습니다. 하늘 지성소에 계신 예수님은 지금도 우리를 위해 우리를 대신하여 하나님께 기도해 주십니다. 그러므로 우리는 항상 우리의 죄를 사하시고 도우시며 힘 주시는 예수님을 의지하여 승리하는 신앙생활을 하여야겠습니다.

제 7 장

멜기세덱과 그리스도

A COMMENTARY
ON THE EPISTLE TO THE
HEBREWS

본 장의 내용은 5장 10절에 이어지는 것으로서, 아론의 반차를 따른 대제사장보다 멜기세덱의 반차를 따른 예수 그리스도의 대제사장직이 우월함을 논증하고 있습니다. 아론의 대제사장직은 수명에 제한을 받는 일시적인 것이며 율법에 따라 온전히 수행되지 못하였습니다. 그러나 멜기세덱은 하나님의 영원한 제사장으로서 아브라함을 통해 나온 제사장 지파인 레위에게서 십일조를 받았습니다. 그러므로 멜기세덱의 반차를 따른 예수님의 대제사장직이 레위 지파 아론 계열의 대제사장직보다 우월한 것입니다. 멜기세덱의 반차를 따라 대제사장이 되신 예수 그리스도께서는 십자가에서 단번에 자신을 제물로 드림으로 완전한 속죄를 이루셨고, 부활하여 영원히 살아 계심으로 영원한 대제사장이 되셨습니다.

1. 하나님의 아들과 방불한 멜기세덱(7:1-3)

1. 이 멜기세덱은 살렘 왕이요 지극히 높으신 하나님의 제사장이라 여러 왕을 쳐서 죽이고 돌아오는 아브라함을 만나 복을 빈 자라 2. 아브라함이 모든 것의 십분의 일을 그에게 나누어 주니라 그 이름을 해석하면 먼저는 의의 왕이요 그다음은 살렘 왕이니 곧 평강의 왕이요 3. 아버지도 없고 어머니도 없고 족보도 없고 시작한 날도 없고 생명의 끝도 없어 하나님의 아들과 닮아서 항상 제사장으로 있느니라

1절 이 멜기세덱은 살렘 왕이요 지극히 높으신 하나님의 제사장이라 여러 왕을 쳐서 죽이고 돌아오는 아브라함을 만나 복을 빈 자라

"이 멜기세덱은 살렘 왕이요 지극히 높으신 하나님의 제사장이라". 하나님께서 이스라엘 민족의 대제사장을 세우실 때 아브라함의 후손에서

나온 레위 지파 중 아론의 반열에 속한 자를 택하셨습니다(출 28:1; 민 18:7). 그러므로 이스라엘 민족의 대제사장은 반드시 레위 지파 가운데서도 아론의 반차에 속해야 합니다. 그런데 하나님께서 이러한 아론의 반차를 따른 대제사장을 세우시기 훨씬 이전, 약 430여 년 전에 만민을 위한 제사장을 한 사람 세우셨습니다. 그분이 바로 멜기세덱 대제사장입니다. 멜기세덱은 살렘 왕국의 왕이었으며 하나님께서 직접 불러내어 세우신 지극히 높으신 하나님의 제사장이었습니다. 또한 멜기세덱은 이스라엘인이 아닌 이방인이었습니다. 그러므로 하나님께서는 오직 이 땅에서 아브라함만 택하신 것이 아닙니다. 아브라함의 동시대에 하나님께서 친히 택하셔서 하나님께 제사와 예물을 드리고 하나님의 법도를 가르치는 제사장을 이방인 중에서 택해서 세우신 것입니다.

"여러 왕을 쳐서 죽이고 돌아오는 아브라함을 만나 복을 빈 자라". 이 이야기는 창세기 14장에 자세히 기록되어 있습니다. 당시 그돌라오멜 밑에서 12년 간이나 지배를 받아 오던 소돔과 고모라를 비롯한 다섯 나라 왕들이 연합하여 그돌라오멜에 대항하고 나섰습니다. 그러자 그돌라오멜은 네 나라 동맹군을 결성하여 소돔과 고모라 성을 쳤습니다. 그리하여 싯딤 골짜기에서 대접전을 벌인 끝에 소돔과 고모라쪽 연합군은 완전히 참패를 당하고 산으로 도망하였습니다. 승리한 그돌라오멜 왕은 소돔과 고모라의 모든 백성을 사로잡고 그 재산을 다 빼앗아 갔습니다. 그때 소돔에 살던 아브라함의 조카 롯과 그의 처자들도 함께 잡혀 갔습니다.

이 소식을 들은 아브라함은 자기 집에서 훈련시킨 사병 318명을 거느리고 야음을 타서 그돌라오멜 왕과 그의 동맹군을 격파했습니다. 하나님의 도우심으로 아브라함은 큰 승리를 거둔 것입니다. 그리하여 조카 롯의 일가뿐 아니라 포로가 되었던 소돔과 고모라의 모든 백성과 빼앗겼던 재물을 다 찾아 가지고 승전고를 울리며 돌아오고 있었습니다. 그런데 이때 살렘 왕 멜기세덱이 아브라함에게 떡과 포도주를 가지고 와서 대접하고 축복해 주었습니다.

멜기세덱은 바로 예수님을 상징합니다. 멜기세덱이 아브라함에게 대접한 떡과 포도주는 예수 그리스도께서 우리를 위해 친히 깨뜨리신 몸과 흘리신 피를 의미합니다. 성경은 멜기세덱을 통하여 장차 오실 예수 그리스도를 예시하고 있는 것입니다.

2절 아브라함이 모든 것의 십분의 일을 그에게 나누어 주니라 그 이름을 해석하면 먼저는 의의 왕이요 그다음은 살렘 왕이니 곧 평강의 왕이요

아브라함은 멜기세덱으로부터 떡과 포도주를 대접받고 축복을 받은 후, 자기가 얻은 것 일체의 십분의 일을 멜기세덱에게 드렸습니다. 이것이 십일조의 기원입니다. 그러므로 십일조는 우리 자신이 성찬에 참여하는 교회에 드려야 합니다. 이 십일조는 예수님께 드려지는 것입니다. 왜냐하면 예수님은 교회의 머리이시고 교회는 예수님의 몸이기 때문입니다(엡 1:22-23). 교회의 당회에서는 이 십일조를 맡아 주의 사업을 하는데 사용하게 됩니다.

십일조는 이 땅에서 하나님의 은총을 입고 사는데 대한 감사의 표시이며 또 계속해서 하나님이 은총을 주시도록 우리가 문을 열어 놓는 길입니다. 하나님께서는 "너희의 온전한 십일조를 창고에 들여 나의 집에 양식이 있게 하고 그것으로 나를 시험하여 내가 하늘 문을 열고 너희에게

복을 쌓을 곳이 없도록 붓지 아니하나 보라"(말 3:10)고 말씀하셨습니다. 아브라함은 율법이 있기 430년 전에 이미 십일조를 시행했던 것입니다. 하나님께서는 아브라함에게 복 받는 원리를 분명히 가르쳐 주셨습니다. 그러므로 십일조는 율법 시대에만 지켜야 했던 율법 조항이 아니라, 율법이 있기 전부터 시작되어 주님께서 다시 오시기까지 계속 시행될 성도의 의무입니다. 이 하나님의 법을 실천하는 사람은 하나님께로부터 무한한 축복을 받게 됩니다. 십일조는 하나님과 우리 사이의 축복의 언약인 것입니다.

"그 이름을 해석하면 먼저는 의의 왕이요 그다음은 살렘 왕이니 곧 평강의 왕이요". 이 말씀은 멜기세덱이라는 이름이 예수 그리스도를 상징한다는 것을 보여 줍니다. 멜기세덱을 통하여 예시되신 예수님은 의의 왕이요, 평강의 왕이십니다. 예수님께서는 의의 왕으로서 하나님의 공의를 위해 십자가에 못 박혀 고난을 당하셨으며, 우리에게 평강을 주시기 위해 징계를 받으신 것입니다.

3절 아버지도 없고 어머니도 없고 족보도 없고 시작한 날도 없고 생명의 끝도 없어 하나님의 아들과 닮아서 항상 제사장으로 있느니라

성경에 멜기세덱에 관한 기사는 창세기 14장에 잠깐 나올 뿐, 그의 시작도 끝도 찾아볼 수 없습니다. 그리고 성경에 기록된 중요한 사람은 반드시 그의 족보를 밝히고 있는데, 멜기세덱은 족보도 없습니다. 그러므로 하나님의 아들 예수 그리스도와 닮았다고 말하는 것입니다. 이와 같이 멜기세덱은 예수 그리스도와 많은 공통점이 있으며, 이를 미루어 볼

때 멜기세덱은 예수 그리스도의 모형임을 알 수 있습니다. 예수 그리스도께서 아론의 반차를 따르지 아니하고 멜기세덱의 반차를 따라 만민의 대제사장이 되셨으므로, 우리는 율법 아래 있지 아니하고 은혜 아래 있게 되었습니다.

2. 높은 제사장 멜기세덱(7:4-10)

4. 이 사람이 얼마나 높은가를 생각해 보라 조상 아브라함도 노략물
중 십분의 일을 그에게 주었느니라 5. 레위의 아들들 가운데 제사장
의 직분을 받은 자들은 율법을 따라 아브라함의 허리에서 난 자라도
자기 형제인 백성에게서 십분의 일을 취하라는 명령을 받았으나 6.
레위 족보에 들지 아니한 멜기세덱은 아브라함에게서 십분의 일을
취하고 약속을 받은 그를 위하여 복을 빌었나니 7. 논란의 여지 없
이 낮은 자가 높은 자에게서 축복을 받느니라 8. 또 여기는 죽을 자
들이 십분의 일을 받으나 저기는 산다고 증거를 얻은 자가 받았느니
라 9. 또한 십분의 일을 받는 레위도 아브라함으로 말미암아 십분의
일을 바쳤다고 할 수 있나니 10. 이는 멜기세덱이 아브라함을 만날
때에 레위는 이미 자기 조상의 허리에 있었음이라

4절 이 사람이 얼마나 높은가를 생각해 보라 조상 아브라함도 노략

물 중 십분의 일을 그에게 주었느니라

이스라엘 민족에게 있어서는 아브라함의 지위가 제일 높습니다. 왜냐하면 아브라함을 통하여 이스라엘 민족이 생겨났기 때문입니다. 그리고 이슬람교를 믿는 중동의 아랍인들도 그들의 조상을 아브라함이라고 합니다. 그러므로 아브라함은 이스라엘이나 아랍 민족에 있어서 최고의 조상이 되는 분입니다. 그런데 이렇게 지위가 높은 아브라함이 살렘 왕 멜기세덱에게 노략물 중 좋은 것으로 십분의 일을 바쳤던 것입니다. 이러므로 멜기세덱은 이방인 제사장이지만 지극히 높은 분이라는 것을 알 수 있습니다.

또한 여기서 우리는 십일조를 드리는 자세를 배울 수 있습니다. 우리는 십일조를 드릴 때 가장 좋은 것으로 드려야 합니다. 일본 교인들은 하나님께 십일조를 드릴 때 반드시 돈을 다리미로 다려서 정성껏 드린다는 이야기를 들었습니다. 이와 같이 우리는 하나님께 드리는 예물에 최고의 정성을 다해야 하는 것입니다.

5절 레위의 아들들 가운데 제사장의 직분을 받은 자들은 율법을 따라 아브라함의 허리에서 난 자라도 자기 형제인 백성에게서 십분의 일을 취하라는 명령을 받았으나

하나님께서는 모세의 형인 아론의 자손들을 대제사장으로 택하여 1년에 한 번씩 짐승의 피를 가지고 지성소에 들어가서 이스라엘의 죄를 속죄하도록 하셨습니다. 또한 이스라엘의 열두 지파 중에서 레위 지파를 택하여 그 중에서 제사장을 세우시고, 레위인들로 하여금 성막의 일을 돌보게 하셨습니다. 그리고 열한 지파에게는 땅을 기업으로 나누어 주고

생활하도록 했으나, 레위 지파에게는 아무런 분깃도 주지 아니하고 열한 지파에서 낸 십일조로 생활하도록 했습니다. 그리하여 레위 지파는 다른 일은 하지 아니하고 오직 하나님의 성전을 위하여 여러 가지 일을 맡아 봉사했습니다(민 18:20-32). 이와 한가지로 오늘날 주의 종은 다른 직업을 가지지 말고 오직 하나님을 섬기는 일에만 힘써야 합니다.

6절 레위 족보에 들지 아니한 멜기세덱은 아브라함에게서 십분의 일을 취하고 약속을 받은 그를 위하여 복을 빌었나니

멜기세덱은 앞서 3절에 설명한 바와 같이 족보가 없습니다. 그런데 제사장 지파인 레위 지파가 생기기 430년 전에, 멜기세덱은 이방인이었음에도 불구하고 레위 지파의 조상인 아브라함에게 십일조를 받고 복을 빌어 주었던 것입니다. 여기서 '약속' 은 앞의 6장 14절에 인용된 "내가 반드시 너에게 복 주고 복 주며 너를 번성하게 하고 번성하게 하리라" 는 말씀입니다. 멜기세덱이 하나님의 약속을 받은 이스라엘의 조상 아브라함에게서 십일조를 받고 복을 빌어 준 사실로 미루어, 그의 위대함은 레위 제사장에 비교할 바 아님을 알 수 있습니다. 마찬가지로 예수님은 레위 족보에서 나지 않으셨으나 레위 제사장보다 훨씬 뛰어나신 만민의 대제사장이십니다.

7절 논란의 여지 없이 낮은 자가 높은 자에게서 축복을 받느니라

말할 것도 없이 낮은 자가 높은 자에게 축복을 받는다는 것입니다. 아브라함이 멜기세덱에게 축복을 받았으니, 멜기세덱이 아브라함보다 훨씬 지위가 높다는 것을 알 수 있습니다. 따라서 멜기세덱은 아브라함의 후손인 레위 지파에 속한 제사장들보다 훨씬 높은 위치에 있는 것입니다.

8절 또 여기는 죽을 자들이 십분의 일을 받으나 저기는 산다고 증거를 얻은 자가 받았느니라

본 절에서는 죽을 수밖에 없는 제사장과 영원한 제사장을 비교하고 있습니다. '죽을 자들' 은 레위 족속을 말하는데, 복수로 표시한 것은 제사장의 수명이 다해서 죽을 때마다 새로운 제사장으로 바뀌었기 때문입니다. 그리고 '산다고 증거를 얻은 자' 는 멜기세덱을 말합니다. 멜기세덱은 시작도 없고 끝도 없이 영원히 사는 자로서 아브라함에게서 십일조를 받았습니다. 그러므로 멜기세덱이 얼마나 위대한가를 다시 한 번 언급하고 있는 것입니다. 예수님도 멜기세덱과 마찬가지로 영원하신 분으로서 인간의 몸을 쓰시고 대제사장으로 이 세상에 오셨던 것입니다.

9절 또한 십분의 일을 받는 레위도 아브라함으로 말미암아 십분의 일을 바쳤다고 할 수 있나니

레위 제사장이 생기기 430년 전에 이미 그들의 조상 아브라함이 멜기세덱에게 십일조를 드렸으므로, 레위 제사장들도 아브라함을 통해 십일조를 드린 것이나 다름없습니다. 이렇게 멜기세덱의 높은 위치를 다시금 강조하고 있습니다.

10절 이는 멜기세덱이 아브라함을 만날 때에 레위는 이미 자기 조상의 허리에 있었음이라

멜기세덱이 아브라함을 만났을 때, 레위 지파는 아직 태어나지 않았으나 이미 자기 조상의 허리, 즉 아브라함의 혈통 속에 있었습니다. 그러므로 아브라함이 멜기세덱에게 십일조를 드린 것은, 아브라함을 통해서 레위 지파뿐 아니라 이스라엘 열두 지파 모두가 멜기세덱에게 십일조를 드리고 축복받게 된 것을 의미합니다. 멜기세덱은 이스라엘 열두 지파보다 높고 그들의 조상 아브라함보다 높은 하나님의 제사장으로서 예수 그리스도의 모형입니다. 예수 그리스도는 모든 이스라엘인보다 높고 아브라함보다 높으신 만민의 제사장이십니다.

3. 멜기세덱의 반차를 따른 대제사장 예수님(7:11-25)

11. 레위 계통의 제사 직분으로 말미암아 온전함을 얻을 수 있었으면
(백성이 그 아래에서 율법을 받았으니) 어찌하여 아론의 반차를 따
르지 않고 멜기세덱의 반차를 따르는 다른 한 제사장을 세울 필요가
있느냐 12. 제사 직분이 바꾸어졌은즉 율법도 반드시 바꾸어지리니
13. 이것은 한 사람도 제단 일을 받들지 않는 다른 지파에 속한 자를
가리켜 말한 것이라 14. 우리 주께서는 유다로부터 나신 것이 분명
하도다 이 지파에는 모세가 제사장들에 관하여 말한 것이 하나도 없
고 15. 멜기세덱과 같은 별다른 한 제사장이 일어난 것을 보니 더욱

분명하도다 16. 그는 육신에 속한 한 계명의 법을 따르지 아니하고 오직 불멸의 생명의 능력을 따라 되었으니 17. 증언하기를 네가 영원히 멜기세덱의 반차를 따르는 제사장이라 하였도다 18. 전에 있던 계명은 연약하고 무익하므로 폐하고 19. (율법은 아무 것도 온전하게 못할지라) 이에 더 좋은 소망이 생기니 이것으로 우리가 하나님께 가까이 가느니라 20. 또 예수께서 제사장이 되신 것은 맹세 없이 된 것이 아니니 21. (그들은 맹세 없이 제사장이 되었으되 오직 예수는 자기에게 말씀하신 이로 말미암아 맹세로 되신 것이라 주께서 맹세하시고 뉘우치지 아니하시리니 네가 영원히 제사장이라 하셨도다) 22. 이와 같이 예수는 더 좋은 언약의 보증이 되셨느니라 23. 제사장 된 그들의 수효가 많은 것은 죽음으로 말미암아 항상 있지 못함이로되 24. 예수는 영원히 계시므로 그 제사장 직분도 갈리지 아니하느니라 25. 그러므로 자기를 힘입어 하나님께 나아가는 자들을 온전히 구원하실 수 있으니 이는 그가 항상 살아 계셔서 그들을 위하여 간구하심이라

11절 레위 계통의 제사 직분으로 말미암아 온전함을 얻을 수 있었으면 (백성이 그 아래에서 율법을 받았으니) 어찌하여 아론의 반차를 따르지 않고 멜기세덱의 반차를 따르는 다른 한 제사장을 세울 필요가 있느냐

하나님께서 율법과 더불어 레위 계통의 제사 직분을 주셨습니다. 제사장은 율법의 수호자로서 율법을 사람들에게 가르치고, 사람들이 율법을 어겼을 때에는 그들을 위하여 짐승을 잡아 피를 흘려 속죄 제사를 드렸습니다. 또한 율법을 따라 하나님께 예물을 드리고, 백성을 위하여 기도하는 일을 했습니다. 이러한 레위 족속의 제사 직분을 통하여 이스라엘 백

성을 비롯한 온 인류가 죄 사함을 받아 구원에 이르고, 하나님께서 약속하시고 맹세하신 축복으로 들어갈 수 있다면, 하나님께서 그 율법과 제사 직분을 그대로 두셨을 것입니다. 그러나 율법을 통하여 용서와 구원을 얻을 수 있는 사람은 한 사람도 없습니다. 그래서 하나님께서는 아론과 레위 족속들의 제사 직분을 철폐해 버리셨습니다. 아론의 반차와는 다른 이방인인 멜기세덱의 반차를 따라 다른 제사장을 세울 수밖에 없었던 것입니다. 하나님께서 이스라엘의 아론이나 레위 계통을 통한 율법과 하나님의 계약을 철폐해 버리시고 완전히 새로운 멜기세덱의 반차를 따라 세우신 제사장이 바로 예수 그리스도이십니다. 이 예수 그리스도를 통하여 구원의 계약을 세우시고 새로운 율법을 주신 것입니다.

12절 제사 직분이 바꾸어졌은즉 율법도 반드시 바꾸어지리니

제사 직분이 바뀌면 율법두 바뀌게 됩니다. 하나님께서 아론과 레위 지파의 직분을 철폐해 버리셨으므로 그 직분을 통해서 준 율법도 다 철폐된 것입니다. 그러므로 율법을 지켜야 구원을 얻는다는 옛 언약은 철폐되었습니다. 이제 율법은 우리가 경건한 신앙생활을 하기 위한 거울에 불과합니다. 구약 시대에 하나님과의 언약은 율법을 통해 구원을 얻는 것이었습니다. 하지만 하나님께서는 새로운 제사장 예수 그리스도를 통해 새로운 법을 세우셨습니다. 그 법이 바로 '믿음의 법' 입니다. 따라서 누구든지 '은혜와 진리가 충만하신 예수 그리스도' (요 1:14, 17)를 믿기만 하면 구원을 얻을 수 있게 되었습니다. 우리가 예수 그리스도를 믿기만 하면, 주님께서는 우리를 구원하시고 우리의 대제사장이 되어 주시는 것입니다.

13절 이것은 한 사람도 제단 일을 받들지 않는 다른 지파에 속한 자를 가리켜 말한 것이라

여기서 '제단 일을 받들지 않는 다른 지파에 속한 자' 는 멜기세덱을 가리킵니다. 멜기세덱은 이스라엘이 생기기 전에 있었던 만민의 제사장으로서 이스라엘의 어느 지파에도 속하지 않았습니다. 따라서 멜기세덱은 아론의 반차를 따른 제사장들과 같이 성전에서 제물 드리는 일을 하지 않습니다.

대제사장은 반드시 아론의 혈통에서 나오고 제사장은 레위 지파를 통해 나오도록 되어 있었지만, 아론이나 레위 후손도 아닌 새로운 제사장이 나왔다는 것은 하나님께서 새로운 제사 계획을 이루셨다는 것을 보여주는 것입니다. 새로운 언약이 이루어진 것입니다.

14-15절 우리 주께서는 유다로부터 나신 것이 분명하도다 이 지파에는 모세가 제사장들에 관하여 말한 것이 하나도 없고 멜기세덱과 같은 별다른 한 제사장이 일어난 것을 보니 더욱 분명하도다

멜기세덱과 마찬가지로 예수님도 레위 지파에서 나시지 않았습니다. 예수님은 다윗의 혈통인데 다윗은 유다 지파입니다. 따라서 예수님의 육신의 혈통은 유다 지파입니다. 구약에서 모세가 제사장에 대해 말할 때 유다 지파에 관해 말한 적은 한 번도 없습니다. 원래 유다 지파에서는 제사장이 나올 수 없었습니다. 이는 예수님이 율법을 따른 제사장이 아니라 하나님의 구속 사역을 이루기 위해 유다 지파 혈통을 따라 오신 대제사장이심을 시사합니다. 아론이나 레위 지파가 아닌 이방인 출신 멜기세덱이 왕이며 제사장이었듯이, 예수님도 왕과 제사장의 자격으로 이 세상

에 오셨습니다.

16절 그는 육신에 속한 한 계명의 법을 따르지 아니하고 오직 불멸의 생명의 능력을 따라 되었으니

예수님께서 대제사장이 되신 것은 인간의 수단이나 방법이나 혈통이나 어떤 외적 조건으로 된 것이 아닌, 무궁한 생명의 능력, 성령의 능력으로 되신 것입니다.

17절 증언하기를 네가 영원히 멜기세덱의 반차를 따르는 제사장이라 하였도다

본 절은 다윗의 시편에서 인용한 말씀입니다. 하나님께서는 "너는 멜기세덱의 서열을 따라 영원한 제사장이라"(시 110:4)고 말씀하셨는데, 이것은 멜기세덱의 반차를 따른 그리스도께서 우리의 영원한 대제사장이 되심을 말합니다.

18절 전에 있던 계명은 연약하고 무익하므로 폐하고

'전에 있던 계명' 은 모세의 율법을 말합니다. 이스라엘인이 지켜 오던 율법은 연약합니다. 왜냐하면 그 율법과 계명은 사람을 구원하지 못하기 때문입니다. 아무도 율법을 다 지킬 수 없으므로 그 계명은 연약하여 무익하게 되는 것입니다. 그러므로 예수님께서 이 계명을 폐하시고 믿음으로, 성령으로 구원받는 은혜의 법을 세우신 것입니다. 하나님께서 멜기세덱의 반차를 따라 우리의 영원한 대제사장이 되신 예수 그리스도를 통하여 주신 율법은 믿음의 법이요, 성령의 법입니다.

19절 (율법은 아무 것도 온전하게 못할지라) 이에 더 좋은 소망이 생기니 이것으로 우리가 하나님께 가까이 가느니라

율법은 아무것도 온전하게 하지 못합니다. 율법으로는 죄를 깨달을 뿐입니다(롬 3:20). 그러므로 율법을 폐하고 예수 그리스도로 말미암는 새로운 법이 세워졌습니다. 즉, '더 좋은 소망' 은 '예수 그리스도를 믿는 믿음' 을 의미합니다. 그러므로 이제는 율법을 가지고 하나님께 나아가는 것이 아니라 더 좋은 소망, 곧 예수 그리스도를 믿는 믿음으로 죄 씻음을 받고 하나님께 가까이 나아갈 수 있게 된 것입니다.

20-21절 또 예수께서 제사장이 되신 것은 맹세 없이 된 것이 아니니 (그들은 맹세 없이 제사장이 되었으되 오직 예수는 자기에게 말씀하신 이로 말미암아 맹세로 되신 것이라 주께서 맹세하시고 뉘우치지 아니하시리니 네가 영원히 제사장이라 하셨도다)

본 절에서는 맹세를 기준으로 예수님과 레위 지파 제사장들을 비교하고 있습니다. 시편 110편 4절을 보면, 이에 대해 "야훼는 맹세하고 변하지 아니하시리라 이르시기를 너는 멜기세덱의 서열을 따라 영원한 제사장이라 하셨도다" 라고 기록되어 있습니다. 이처럼 하나님의 맹세로 대제사장이 되신 예수 그리스도의 대제사장직은 영원불변한 것입니다. 반면 아론과 레위 지파 제사장들은 하나님의 맹세 없이 혈통을 따라 제사장이 되었습니다. 하나님께서는 아론과 레위 지파의 제사 직분을 따르는 율법을 폐하시고 멜기세덱의 반차를 따른 영원한 제사장, 예수 그리스도를 통해 믿음의 법을 주셨습니다. 따라서 우리는 예수 그리스도를 믿기만 하면 구원을 받게 된 것입니다.

22절 이와 같이 예수는 더 좋은 언약의 보증이 되셨느니라

제사장은 율법의 보증이 됩니다. 그런데 예수님께서는 이보다 더 좋은 언약의 보증이 되셨습니다. 이것은 맹세 없이 된 제사장보다 맹세로 된 제사장이 더 우월한 것처럼, 새로운 언약은 지금까지의 율법을 통한 언약보다 우월하다는 것입니다. 구약 시대에는 레위 계통의 제사장을 통하여 행함으로 말미암아 의롭다 함을 보증받았으나, 예수님이 제사장이 되심으로 이제는 오직 믿음으로 구원을 보증받게 되었습니다. 그러므로 우리가 예수 그리스도를 믿기만 하면 예수님이 우리를 보증하시는 것입니다.

23절 제사장 된 그들의 수효가 많은 것은 죽음으로 말미암아 항상 있지 못함이로되

제사장 직분을 맡은 자가 죽으면 그 반열에서 후임 제사장을 세웠습니다. 그리하여 레위 지파에서 아론의 반차를 따라 수많은 제사장이 대를 이어 세움을 받았던 것입니다. 즉, 이들은 죽음의 지배하에 있었기 때문에 영원하지 못한 불완전한 직분이었습니다.

24절 예수는 영원히 계시므로 그 제사장 직분도 갈리지 아니하느니라

예수 그리스도는 어제나 오늘이나 영원토록 동일하십니다(13:8). 그러므로 그 제사 직분도 변하지 않습니다. 레위 지파 아론의 반열을 따른 제사장들은 죽음으로 인하여 이스라엘 백성과 영원히 함께 있지 못했으나, 멜기세덱의 반차를 따라 하나님이 세우신 대제사장으로서 이 세상에 오신 예수님은 죽음을 이기심으로 영원한 제사장이 되셨습니다.

25절 그러므로 자기를 힘입어 하나님께 나아가는 자들을 온전히 구원하실 수 있으니 이는 그가 항상 살아 계셔서 그들을 위하여 간구하심이라

율법은 온전한 구원을 이루지 못합니다. 율법은 그 중에 한 계명만 지키지 않아도 무효가 되고 맙니다. 그러나 예수님이 새로운 제사장으로 오신 이후 이러한 율법은 폐지되고 은혜의 법을 세우셨습니다. 그래서 누구든지 예수님을 믿기만 하면, 주님께서 그를 온전하게 구원해 주시는 것입니다. 우리는 영혼만 구원받는 것이 아니라 범사의 구원도 받으며 치료의 구원도 받습니다. 예수님께서는 살아 계셔서 자기를 힘입어 하나님께 나아가는 자들을 온전히 구원하시는 것입니다. 구원받은 후 우리가 본의 아니게 죄를 짓게 되더라도 진심으로 회개하고 십자가 앞에 나아가면 깨끗함을 얻을 수 있습니다. 영원한 대제사장이신 예수님은 지금 하나님의 보좌 우편에서 우리를 위하여 기도해 주고 계십니다.

4. 영원하고 온전한 대제사장 예수님(7:26-28)

26. 이러한 대제사장은 우리에게 합당하니 거룩하고 악이 없고 더러움이 없고 죄인에게서 떠나 계시고 하늘보다 높이 되신 이라 27. 그는 저 대제사장들이 먼저 자기 죄를 위하고 다음에 백성의 죄를 위하

여 날마다 제사 드리는 것과 같이 할 필요가 없으니 이는 그가 단번에 자기를 드려 이루셨음이라 28. 율법은 약점을 가진 사람들을 제사장으로 세웠거니와 율법 후에 하신 맹세의 말씀은 영원히 온전하게 되신 아들을 세우셨느니라

26절 이러한 대제사장은 우리에게 합당하니 거룩하고 악이 없고 더러움이 없고 죄인에게서 떠나 계시고 하늘보다 높이 되신 이라

'이러한 대제사장'은 영원하시며, 자기를 힘입어 하나님께 나아오는 자를 온전히 구원하시며, 우리를 위하여 항상 기도해 주고 계신 예수님을 가리킵니다. 예수님이야말로 우리에게 가장 합당한 대제사장이십니다.

그 이유는 첫째, 예수님은 거룩하십니다. '거룩'은 신성하고 경건하여 하나님을 기쁘게 하는 것을 말합니다. 예수님은 지상에 계시는 동안 하나님에 대한 순종을 통해 그의 거룩함을 증명하셨습니다. 또한 예수님은 곧 하나님이시기 때문에 거룩의 근원이 되십니다.

둘째, 예수님은 악이 없으십니다. 악은 바로 하나님을 부인하는 것입니다. 하나님 없이 행동하는 것이 악입니다. 성경을 보면 "내 백성이 두 가지 악을 행하였나니 곧 그들이 생수의 근원 되는 나를 버린 것과 스스로 웅덩이를 판 것인데 그것은 그 물을 가두지 못할 터진 웅덩이들이니라"(렘 2:13)고 기록되어 있습니다. 이렇게 악은 하나님을 버리고 인본주의로 서는 것인데, 예수님께 악이 없다는 것은 예수님 자신이 하나님이시기 때문입니다. 하나님은 절대 선(善)이십니다. 그러므로 예수님은 악(惡) 자체와 무관하십니다.

셋째, 예수님은 더러움이 없으십니다. 이 말은 종교적으로나 도덕적

으로 '순결하다' 라는 것을 의미합니다. 이는 거룩하신 하나님에게로 가까이 가는 것을 방해하는 더러움이 전혀 없는 상태를 말하는 것입니다. 예수님은 순결함의 근본이 되는 분이시므로 더러움이 없으십니다.

넷째, 예수님은 죄인에게서 떠나 계십니다. 예수님은 지상에 계실 때 죄인들과 함께 교제하셨지만 그들과는 본질적으로 구별되셨습니다. 나아가서 예수님께서는 죄악으로 가득 찬 세상과 분리되어 하늘에 계시다는 것을 의미하기도 합니다.

다섯째, 예수님은 하늘보다 높이 되셨습니다. 이것은 예수님께서 승천하사 최고의 지위에 오르신 것을 말합니다. 예수님은 제자들이 보는 가운데 승천하셨으며 하나님 보좌 우편에 앉아 계십니다. 하늘은 지상의 모든 피조물보다 높은 곳인데, 그리스도가 그 하늘보다 더 높아지셨다는 것은 천사들이나 레위 지파 제사장들과는 비교할 수 없는 분임을 말해 주고 있는 것입니다.

그러므로 예수님은 참으로 합당한 우리의 대제사장이 되시며 우리를 도울 수 있는 능력의 주님이신 것입니다.

27절 그는 저 대제사장들이 먼저 자기 죄를 위하고 다음에 백성의 죄를 위하여 날마다 제사 드리는 것과 같이 할 필요가 없으니 이는 그가 단번에 자기를 드려 이루셨음이라

'저 대제사장' 은 아론의 반차를 따른 대제사장들을 말합니다. 저들은 하나님께 제사 드릴 때에 먼저 자신의 죄를 위해서 속죄 제물을 드렸습니다. 왜냐하면 그 자신도 연약한 인간이라서 죄를 짓기 때문입니다. 그러므로 먼저 자신과 가족을 위해 속죄 제사를 드리고 그다음은 백성의 속죄

를 위하여 제사 드렸던 것입니다(레 16:6, 15). 그러나 예수 그리스도는 그렇게 할 필요가 없었습니다. 예수님은 죄를 지은 적이 없으므로 자기를 위하여 제물을 드릴 필요가 없었습니다. 예수님은 하나님의 독생자로 처녀의 몸에 태어나서 죄의 혈통을 이어 받지 않았으며 이 땅에 사는 동안 율법의 일점 일획도 범한 적이 없으셨습니다. 예수님은 온전히 거룩하시고 선하시고 깨끗하시고 의인이십니다. 그러므로 예수님께서는 영원한 하나님으로서 사람으로 오셔서 우리 인류를 위해 한 번의 제사로 우리의 죄를 다 청산해 버리신 것입니다. 예수님은 십자가 위에서 "다 이루었다"(요 19:30)고 말씀하셨습니다. 예수님께서 몸을 찢고 피를 흘려 드리신 십자가 상에서의 제사는 우리에게 모든 죄의 용서와 모든 약속된 축복과 영원한 평안과 기쁨을 안겨 주었습니다. 예수님은 영원한 하나님이시기 때문에 그 제사는 영원한 제사입니다. 이제 율법은 우리의 불의와 죄를 보여 주는 거울에 불과할 뿐, 우리를 심판할 자격은 없습니다. 예수님께서 우리를 위하여 단번에 영원한 속죄제를 드리셨기 때문입니다.

28절 율법은 약점을 가진 사람들을 제사장으로 세웠거니와 율법 후에 하신 맹세의 말씀은 영원히 온전하게 되신 아들을 세우셨느니라

율법은 범죄할 수밖에 없는 약점을 가진 사람을 제사장으로 세웠습니다. 아론으로부터 시작하여 레위의 자손들은 다 인간이기 때문에 약점이 없는 사람은 단 한 사람도 없었습니다. 그러나 하나님께서 율법 이후에 멜기세덱의 반차를 따른 우리의 영원한 제사장으로 세우신 하나님의

아들 예수 그리스도는 약점이 없는 온전한 분이십니다. "이는 한 아기가 우리에게 났고 한 아들을 우리에게 주신 바 되었는데 그의 어깨에는 정사를 메었고 그의 이름은 기묘자라, 모사라, 전능하신 하나님이라, 영존하시는 아버지라, 평강의 왕이라 할 것임이라"(사 9:6). 즉, 예수님은 전능하신 하나님이요, 영존하시는 아버지이십니다. 그러므로 예수님은 온전한 대제사장이십니다. 온전하신 예수님께서는 단번에 전 인류의 죄를 다 청산하셨습니다. 누구든지 예수 그리스도를 믿고 나아가기만 하면 모든 죄를 다 사함받고 구원을 얻게 되는 것입니다.

제 8 장

새 언약과 옛 언약

A COMMENTARY
ON THE EPISTLE TO THE
HEBREWS

구약의 대제사장들은 율법을 따라 희생 제물의 피를 흘려 제사를 드렸습니다. 이때 희생된 어린 양은 세상 죄를 짊어지고 피 흘려 죽으신 예수님을 상징합니다. 이 세상에서 대속의 희생 제물이 되신 예수님께서는 지금 하늘의 성소에 대제사장으로 계십니다. 구약 시대에 제사를 주관한 대제사장은 하늘의 대제사장 예수님을, 성전의 성소는 하늘의 성소를 상징하는 모형과 그림자입니다. 하늘 성소의 영원한 대제사장이신 예수 그리스도께서는 새 언약의 중보자이십니다.

옛 언약은 시내 산에서 모세를 통해 맺어진 것인데 비해, 새 언약은 예레미야 선지자를 통해 약속하셨던 것으로(렘 31:31-34) 예수 그리스도로 말미암아 성취된 것입니다. 옛 언약은 돌판에 기록되었으며, 백성들은 제사장이나 선지자 같은 중재자를 통해서 하나님의 뜻을 배우고 깨달았습니다. 또한 이는 죄 사함의 효력이 일시적이어서 반복해서 속죄 제사를 드려야 하는 언약이었습니다. 그러나 새 언약은 마음에 기록되어, 하나님과 긴밀한 관계를 갖게 하며, 누구든지 직접 하나님을 알게 하고, 영원하고 완전한 죄 사함을 받게 하는 언약입니다. 그러므로 새 언약은 옛 언약보다 훨씬 우월한 것입니다.

1. 하늘 성소의 대제사장 예수님(8:1-2)

1. 지금 우리가 하는 말의 요점은 이러한 대제사장이 우리에게 있다는 것이라 그는 하늘에서 지극히 크신 이의 보좌 우편에 앉으셨으니 2. 성소와 참장막에서 섬기는 이시라 이 장막은 주께서 세우신 것이요 사람이 세운 것이 아니니라

1절 지금 우리가 하는 말의 요점은 이러한 대제사장이 우리에게 있다는 것이라 그는 하늘에서 지극히 크신 이의 보좌 우편에 앉으셨으니

여기서 '이러한 대제사장'은 '거룩하고 악이 없고 더러움이 없고 죄인에게서 떠나 계시고 하늘보다 높이 되신 제사장'(7:26)을 말합니다. 이미 여러 차례 설명한 바와 같이, 제사장은 하나님을 대변해서 하나님의 뜻을 사람들에게 알리고 사람을 대표하여 하나님 앞에 예물을 드리고 속죄

제사를 드리며 사람들을 위하여 기도해 주는 분, 즉 하나님과 사람 사이에 중보자 역할을 하는 분입니다. 이 제사장을 통하지 않고는 구약의 율법 시대에도, 신약의 은혜 시대에도 하나님 앞에 나올 수 없습니다. 죄짓고 불의하고 추악한 모습 그대로는 그 누구도 중보자 없이 하나님 앞에 나아갈 수 없습니다. 그런데 예수님께서 우리의 대제사장, 우리의 중보자가 되어 주셨습니다. 예수님은 하나님이 세우신 대제사장으로 이 세상에 오셔서 하나님의 뜻을 우리에게 알게 하시고 우리의 죄를 속하셨으며, 지금은 하나님 우편에서 우리를 위하여 중보 기도 해 주시고 계십니다. '우편' 은 가장 영광스러운 자리, 가장 힘 있는 자리를 의미합니다. 하나님의 모든 힘은 예수님을 통해서 나타납니다.

그러므로 예수님을 통하지 않고는, 하나님을 알 수도 없고, 그 말씀을 깨달을 수도 없고, 기도의 응답을 받을 수도 없습니다. 예수님은 "내가 곧 길이요 진리요 생명이니 나로 말미암지 않고는 아버지께로 올 자가 없느니라"(요 14:6)고 말씀하셨습니다. 예수님은 오늘도 우리를 생명으로 인도하는 유일한 길이십니다. 대제사장 되신 예수님께서는 친히 죽으심으로 우리의 모든 죄를 사하셨으며, 사흘 만에 부활하사 승천하셔서 하늘에서 지극히 크신 이의 보좌 우편에 앉으셨습니다.

'지극히 크신 이의 보좌' 는 하늘과 땅과 세계와 그 가운데 모든 것을 지으시고 다스리시는 절대 주권자 하나님의 보좌를 말합니다. 예수님께서는 그 보좌 우편에 앉으셔서 하늘 지성소의 대제사장으로서 우리를 위해 기도하고 계신 것입니다.

2절 성소와 참장막에서 섬기는 이시라 이 장막은 주께서 세우신 것

이요 사람이 세운 것이 아니니라

"성소와 참장막에서 섬기는 이시라". 하나님께서는 이스라엘 백성들 가운데 하나님이 거하실 성소를 지으라고 모세에게 명령하셨습니다(출 25:8). 이에 모세는 하나님의 명령에 따라 성소를 지었습니다. 지상에 세운 이 성소는 하늘에 있는 하나님의 성전의 모형입니다. 영원한 대제사장이 되신 예수님께서는, 인간의 손으로 지은 지상의 성소가 아닌 하늘 하나님의 성소에 직접 들어가셔서 성소와 참장막을 섬기는 자가 되셨습니다.

"이 장막은 주께서 세우신 것이요 사람이 세운 것이 아니니라". 이 장막, 즉 하늘나라의 성소와 참장막은 하나님께서 직접 만드신 것입니다. 예수님은 레위 자손의 제사장들처럼 옛날 이스라엘인들이 광야에서 지은 성막이나 솔로몬이 지은 성전이나 바벨론 포로 귀환 후에 지은 성전이나 헤롯이 지은 성전에 들어가 섬기지 않으셨습니다. 예수님은 하늘에 올라가셔서 하나님을 섬기는 대제사장으로서, 하나님이 베풀어 놓은 성전에서, 우리의 죄를 속하고 우리를 위해 기도해 주고 계십니다. 예수님은 하늘에 오르사 만왕의 왕이자 하늘 성소의 대제사장이 되셔서 우리의 영원한 구원의 보증이 되셨습니다. 그러므로 예수님을 믿고 나아가기만 하면 절대적이고 영원한 구원을 얻을 수 있는 것입니다.

2. 대제사장 예수님과 제사 예물(8:3-5)

3. 대제사장마다 예물과 제사 드림을 위하여 세운 자니 그러므로 그도 무엇인가 드릴 것이 있어야 할지니라 4. 예수께서 만일 땅에 계셨더라면 제사장이 되지 아니하셨을 것이니 이는 율법을 따라 예물을 드리는 제사장이 있음이라 5. 그들이 섬기는 것은 하늘에 있는 것의 모형과 그림자라 모세가 장막을 지으려 할 때에 지시하심을 얻음과 같으니 이르시되 삼가 모든 것을 산에서 네게 보이던 본을 따라 지으라 하셨느니라

3절 대제사장마다 예물과 제사 드림을 위하여 세운 자니 그러므로 그도 무엇인가 드릴 것이 있어야 할지니라

이스라엘 열두 지파 중에서 레위의 자손들이 제사장직을 맡았는데, 그 중에서도 특히 대제사장은 아론의 반열을 따라 세움을 받았습니다. 제사장들의 중요한 직분은 하나님의 성소를 섬기고 예물과 제사를 드리는 일이었습니다. 제사장은 성소에서 다음과 같은 일들을 했습니다. 그들은 성소 안 오른편의 상 위에 진설병 곧 이스라엘 열두 지파를 상징하는 누룩 없는 떡 열두 덩이를 매 안식일마다 새것으로 진설해 놓고, 성소 안 왼편에 있는 일곱 금촛대의 심지를 고르고 기름을 부어 불을 밝히고, 성소와 지성소 사이를 가로막은 휘장 앞에 있는 금향로에 24시간 향을

피웁니다. 그리고 성소 밖으로 나와서는 백성들을 위하여 짐승을 잡아 하나님께 제사를 드렸습니다. 그리고 제사장을 대표하는 대제사장은 매년 한 번씩 온 이스라엘 백성을 위하여 하나님 앞에 제사를 드렸습니다. 대제사장은 예물로 준비한 가장 좋고 정결한 짐승을 죽인 다음, 그 피와 몸을 가지고 휘장 안의 지성소에 들어가서 몸을 예물로 드리고 피를 법궤 위에 뿌림으로 하나님께 속죄 제사를 드렸습니다.

예수님께서도 대제사장으로서 하나님 앞에 가지고 나갈 예물이 있어야 했습니다. 그런데 예수님은 구약 시대의 대제사장들처럼 짐승의 피를 가지고 나가지 않으시고, 자신의 살과 피를 가지고 속죄 제사를 드리셨습니다. 예수님의 피는 아무 흠 없고 죄 없는 정결한 피였기 때문에 이 세상의 모든 죄를 다 사하실 수 있는 능력이 있습니다. 예수님께서는 우리 인류를 구원하시기 위해 이처럼 귀한 보혈로 단 한 번의 영원하고 온전한 제사를 드리셨습니다. 이 단 한 번의 제사로 모든 인류의 죄는 용서받게 되었습니다. 그러므로 누구든지 예수 그리스도를 믿는 자마다 멸망하지 않고 영생을 얻게 된 것입니다(요 3:16).

4절 예수께서 만일 땅에 계셨더라면 제사장이 되지 아니하셨을 것이니 이는 율법을 따라 예물을 드리는 제사장이 있음이라

예수님이 지상에 계실 당시 이스라엘에서는 레위 제사장들이 구약의 율법을 따라 제사를 드리고 있었습니다. 그러므로 예수님께서 지상의 성전에서 제사장직을 맡으실 필요가 없었습니다. 예수님이 지상에 계실 동안 율법은 철폐되지 않고 그대로 있었습니다. 그런데 예수님께서 십자가에 달리심으로 지상의 제사를 다 종결시키셨습니다. 예수님이 십자가에서 "다 이루었다."(요 19:30)고 하실 때, 구약 시대 동안 예수님이 오실 것을 예표 삼아 지상의 성소에서 짐승을 잡아 피를 흘리던 제사는 완전히 종결되었습니다. 예수님이 "다 이루었다."고 하시며 운명하시는 순간 성소와 지성소를 가로막은 휘장이 위로부터 아래까지 쫙 찢어졌습니다. 이로써 지상의 성전은 철폐되고, 누구든지 예수님의 보혈을 의지해 찢어진 휘장을 통해 지성소에 들어갈 수 있게 된 것입니다.

예수 그리스도의 보혈의 능력으로 우리는 구원받았습니다. 예수님께서 십자가에서 못 박혀 피 흘리심으로 구약의 율법은 완성되고 신약의 세계가 열리게 되었으며, 오순절 성령 강림의 역사로 '누구든지 예수님을 믿으면 멸망하지 않고 영생을 얻는다.'는 구원의 복음이 전 세계에 퍼져 나가게 되었습니다. 그러므로 이제는 구약 시대의 전통을 따라 짐승을 가지고 제사를 드릴 필요가 없고, '예수님은 우리의 완전하신 제물이요, 예수님의 피는 완전한 속죄의 피다.'라는 확신을 가지고 하나님 앞에 담대히 나아갈 수 있는 것입니다.

5절 그들이 섬기는 것은 하늘에 있는 것의 모형과 그림자라 모세가 장막을 지으려 할 때에 지시하심을 얻음과 같으니 이르시되 삼가 모든 것을 산에서 네게 보이던 본을 따라 지으라 하셨느니라

이스라엘 백성이 섬긴 성전은 하늘에 있는 성전의 모형과 그림자입니다. 이 성전은 하나님께서 모세를 통하여 이 세상에 짓게 하신 것입니다. 하나님께서는 시내 산으로 모세를 부르사 장엄한 하늘 성소의 모습을 보여 주시고 그 모양대로 성소를 짓도록 지시하셨습니다(출 25:9). 이스라엘 백성은 하늘 성소의 모형인 지상의 성소에서 예배를 드려 왔습니다.

그러나 예수님이 직접 자신의 몸과 피를 가지고 하늘 성소에 들어가 하나님 보좌 앞에서 우리의 모든 죄를 사하였으므로, 지상의 모든 모형은 이제 필요가 없게 된 것입니다.

3. 첫째 언약과 둘째 언약의 차이(8:6-13)

**6. 그러나 이제 그는 더 아름다운 직분을 얻으셨으니 그는 더 좋은 약
속으로 세우신 더 좋은 언약의 중보자시라 7. 저 첫 언약이 무흠하였
더라면 둘째 것을 요구할 일이 없었으려니와 8. 그들의 잘못을 지적
하여 말씀하시되 주께서 이르시되 볼지어다 날이 이르리니 내가 이
스라엘 집과 유다 집과 더불어 새 언약을 맺으리라 9. 또 주께서 이
르시기를 이 언약은 내가 그들의 열조의 손을 잡고 애굽 땅에서 인도
하여 내던 날에 그들과 맺은 언약과 같지 아니하도다 그들은 내 언약
안에 머물러 있지 아니하므로 내가 그들을 돌보지 아니하였노라 10.
또 주께서 이르시되 그 날 후에 내가 이스라엘 집과 맺을 언약은 이것
이니 내 법을 그들의 생각에 두고 그들의 마음에 이것을 기록하리라
나는 그들에게 하나님이 되고 그들은 내게 백성이 되리라 11. 또 각
각 자기 나라 사람과 각각 자기 형제를 가르쳐 이르기를 주를 알라 하
지 아니할 것은 그들이 작은 자로부터 큰 자까지 다 나를 앎이라 12.
내가 그들의 불의를 긍휼히 여기고 그들의 죄를 다시 기억하지 아니
하리라 하셨느니라 13. 새 언약이라 말씀하셨으매 첫 것은 낡아지게**

하신 것이니 낡아지고 쇠하는 것은 없어져 가는 것이니라

6절 그러나 이제 그는 더 아름다운 직분을 얻으셨으니 그는 더 좋은 약속으로 세우신 더 좋은 언약의 중보자시라

"그러나 이제 그는 더 아름다운 직분을 얻으셨으니". 여기서 '그'는 예수님을 가리킵니다. 예수님은 십자가에서 고난당하심으로 더 아름다운 직분을 얻으셨습니다. 왜냐하면 당시까지 제사장의 직분은 백성들을 율법으로 정죄하는 직분이었지만, 예수님의 직분은 모든 죄인을 다 용서해 주시고, 성령을 주시고, 구원을 주시고, 생명을 주시니 아름다운 직분인 것입니다. 또한 이스라엘 제사장의 직분은 하늘 성소의 모형과 그림자인 지상의 성소에서 하나님을 섬기는 일이었으나, 예수님은 이에 비할 바 없이 더 아름다운 하늘나라의 제사장 직분을 맡으셔서 참장막과 참성소에서 하나님을 섬기십니다.

"그는 더 좋은 약속으로 세우신 더 좋은 언약의 중보자시라". '더 좋은 약속'은 은혜의 약속을 말합니다. 하나님께서 모세를 통하여 이스라엘 백성과 세운 약속은 율법의 약속, 행위의 약속이었습니다. 이 율법을 온전히 지켜야 구원을 얻을 수 있는데, 어느 누구도 율법을 다 지킬 수 없었습니다. 그런데 하나님께서 예수님을 통하여 더 좋은 새 언약을 세우셨습니다. 구약의 율법보다 더 좋은 언약이 바로 신약, 곧 은혜의 약속, 은혜의 언약입니다. 예수님은 이 새 언약의 중보자가 되셨습니다. 예수님은 하나님과 인간 사이의 중보자로서 새 언약의 보증이 되신 것입니다. 예수님은 하나님께 자기의 피로 의롭게 된 인간들을 보증하시고 사람에게는 하나님의 용서와 사랑을 보증하십니다.

7절 저 첫 언약이 무흠하였더라면 둘째 것을 요구할 일이 없었으려니와

만일 모세를 통하여 시내 산에서 세우신 첫 언약이 흠이 없었다면, 예수님께서 새 언약을 세우실 필요가 없었을 것입니다. 그러나 모세의 율법을 완벽하게 지킬 수 있는 사람은 아무도 없습니다. 하나님께서는 율법을 지킴으로 구원을 얻는다는 행위의 언약을 세우셨는데, 사람마다 이 언약을 어김으로 죄를 지었습니다. 이러므로 하나님께서는 제사 의식을 세우시고 언약을 위반한 자마다 성소에 짐승을 가지고 와서 제사를 드리도록 했습니다. 제사장 앞에서 짐승의 머리 위에 손을 얹고 자기의 죄를 고백한 후 그 짐승을 잡아 피를 흘림으로 죄를 사함받았습니다. 그러나 그 효력은 일시적일 뿐이고, 사람들은 죄를 사함받은 후에도 계속하여 율법을 위반할 수밖에 없기 때문에 수많은 짐승을 제물로 드려 왔던 것입니다. 늘 죄를 짓고 그때마다 짐승을 잡아서 피를 흘려야 했으므로 첫 언약은 흠이 많은 언약이 되었습니다.

그런데 예수님께서 세상에 오셔서 십자가를 지심으로 모든 인류의 죄를 단번에 다 사해 버리신 것입니다. 예수님의 속죄는 짐승의 피를 흘려 죄를 사했던 일시적인 속죄가 아니라 영원한 무한대의 속죄입니다. 예수님은 우리의 모든 죄를 사하셨습니다. 이제는 예수님을 믿기만 하면 의롭다 하심을 얻습니다. 그럼에도 불구하고 우리는 자꾸 죄를 짓게 되는데, 그럴 때마다 예수님 앞에 회개하여 용서를 받아야 합니다.

8절 그들의 잘못을 지적하여 말씀하시되 주께서 이르시되 볼지어다 날이 이르리니 내가 이스라엘 집과 유다 집과 더불어 새 언약을

맺으리라

"그들의 잘못을 지적하여 말씀하시되". 언약은 상대적인 것으로 양쪽 모두가 지켜야 합니다. 언약을 맺은 양쪽 중 어느 한쪽이 언약을 깨면 그 언약은 무효가 됩니다. 그러므로 하나님께서는 첫 언약을 깨뜨린 이스라엘 백성을 책망하셨습니다.

"주께서 이르시되 볼지어다 날이 이르리니 내가 이스라엘 집과 유다 집과 더불어 새 언약을 맺으리라". 여기서부터 12절까지는 예레미야 31장 31절부터 34절까지의 인용입니다. 하나님께서는 모세를 통해 세우신 첫 언약을 폐기하시고 새 언약을 세우겠다고 하셨습니다. 새 언약은 믿음의 언약, 성령의 언약입니다. 신약 시대에는 믿음으로 구원받는 언약을 세우신 것입니다. 하나님께서는 예수 그리스도의 몸을 찢고 피를 흘려서 새 계약을 맺으셨습니다. 어마어마한 대가를 지불하고 우리에게 구원의 계약을 맺어 주신 것입니다. 그 결과 이제는 이스라엘 백성뿐 아니라 온 세계 만민이 새 언약을 지킴으로 구원을 얻게 되었습니다.

9절 **또 주께서 이르시기를 이 언약은 내가 그들의 열조의 손을 잡고 애굽 땅에서 인도하여 내던 날에 그들과 맺은 언약과 같지 아니하도다 그들은 내 언약 안에 머물러 있지 아니하므로 내가 그들을 돌보지 아니하였노라**

하나님께서는 애굽에서 학대받던 3백만 이스라엘 백성을 인도하셔서 가나안 복지로 향하게 하셨으며, 그들이 시내 산에 이르렀을 때 모세를 통하여 십계명을 중심으로 한 행위 언약을 세우셨습니다. 그러나 이스라엘 백성들이 언약을 일방적으로 지키지 않았기 때문에, 하나님께서 그 언약을 취소해 버리시고 이스라엘을 돌보지 아니하셨습니다.

10절 또 주께서 이르시되 그날 후에 내가 이스라엘 집과 맺을 언약은 이것이니 내 법을 그들의 생각에 두고 그들의 마음에 이것을 기록하리라 나는 그들에게 하나님이 되고 그들은 내게 백성이 되리라

여기서 '그날 후'라 함은 구약 시대가 끝난 후를 말합니다. 하나님께서는 구약 시대가 다 끝난 후 새로운 언약을 세우셨습니다. 구약은 하나님의 율법을 돌판에 새겨 놓은 행위의 언약이었습니다. 이 언약은 마음이야 어떻든 간에 행위만 잘하면 되는 것이었습니다. 그러나 새 언약은 백성들의 생각과 마음에 새기는 것입니다. 즉, 새 언약은 하나님의 법을 형식이나 의식에 두지 않고 마음에 두고 생각하게 하는 것입니다. 하나님의 말씀을 듣고 그 마음을 먼저 바꾸게 하는 것입니다. 또한 첫 언약 아래서는 짐승을 잡아 제사의 예배를 드렸으나, 새 언약 아래서는 하나님의 말씀을 듣고 그 말씀을 마음에 새기는 믿음의 예배를 드립니다. 시내 산에서 맺은 율법과 갈보리 십자가에서 맺은 법은 이렇게 다릅니다. 시내 산에서의 율법은 행위의 언약이지만, 갈보리 십자가에서의 법은 은혜의 언약인 것입니다. 구약 시대에는 율법대로 행해야 구원을 받을 수 있지만, 지금은 행위가 아니라 믿음으로 구원받습니다. 그리하여 우리가 믿음의 법을 통하여 새 언약을 맺고 나면, 하나님은 우리의 아버지가 되시고 우리는 그의 자녀가 됩니다. 우리가 예수 그리스도를 마음으로 믿고 입으로 시인하기만 하면 창조주 하나님이 우리의 하나님이 되시고,

우리는 그의 백성으로서 그의 자녀로서 모든 권세를 누리게 됩니다.

우리는 새 언약으로 하나님의 백성이 된 사람입니다. 그러므로 우리는 행위에 치중한 형식적인 예배를 드리지 말고 신령한 예배, 믿음의 예배를 드려야 합니다. 말씀을 듣고 감사와 찬미와 영광을 하나님께 드려야 합니다. 이렇게 하여 마음과 생각에 믿음의 법을 새겨 놓았으면, 이제 구원받은 하나님의 자녀답게 살기 위해 힘써야 합니다. 율법 아래서는 내 힘으로 살려고 노력하였으나, 은혜의 법, 믿음의 법 아래에서는 성령의 도우심으로 선한 행실을 하도록 힘써야 합니다. 우리가 성령 안에서 구원받은 사람답게 살려고 노력할 때, 그리스도의 영광된 모습을 닮아가도록 성령께서 도와주십니다.

11절 또 각각 자기 나라 사람과 각각 자기 형제를 가르쳐 이르기를 주를 알라 하지 아니할 것은 그들이 작은 자로부터 큰 자까지 다 나를 앎이라

새 언약이 이루어짐으로 모든 사람이 하나님을 알게 되었습니다. 하나님은 인간의 몸으로 이 세상에 오셔서(요 1:18) 하나님의 영광과 구원을 온 천하에 알리셨습니다. 우리는 하나님께서 우리에게 주신 계시의 말씀, 즉 성경을 통하여 하나님에 대하여 밝히 알게 되었습니다. 이제 우리는 예수님을 믿기만 하면 됩니다. 그럼에도 하나님이 어떠한 분인지 모른다고 하는 것은 독생하신 하나님 예수 그리스도를 믿지 않기 때문입니다.

12절 내가 그들의 불의를 긍휼히 여기고 그들의 죄를 다시 기억하지

아니하리라 하셨느니라

하나님께서는 새 언약으로 맺어진 우리의 죄를 용서해 주시되 다시 기억하지 않고 완전히 용서해 주십니다. 그러므로 우리가 때때로 죄를 짓더라도 예수님의 피 공로를 의지하고 나와서 진정으로 주님 앞에 회개하면, 하나님은 우리의 과거, 현재, 미래의 모든 죄를 사하시며 다시 기억하지 않으시는 것입니다. 그럼에도 불구하고 우리가 죄를 회개하고 나서도 자꾸 그 죄를 기억하고 죄책감에 사로잡히는 것은 이러한 마음을 가져다주는 사탄 때문입니다. 하나님께서는 이미 모든 죄를 다 잊으셨는데, 사탄이 우리를 참소하려고 자꾸 과거의 죄를 기억나게 하는 것입니다. 우리는 이러한 사탄의 궤계를 예수님의 이름으로 물리쳐 버리고 우리를 용서하시고 구원해 주신 하나님께 감사와 찬양을 드려야 합니다.

13절 새 언약이라 말씀하셨으매 첫 것은 낡아지게 하신 것이니 낡아지고 쇠하는 것은 없어져 가는 것이니라

하나님께서는 이스라엘 백성이 첫 것, 즉 구약을 지키지 못하므로 이를 낡아지게 하셨습니다. 하나님께서는 이스라엘 백성들에게 자신의 행위로는 구원을 받을 수 없다는 사실을 깨닫게 하시기 위해 율법을 주셨습니다. 이 율법을 통하여 이스라엘 백성들은 행위로 말미암아서는 절대로 구원을 받을 수 없음을 철저히 깨달았습니다. 이제 인간이 구원을 받을 수 있는 유일한 길은 하나님으로부터 구원을 선물로 받는 것뿐이었습니다. 그러므로 하나님께서는 독생자 예수 그리스도를 이 땅에 보내셔서

십자가를 지게 하심으로 새 언약, 즉 믿음으로 구원받는 은혜의 언약을 세우셨습니다. 예수님만이 우리를 구원할 유일한 길이 되셨습니다. 우리는 오직 믿기만 하면 됩니다. 하나님께서는 백성들에게 새 언약을 주시려고 옛 언약을 폐하신 것입니다.

제 9 장

첫 언약의 제사와 영원한 속죄

첫 언약과 성소 예배	9:1-10
새 언약과 예수님의 속죄	9:11-15
피와 언약	9:16-22
예수님과 영원한 속죄	9:23-28

A COMMENTARY
ON THE EPISTLE TO THE
HEBREWS

구약의 성소와 대제사장과 제물은 불완전하고 한시적인 것입니다. 이것은 예수 그리스도로 말미암은 영원하고 완전한 것들의 그림자이며 모형일 뿐입니다. 예수님께서는 십자가에 못 박혀 인간의 과거와 현재와 미래의 죄를 단번에 완전히 대속하셨습니다. 그리고 사람의 손으로 짓지 않은 하늘 성소의 영원한 대제사장으로서 하나님과 인간 사이를 중보하고 계십니다. 이와 같은 예수님의 사역을 통하여 옛 언약이 완성되었고, 예수님을 믿는 자들은 새 언약 관계에 들어가게 되었습니다.

1. 첫 언약과 성소 예배(9:1-10)

1. 첫 언약에도 섬기는 예법과 세상에 속한 성소가 있더라 2. 예비한
첫 장막이 있고 그 안에 등잔대와 상과 진설병이 있으니 이는 성소라
일컫고 3. 또 둘째 휘장 뒤에 있는 장막을 지성소라 일컫나니 4. 금
향로와 사면을 금으로 싼 언약궤가 있고 그 안에 만나를 담은 금 항
아리와 아론의 싹 난 지팡이와 언약의 돌판들이 있고 5. 그 위에 속
죄소를 덮는 영광의 그룹들이 있으니 이것들에 관하여는 이제 낱낱
이 말할 수 없노라 6. 이 모든 것을 이같이 예비하였으니 제사장들
이 항상 첫 장막에 들어가 섬기는 예식을 행하고 7. 오직 둘째 장막
은 대제사장이 홀로 일 년에 한 번 들어가되 자기와 백성의 허물을
위하여 드리는 피 없이는 아니하나니 8. 성령이 이로써 보이신 것은
첫 장막이 서 있을 동안에는 성소에 들어가는 길이 아직 나타나지 아
니한 것이라 9. 이 장막은 현재까지의 비유니 이에 따라 드리는 예
물과 제사는 섬기는 자를 그 양심상 온전하게 할 수 없나니 10. 이런
것은 먹고 마시는 것과 여러 가지 씻는 것과 함께 육체의 예법일 뿐
이며 개혁할 때까지 맡겨 둔 것이니라

1절 첫 언약에도 섬기는 예법과 세상에 속한 성소가 있더라

하나님께서는 시내 산에서 모세에게 율법을 주실 때 하늘에 있는 성소의 모형을 따라 지상의 성소를 짓는 법을 가르쳐 주셨습니다. 그리고 그 성소에서 섬기는 예법, 즉 하나님께 제사 드리는 법에 관해서도 상세히 가르쳐 주셨습니다. 언약을 집행할 수 있도록 모든 준비를 하신 것입니다.

2절 예비한 첫 장막이 있고 그 안에 등잔대와 상과 진설병이 있으니 이는 성소라 일컫고

본 절부터 5절까지는 '세상에 속한 성소'에 관하여 설명하고 있습니다. 구약의 성소는 예수 그리스도와 그의 사역을 상징합니다. 성막의 구조는 성막 뜰과 성소와 지성소로 구분되어 있습니다. 성막 밖에서 문을 통해 안으로 들어가면 성막 뜰인데, 이곳에는 번제단과 물두멍이 있습니다. 번제단은 아카시아 나무에 청동, 즉 놋을 입혀 만들었으며, 단의 네 모서리에 뿔이 있어서 그곳에 짐승을 묶어 두었습니다. 놋은 심판을 의미합니다. 그러므로 놋을 입혀 만든 번제단 앞에 제일 처음 서게 되는 것은, 죄인이 하나님 앞에 서면 제일 먼저 하나님의 심판을 받게 된다는 것을 의미합니다. 하나님의 심판 앞에 살아남을 사람은 없습니다. 죄인된 인간이 거룩하신 하나님께 나아가는 길은 죄인 대신 죽임을 당한 희생 제물이 흘린 피를 통해서였습니다. 그러므로 구약 시대에는 죄 지은 사람이 각각 소, 양, 염소, 비둘기 등의 짐승을 가지고 나와 제사를 드렸습니다.

한편 이러한 구약 시대의 제사에는 다섯 가지가 있습니다. 먼저 하나님과의 관계에서 범한 죄를 사함받기 위해서 '속죄제'를 드렸는데 이는 속죄의 대가로 드려지는 제사였습니다. 야훼의 성물, 또는 이웃의 권리나 재산을 침해했을 때 그러한 범과를 사함받기 위해서는 '속건제' 를 드렸습니다. 속건제에는 제사와 함께 반드시 손해에 대한 적절한 배상과 벌금이 부과되었습니다. 또한 '번제' 는 하나님과의 올바른 관계를 유지하며 주님께 완전한 헌신과 철저한 순종을 결단하는 의미로 드리는 제사입니다. 그리고 죄로 인해 단절되었던 하나님과의 관계를 회복하고 하나님께서 베풀어 주신 은혜에 감사하는 마음을 담아서 '화목제' 를 드렸습니다. '소제' 는 땅의 소산을 풍성하게 해 주신 하나님께 순종을 표시하고 하나님의 절대 주권을 인정하고 충성을 다짐하는 의미로 드렸는데, 이는 '피의 제사' 가 아닌 땅의 소산물을 제물로 드린 제사였습니다.

구약 시대에는 예수 그리스도를 상징하는 짐승의 피를 통해서 죄를 사함받은 것입니다. 그렇기 때문에 성도들이 예배를 드리기 위해서는 반드시 놋을 입혀 만든 번제단 앞에 서서 제사를 드려야 했던 것입니다.

오늘날도 우리가 하나님 앞에 나오려면 구약의 번제단을 상징하는 예수님의 갈보리 십자가 앞에 서야 합니다. 짐승 대신 흠 없는 하나님의 아들 예수님께서 우리를 대신해서 제물이 되셨기 때문에, 예수님의 십자가 앞에서 죄 사함을 받지 않고는 우리는 절대로 하나님 앞에 서지 못합니다. 천하 사람 중에 구원을 받을 만한 다른 이름을 주신 일이 없습니다(행 4:12). 예수님께서도 "내가 곧 길이요 진리요 생명이니 나로 말미암지 않고는 아버지께로 올 자가 없느니라"(요 14:6)고 말씀하신 것은 갈보리 십자가의 제단 앞에서 흘리신 예수님의 피를 의지하지 않고는 하나님 앞에 설 자가 없다는 것을 의미합니다. 그렇기 때문에 우리가 반드시 하나님 앞에 나가려면 예수님의 십자가 앞에 서야 되는 것입니다.

그러므로 우리는 먼저 기도할 때 그 제단 앞에서 우리를 위해 십자가에 달리신 주님을 바라보고 감사와 찬양의 기도를 드려야 합니다.

"주님, 주께서 십자가에서 나의 속죄 제물이 되어 주시고, 속건 제물이 되어 주시고, 번제물이 되어 주셔서, 날 위해 몸 찢고 피 흘려주심으로, 내가 하나님 앞과 사람 앞에 지은 죄, 모르고 지은 죄까지도 다 용서해 주셔서 나를 의롭게 해 주신 것을 감사합니다.

또한 주님께서 화목 제물이 되어 주셔서, 하나님과 나 사이에 막힌 담을 헐어 버리시고, 하나님과 화목하게 하셔서 성령을 충만하게 부어 주시고, 성령으로 말미암아 하나님의 사랑을 내 마음속에 넘치게 부어 주셔서 감사합니다. 이로 인해 하나님이 내 안에, 내가 하나님 안에 있고, 하나님을 아빠 아버지라고 부를 수 있게 해 주시니 감사합니다.

주님께서는 십자가에 매달려서 나를 대신해서 심판받으심으로, 나의 연약한 것을 친히 담당하시고 병을 짊어지고 가셨습니다. 예수님께서 몸 찢고 피 흘려 나를 치료하기 위한 제물이 되어 주셨으므로, 오늘 예수 그리스도의 피를 의지하려 나의 모든 병에서 고침을 받았습니다. 예수님으로 말미암아 나는 믿음으로 치료를 받았습니다. 눈에는 아무 증거 안 보이고, 귀에는 아무 소리 안 들리고, 손에는 잡히는 것이 없어도 괜찮습니다. 예수님의 제물이 헛되이 드려진 것이 아니므로, 나는 예수님으로 말미암아 내 마음속에 이미 치료를 받았으니 그대로 될 것을 믿습니다. 그리고 주님께서 나의 슬픔을 대신 짊어지시고 기쁨의 제물이 되어 주셔서, 내 육체의 치료와 함께 내 마음의 기쁨도 허락해 주셨습니다. 예수님이 날 위해서 슬픔을 짊어지시고 기쁨의 제물이 되어 주셨음을 감사합니다.

주여! 또한 주님께서 나를 위한 축복의 제물이 되어 주신 것을 감사합니다. 십자가에 높이 달려 몸을 찢고 피를 흘리심으로, 그리스도께서 나를 위하여 저주를 받은 바 되시고 율법의 저주에서 나를 속량하여 주셨으니 감사합니다. 예수님으로 인해 나는 저주에서 해방되고, 가시와 엉겅퀴에서 해방되고, 아브라함의 축복과 형통이 내 것이 되었습니다. 주의 보혈로 나는 축복받은 사람이요, 형통한 사람이 된 것을 감사합니다.

또한 주님이 날 위해서 심판받으심으로 나 대신 죽어 주셨으니, 주 안에서 이제는 부활과 영생 천국밖에 남은 것이 없습니다. 예수님이 생명의 제물이 되사 나에게 부활과 영생 천국을 주셨으니 감사합니다.

주님의 보혈을 통해서 내가 오중복음을 얻었습니다. 예수님이 심판을 받으심으로 나에게 용서와 의의 복음, 화해와 성령 충만의 복음, 치료의 복음, 축복의 복음 그리고 천국과 영생의 복음을 주신 것을 감사합니다."

이렇게 우리가 '성막 기도'를 할 때는, 이 놋제단인 갈보리 십자가 앞에서 오중복음을 가지고 하나님께 감사를 드리는 것입니다. 하나하나 짚어가면서 예수님이 나에게 이 다섯 가지 복을 주시기 위해 몸을 찢고 피를 흘리신 것을 감사하고, 찬양하고, 기뻐하고, 예수님의 피를 의지하여 기도해야 합니다.

그다음에 번제단을 지나서 성소 쪽으로 가면 놋으로 만들어진 물두멍이 있습니다. 그 안에 물이 담겨 있어서, 제사장들이 성소에 들어가기 전에 번제단에서 소나 양을 잡아 제사를 드리고 물두멍에서 몸을 씻었습니다. 성소에 들어가기 전에 자기 몸을 정결케 하는 것입니다. 우리도 이곳에서 우리의 잘못된 행위를 회개하며 죄를 씻어야 합니다. 그 물두멍 앞에서 나의 거짓되고 진실되지 못한 모습을 매일매일 회개해야 합니다. 온전히 내가 주님 편에 서지 못하고 세상 편에 서서 세상을 따라 생각하고 행하여 온 죄를 회개해야 합니다. 탐욕과 용서하지 못한 죄 등을 주님 앞에 회개하고 자복해야 하는 것입니다.

물두멍에서 몸을 씻고 나면 성소로 들어갑니다. 성소 안에는 진설병과 정금 등잔대와 금 향단이 있습니다. 성소 오른쪽에는 아카시아 나무로 만들어 금을 입힌 상 위에 가장 좋은 밀가루로 만든, 누룩 없는 떡이 6개씩 두 줄로 놓여 있습니다. 이것이 바로 진설병인데, 이 열두 덩이의 떡들은 이스라엘 열두 지파를 상징합니다. 제사장들은 이 떡을 안식일마다 새것으로 갈아 놓고 묵은 떡은 그들이 먹었습니다. 이 떡은 예수님을 예표합니다. 예수님은 자신을 가리켜 "나는 생명의 떡이니 내게 오는 자는 결코 주리지 아니할 터이요"(요 6:35)라고 하셨습니다. 우리의 영의 양식이요, 생명의 떡이신 예수 그리스도는 성경 말씀에 담겨 있습니다. 그러므로 우리는 말씀을 먹음으로 새 힘을 얻게 되는 것입니다.

진설병의 맞은편에는 정금으로 만든 등잔대가 있습니다. 이 등잔대는 일곱 가지로 갈라져 있고 그 위에 일곱 개의 등잔이 놓여 있으며, 등잔 속에는 순수한 감람유가 들어 있어서 밤낮 불이 켜져 있었습니다. 이 정금 등잔대는 하나님의 일곱 영(계 4:5), 곧 성령님을 상징합니다. 그곳은 예수님으로 말미암아 우리에게 오신 보혜사 성령님을 예배드리는 처소입니다. 일곱 영이란 야훼의 영, 지혜의 영, 총명의 영, 모략의 영, 재능의 영, 지식의 영, 야훼를 경외하게 하는 영을 말합니다(사 11:2). 따라서 우리도 기도할 때 하나님께 이 일곱 가지 성령의 은혜를 달라고 기도하고 이 성령이 바람같이 불같이 생수같이 나를 채워 주시도록 기도해야 하는 것입니다. 그러면 성령님께서는 우리에게 오셔서 우리의 마음을 밝혀 주시고 진리 가운데로 인도해 주십니다(요 14:26).

진설병과 정금 등잔대 사이에는 금 향단이 있습니다. 이것은 아카시아 나무로 만들어 금을 입힌 분향단으로, 그 위에서 매일 아침저녁으로 향을 피웠습니다. 이 향은 예수 그리스도의 피의 공로로 죄 사함받고 구원받은 성도들이 드리는 감사와 찬양의 예배를 상징하며, 이 향불은 성도들의 기도와 찬양이 하나님 앞에 상달된다는 표시였습니다.

3절　또 둘째 휘장 뒤에 있는 장막을 지성소라 일컫나니

성소에는 휘장이 두 군데에 있었는데 하나는 성소 입구에, 또 하나는 성소와 지성소 사이에 있었습니다. 성소에서 휘장 안으로 들어가면 지성소인데, 이곳은 아무나 들어갈 수 없었으며 제사장들 중에서도 오직 대제사장만이 일 년에 단 한 번 이스라엘 백성의 죄를 사하기 위해 들어갔습니다. 휘장은 예수 그리스도의 몸을 상징합니다. 그 휘장은 예수님이 십자가에서 "내가 다 이루었다." 고 말씀하실 때 위에서부터 아래로 찢어져 둘이 되었습니다(마 27:51). 따라서 우리는 예수님을 통하여 지성소에 들어갈 수 있게 된 것입니다.

4절　금 향로와 사면을 금으로 싼 언약궤가 있고 그 안에 만나를 담은 금 항아리와 아론의 싹 난 지팡이와 언약의 돌판들이 있고

지성소에 들어가면 일명 '법궤' 라 하는 언약궤가 있습니다. 언약궤는 아카시아 나무로 만들어 금을 입혔으며, 그 안에는 만나를 담은 금 항아리와 아론의 싹 난 지팡이와 십계명이 적힌 두 돌판이 있었습니다. 법궤(언약궤) 안 금 항아리에 담긴 만나는 하늘로서 내려온 살아 있는 떡이신 예수님, 생명을 주시는 예수님을 상징합니다. 그리고 십계명의 두 돌판은 우리에게 율법의 완성자로 오신 예수님을 상징합니다. 구약 시대의 이스라엘 백성들은 율법을 지킴으로 하나님 앞에 나가려고 하였으나, 예수님은 우리에게 그의 살과 피로 생명의 길을 열어 주시고 누구든지 그를 믿는 자마다 하나님 앞에 의롭다 함을 입게 하셨습니다. 이러므로 법궤 자체가 바로 예수님을 상징한다고 할 수 있는 것입니다. 법궤는 위에 금 판으로 된 뚜껑을 덮고, 그 위에 역시 금으로 만든 그룹 천사의 모형 둘을 세워 놓습니다. 그리고 이 뚜껑 부분을 시은좌(施恩座), 즉 속죄소라 불렀습니다.

대제사장은 일 년에 단 한 번 지성소에 들어갈 때 속죄 제물의 피와 함께 금 향로를 가지고 들어갔습니다. 이 향로에는 번제단 위에서 피운 불을 담고 그 위에 두 손으로 곱게 간 향기로운 향을 채웠습니다(레 16:12). 그리하여 향이 뭉게뭉게 피어오르도록 하여 지성소에 들어가는 것입니다. 향 없이 지성소에 들어가면 안 됩니다. 이 향은 바로 성도들이 하나님께 드리는 감사와 찬양을 의미합니다. 감사와 찬양이 없는 제사는 하나님께서 기뻐하시지 않습니다. 우리가 하나님 앞에 나올 때 먼저 감사와 찬양의 향을 가지고 나와 그 향기가 하나님의 성소에 진동하게 될 때, 하나님은 우리의 예배를 기쁘게 받으시며 우리의 모든 기도에 응답해 주시는 것입니다.

대제사장은 지성소에 들어오면 먼저 향로를 법궤 옆에 놓고, 속죄 제물의 피를 취하여 손가락으로 법궤 동편에 뿌리고 법궤 위아래로 일곱 번을 뿌립니다. 이로써 이스라엘 백성이 한 해 동안 지은 모든 죄를 사함받게 됩니다. 이 속죄 제물의 피는 바로 십자가상에서 모든 인류의 죄를 위하여 흘리신 예수 그리스도의 피를 의미하며, 속죄제는 우리가 예수님의 피를 의지하고 하나님 앞에 나아가야 할 것을 직접적으로 보여 주고 있습니다.

5절 **그 위에 속죄소를 덮는 영광의 그룹들이 있으니 이것들에 관하여는 이제 낱낱이 말할 수 없노라**

속죄소는 법궤를 덮는 뚜껑으로서, 금으로 만든 장방형의 덮개입니다. 이 속죄소 위에는 금으로 만든 그룹 천사 둘을 세워 놓았습니다. 그룹 천사는 하나님의 거룩함을 지키는 천사입니다. 이 두 그룹 천사는 서로 마주 보는 자세로 날개를 높이 펴서 속죄소를 덮고 있는 형상을 하고 있는데, 이것은 하나님의 거룩하신 임재를 상징합니다(출 25:17-22).

6절 **이 모든 것을 이같이 예비하였으니 제사장들이 항상 첫 장막에 들어가 섬기는 예식을 행하고**

'첫 장막' 은 성소를 가리킵니다. 일반 백성들은 성소에 들어갈 수 없었고 성전 뜰에만 들어갈 수 있었습니다. 성소와 뜰, 즉 제사장과 백성들 사이에는 휘장이 가려져 있었습니다. 제사장들은 항상 첫 장막, 즉 성소에서 매일 향을 피우고 불을 밝히며 안식일마다 진설병을 새것으로 진설해 놓는 등 섬기는 예를 행하였습니다.

7절 **오직 둘째 장막은 대제사장이 홀로 일 년에 한 번 들어가되 자기와 백성의 허물을 위하여 드리는 피 없이는 아니하나니**

'둘째 장막' 은 지성소를 가리킵니다. 지성소에는 오직 대제사장만이 일 년에 한 번 들어갑니다. 매년 7월 10일 속죄일이 되면 대제사장은 자기 자신과 백성들의 죄를 사함받기 위해 희생 제물의 피를 가지고 지성소에 들어가서 속죄소 위 동편에 뿌리고 속죄소 앞에 일곱 번 뿌립니다. 피가 없이는 하나님께서 임재하시는 지성소에 들어갈 수 없습니다. 그런데 예수님께서 자신이 친히 흘리신 피를 가지고 하나님의 지성소에 들어가 속죄소 위에 뿌리셨습니다. 그리하여 더 이상 짐승의 피를 의지하여 지성소에 나아갈 필요가 없게 되었습니다. 예수님이 흘리신 피로 우리의 모든 죄가 단번에 사함받았으므로 우리는 그 피의 공로를 힘입어 하나님께 직접 나아갈 수 있게 된 것입니다.

8절 성령이 이로써 보이신 것은 첫 장막이 서 있을 동안에는 성소에 들어가는 길이 아직 나타나지 아니한 것이라

"성령이 이로써 보이신 것은". 하나님의 말씀은 성령이 우리에게 가르쳐 주시는 것입니다. 아버지는 모든 일을 다 계획하시고, 아들 예수님은 아버지의 계획대로 모든 일을 다 이루시고, 성령은 아버지와 아들이 이루어 놓으신 것을 우리에게 깨닫게 해 주시는 것입니다. 성령은 우리를 가르치십니다. 그러므로 늘 하나님의 성령을 인정하고 환영하고 모셔 들이고 의지하지 않고는 우리가 하나님의 진리를 깨달아 알 수 없습니다.

여기서 '첫 장막'은 성소를, '성소'는 지성소를 의미합니다. 구약의 일반 백성들은 성막 뜰에만 들어올 수 있었고, 성소에는 제사장들만 들어갔습니다. 그리고 성소 안의 지성소에는 일 년에 단 한 번 대제사장만이 들어갈 수 있었습니다. 따라서 백성들은 하나님과 직접 대면할 수 없었습니다. 그러나 예수님에 의해서 우리에게는 직접 하나님을 예배할 수 있는 길이 열렸습니다. 예수님께서 십자가 위에서 운명하실 때 성전의

휘장이 위에서 아래로 찢어지고, 그 사이로 지성소에 이르는 길이 열린 것입니다. 즉, 십자가에서 몸을 찢기고 물과 피를 쏟으신 예수님을 통하여 하나님 앞에 나아갈 수 있게 된 것입니다. 우리는 모두 왕 같은 제사장으로서 그 길을 통하여 하나님이 계시는 지성소에 나아갈 수 있습니다. 지금 이 지성소는 우리 안에 있습니다. 성령께서 성전 삼고 거하시는 우리의 마음이 바로 지성소인 것입니다.

9절 **이 장막은 현재까지의 비유니 이에 따라 드리는 예물과 제사는 섬기는 자를 그 양심상 온전하게 할 수 없나니**

예수님이 십자가에서 "다 이루었다"(요 19:30) 하시고 운명하시기 전까지 이 장막은 하나님과 사람 사이에 서 있었습니다. 하나님은 그 장막의 제사를 통해서 사람들의 죄를 사해 주셨습니다. 그러나 아무리 제사를 드려도 율법을 지킬 수 없고 양심을 온전하게 하지 못했습니다. 구약의 제사는 일시적으로 죄를 덮어 주기만 했을 뿐 죄를 완전히 사해 주지는 못한 것입니다. 그렇기 때문에 사람들은 매번 반복해서 제사를 드려야만 했습니다. 첫 장막을 통해 온전하게 될 사람은 한 사람도 없었습니다.

10절 **이런 것은 먹고 마시는 것과 여러 가지 씻는 것과 함께 육체의 예법일 뿐이며 개혁할 때까지 맡겨 둔 것이니라**

'이런 것' 은 구약의 제사 규범을 말합니다. 구약의 제사법은 먹는 것(레 11:1-23), 마시는 것(레 10:9), 씻는 것(레 11:24-40, 16:24-28) 등 모두 육체에 관한 예법이었습니다. 이러한 것들은 모두 형식일 뿐 온전한 구원을 이루지 못합니다. 한 사람도 이러한 제사를 통해 의인이 된 사람은 없습니다. 그러므로 구약에서 하나님이 주신 율법과 장막은 그저 먹고 마시는 것과 여러 가지 씻는 것과 함께 육체의 예법일 뿐이며 그것이 장차 개혁될 때까지 기다리는 것이지 그 자체로서는 구원이 없다는 것입니다. 즉, 모세가 지은 성막에 들어가 놋제단 앞에서 짐승을 죽이고, 물두멍에서 몸을 씻고, 그다음 성소에 들어가서 촛대에 불을 붙이고, 진설병을 차리고, 향단에 불을 피우고, 일 년에 한 번씩 지성소에 들어가서 속죄소에 짐승을 잡아 피를 뿌려 이스라엘 백성의 죄를 속죄하는 것은 형식과 의식일 뿐이지 그것을 통해서는 한 사람도 구원을 받지 못한다는 것입니다. 이것은 장차 그리스도께서 오셔서 옛 언약을 개혁하여 새 언약을 주실 때까지 모형으로 보여준 것입니다. 이러한 구약의 제사는 모형과 그림자로써 예수님이 십자가에서 완전한 구원을 이루시기까지 계속되었던 것입니다.

2. 새 언약과 예수님의 속죄(9:11-15)

**11. 그리스도께서는 장래 좋은 일의 대제사장으로 오사 손으로 짓지
아니한 것 곧 이 창조에 속하지 아니한 더 크고 온전한 장막으로 말미
암아 12. 염소와 송아지의 피로 하지 아니하고 오직 자기의 피로 영
원한 속죄를 이루사 단번에 성소에 들어가셨느니라 13. 염소와 황소**

의 피와 및 암송아지의 재를 부정한 자에게 뿌려 그 육체를 정결하게 하여 거룩하게 하거든 14. 하물며 영원하신 성령으로 말미암아 흠 없는 자기를 하나님께 드린 그리스도의 피가 어찌 너희 양심을 죽은 행실에서 깨끗하게 하고 살아 계신 하나님을 섬기게 하지 못하겠느냐 15. 이로 말미암아 그는 새 언약의 중보자시니 이는 첫 언약 때에 범한 죄에서 속량하려고 죽으사 부르심을 입은 자로 하여금 영원한 기업의 약속을 얻게 하려 하심이라

11-12절 그리스도께서는 장래 좋은 일의 대제사장으로 오사 손으로 짓지 아니한 것 곧 이 창조에 속하지 아니한 더 크고 온전한 장막으로 말미암아 염소와 송아지의 피로 하지 아니하고 오직 자기의 피로 영원한 속죄를 이루사 단번에 성소에 들어가셨느니라

구약의 제사장들은 자신의 죄를 사하기 위하여 송아지를, 백성들의 죄를 사하기 위해서 염소를 제물로 드렸습니다(레 16:11-15). 이처럼 염소나 송아지를 제물로 하여 그 피로 드리는 제사는 일시적인 속죄에 지나지 않았습니다. 그러나 예수님은 '장래 좋은 일', 즉 장차 하늘나라에 가서 누릴 한없이 좋은 일을 주시기 위해서, 사람의 손으로 짓지 아니한 온전한 성소인, 하늘 성소에 자신의 피를 가지고 들어가셔서 영원한 속죄를 이루셨습니다. 예수님께서 흘리신 피는, 세상을 지으시고 섭리하시고 다스리시며 심판하실 성자 하나님의 피입니다. 그러므로 이 세상 모든 것을 다 합하여도 그 핏값을 갚을 수 없습니다. 예수님께서 우리를 위하여 흘리신 피는 영원토록 다함이 없는 능력을 지니고 있습니다.

"영원한 속죄를 이루사 단번에 성소에 들어가셨느니라". '영원' 이란

무궁한 과거와 무궁한 미래를 합쳐 놓은 것입니다. 그러므로 '영원한 속죄' 를 이루셨다는 것은 우리의 모든 과거의 죄를 다 청산해 주고 모든 미래의 죄를 다 청산해 주었다는 의미입니다. 이제는 더 이상 과거 이스라엘 제사장들처럼 매일 성소에 들어가 제사를 드릴 필요가 없게 되었고, 또한 대제사장들처럼 매년 한 번씩 지성소에 들어가 자신과 백성을 위하여 제사를 드릴 필요가 없게 되었습니다. 예수님께서 단번에 영원하고 완전한 속죄를 이루셨기 때문입니다.

13-14절 염소와 황소의 피와 및 암송아지의 재를 부정한 자에게 뿌려 그 육체를 정결하게 하여 거룩하게 하거든 하물며 영원하신 성령으로 말미암아 흠 없는 자기를 하나님께 드린 그리스도의 피가 어찌 너희 양심을 죽은 행실에서 깨끗하게 하고 살아 계신 하나님을 섬기게 하지 못하겠느냐

옛날 이스라엘 백성들이 하나님 앞에 나올 때 염소와 황소의 피로 제사를 드려 죄 사함을 받았으며, 송아지의 재를 부정한 자에게 뿌려 육체를 정결하게 했습니다(민 19:2-10). 이러한 것은 일시적으로 육체를 정결하게 하는 제사입니다. 이처럼 구약의 제사는 일시적인 속죄의 능력을 지니고 있었으므로 죄를 지을 때마다 짐승의 피를 흘려 제사를 드려야 했습니다. 그러나 이제 그러한 일시적인 제사는 필요 없게 되었습니다. 예수님께서 영원하신 성령으로 말미암아 흠 없는 자신의 피를 하나님께 드림으로 영원한 속죄가 이루어졌기 때문입니다.

성령님의 손에 들린 예수님의 피는 영원한 피입니다. 성령님께서 예수

그리스도의 피를 받아 영원한 그 피로써 하나님 앞에 제사를 드리신 것입니다. 예수님은 죄 없이 태어났고 죄 없이 자랐기 때문에 예수님의 피는 조금도 흠이 없습니다. 예수님의 피는 죄 없는 완전한 하나님, 완전한 사람이 흘린 피이므로 순식간에 우리의 죄를 없애 버리신 것입니다. 이 예수 그리스도의 피를 성령님께서 우리의 양심에 뿌려 주십니다.

"죽은 행실에서 깨끗하게 하고 살아 계신 하나님을 섬기게 하지 못하겠느냐". '죽은 행실' 이란 하나님을 모르고 인본주의로 사는 것을 말합니다. 예수님을 믿지 않은 사람들의 삶은 모두 죽은 행실입니다. 그러나 예수 그리스도의 피가 그 양심에 뿌려지면 그 양심이 살아나서 우리를 하나님께로 이끌어 갑니다. 예수님의 피가 우리 양심을 살려 내고 우리 양심으로 하여금 하나님을 섬기는 삶을 살도록 만드는 것입니다.

이스라엘 백성이 애굽에서 나올 때 문설주와 인방에 피가 뿌려진 곳은 하나님이 장자를 멸하지 않으셨습니다. 오늘날 성령께서는 우리가 예수님을 구주로 영접할 때 예수 그리스도의 영원한 속죄의 피를 가지고 오셔서 우리 마음의 인방에 발라 주십니다. 그 피로 인하여 우리가 점점 성결하게 되고 하나님을 섬기는 의로운 삶을 살 수 있게 되는 것입니다. 우리의 죽은 양심이 살아서 하나님을 찾고 섬기게 하는 것은 예수님의 보혈과 성령님의 역사입니다. 그러므로 우리는 항상 예수님의 보혈을 찬송하고, 예수님의 보혈을 감사하고, 예수님의 보혈을 의지해야 합니다. 또한 보혈을 통해 역사하시는 성령님을 인정하고 환영하고 모셔 들이고 의지해야 됩니다. 성령님을 의지하고 보혈을 의지해야 거룩하게 살고 하나님 앞에 나아가 섬길 수 있는 것입니다. 오직 믿음으로, 오직 성령으로 우리 모두는 천국에 들어갈 수 있습니다.

15절 이로 말미암아 그는 새 언약의 중보자시니 이는 첫 언약 때에 범한 죄에서 속량하려고 죽으사 부르심을 입은 자로 하여금 영원한 기업의 약속을 얻게 하려 하심이라

예수님께서는 갈보리 십자가에 달려 피를 흘려 죽으시고 영원한 속죄를 이루심으로 새 언약의 중보가 되셨습니다. 예수님께서 새 언약의 중보가 되신 것은 우리로 하여금 모든 죄를 용서받고 구원받아 하나님의 자녀로서 영원한 기업의 약속을 얻게 하기 위함이었습니다. '중보' 라는 것은 '보증이 되는 것' 을 말합니다. 예수님께서는 몸을 찢고 피를 흘려서 새 언약을 세워 놓고 이제 하나님 보좌 앞에서 그것을 의지하고 나오는 사람들을 보증해 주고 기도해 주시는 중보자가 되십니다.

중보자 예수님께서는 첫 언약, 즉 모세의 율법을 범한 죄를 자신의 피로써 속량하여 청산하시고 또한 우리를 하나님의 자녀로 부르심으로 영원한 약속의 기업을 얻게 하셨습니다. '기업' 은 부모로부터 상속받는 유산을 뜻합니다. 예수님은 우리에게 영원한 기업, 즉 우리가 영원히 누릴 터전인 새 하늘과 새 땅을 약속하셨습니다. 하나님의 부르심을 입은 우리 그리스도인들은 장차 주님께서 호령과 천사장의 소리와 하나님의 나팔로 친히 하늘로부터 강림하실 때에 변화된 몸으로 공중에 들림받아 공중 혼인 잔치에 참여한 뒤 새 하늘과 새 땅으로 들어갈 것입니다(고전 15:50-54; 살전 4:16-17).

모든 인생은 풀과 같고 그 모든 영광은 풀의 꽃과 같아서 풀은 시들고 꽃은 떨어지듯이, 우리에게 주어진 인생의 날도 길지 않습니다. 이렇게 잠시 있다 사라질 안개 같은 인생을 살 동안 우리가 하나님의 부르심을 받고 예수님을 믿음으로 영원한 기업의 언약을 받았으니, 이것이야말로

우리 삶에 큰 기쁨이요, 삶의 목적이요, 보람이 되는 것입니다. 그러므로 우리는 예수님 안에서 천국 소망을 가지고 기쁘게 살 수 있습니다.

3. 피와 언약(9:16-22)

16. 유언은 유언한 자가 죽어야 되나니 17. 유언은 그 사람이 죽은
후에야 유효한즉 유언한 자가 살아 있는 동안에는 효력이 없느니라
18. 이러므로 첫 언약도 피 없이 세운 것이 아니니 19. 모세가 율법
대로 모든 계명을 온 백성에게 말한 후에 송아지와 염소의 피 및 물
과 붉은 양털과 우슬초를 취하여 그 두루마리와 온 백성에게 뿌리며
20. 이르되 이는 하나님이 너희에게 명하신 언약의 피라 하고 21. 또
한 이와 같이 피를 장막과 섬기는 일에 쓰는 모든 그릇에 뿌렸느니라
22. 율법을 따라 거의 모든 물건이 피로써 정결하게 되나니 피 흘림
이 없은즉 사함이 없느니라

16-17절 유언은 유언한 자가 죽어야 되나니 유언은 그 사람이 죽은 후에야 유효한즉 유언한 자가 살아 있는 동안에는 효력이 없느니라

유언은 유언한 자가 죽어야 비로소 그 효력을 발생합니다. 유언자가

살아 있는 동안에는 필요에 따라 유언의 내용을 고칠 수 있으므로, 유언자가 죽은 후에야 유언이 법적으로 효력을 나타내게 되는 것입니다. 이와 같이 예수님께서 우리에게 구원의 약속을 주신 후 십자가에 달려 돌아가심으로 그의 모든 약속은 효력을 발생하게 되었습니다. 이제 예수님의 모든 약속은 그 누구도 수정할 수 없습니다. 예수님께서 죽으심으로 예수님의 유언은 영원히 변하지 않는 확실한 약속이 된 것입니다.

18절 이러므로 첫 언약도 피 없이 세운 것이 아니니

하나님께서는 시내 산에서 모세에게 십계명을 주시고 이스라엘 백성과 첫 언약을 맺으실 때에도 피의 언약을 세우셨습니다. 모세는 제단을 쌓은 다음 수송아지들을 잡아 번제를 드리고 그 피의 절반을 제단에 뿌렸습니다. 그다음 기록해 두었던 계약의 내용을 백성들에게 낭독하고, 백성들은 하나님께서 명하신 모든 말씀을 받들어 지키겠다고 서약했습니다.

언약을 성사시키기 위해서는 피와 제물을 필요로 합니다. 구약 시대의 제사장이 드리는 속죄의 제사가 그 효력을 나타낼 수 있었던 것은 희생 제물의 죽음이 있었기 때문입니다. 희생 제물이 죄를 대신 짊어지고 피 흘려 죽음으로 구속의 언약이 일시적으로나마 이루어진 것입니다. 이는 첫 언약이든, 새 언약이든 간에 그 효력이 나타나기 위해서는 반드시 죽음이 선행되어야 함을 시사합니다.

19-21절 모세가 율법대로 모든 계명을 온 백성에게 말한 후에 송아지와 염소의 피 및 물과 붉은 양털과 우슬초를 취하여 그 두루마리와 온 백성에게 뿌리며 이르되 이는 하나님이 너희에게 명

하신 언약의 피라 하고 또한 이와 같이 피를 장막과 섬기는 일에 쓰는 모든 그릇에 뿌렸느니라

모세는 율법의 모든 계명을 온 백성에게 말한 후, 이 율법이 절대 변하지 않는다는 증거로 짐승을 잡아 그 피를 율법책과 백성에게 뿌리며 "이는 야훼께서 이 모든 말씀에 대하여 너희와 세우신 언약의 피니라"(출 24:8)고 선포하였습니다. 또한 장막과 섬기는 일에 쓰는 모든 그릇에도 피를 뿌림으로 정결하게 했습니다. 이와 같이 구약 시대에는 죄뿐 아니라 무엇이든지 거룩하게 하려면 피를 뿌려야 했습니다. 피 흘림이 없이는 죄 사함이 없습니다. 이와 같이 첫 언약은 짐승의 피로써 그 언약이 결코 바뀔 수 없음을 확정한 것입니다.

신약 시대인 오늘날에는 예수 그리스도의 피 없이는 용서가 없습니다. 예수님께서는 "이것은 죄 사함을 얻게 하려고 많은 사람을 위하여 흘리는바 나의 피 곧 언약의 피니라"(마 26:28)고 하심으로 흠 없는 자신의 피로 새 언약을 세우셨습니다. 이 새 언약은 누구도 수정할 수 없는 가장 완전하고 또한 영원한 언약입니다. 그러므로 우리가 죄를 용서받으려면 예수 그리스도의 피를 믿어야 합니다. 우리는 예수님의 피로 죄 사함을 받고, 예수님의 피로 하나님과 화목되고, 예수님의 피로 병 고침을 받고 기쁨을 얻고, 예수님의 피로 저주에서 해방되고, 예수님의 피로 사망에서 건짐을 받았습니다. 이러므로 우리는 반드시 보혈을 의지하고 주님께 나아가야만 하는 것입니다.

22절 율법을 따라 거의 모든 물건이 피로써 정결하게 되나니 피 흘림이 없은즉 사함이 없느니라

죄의 삯은 사망입니다(롬 6:23). 따라서 죄를 사함받기 위해서는 반드시 누군가가 피 흘려 죽어야 합니다. 이에 대해 하나님께서는 "생명이 피에 있으므로 피가 죄를 속하느니라"(레 17:11)고 말씀하셨습니다. 이처럼 피 흘림이 없으면 죄 사함도 없기 때문에 죄를 사함받기 위해서는 반드시 속죄 제물이 피를 흘려야 하는 것입니다. 그런데 예수님께서 우리의 속죄 제물이 되어 자신의 피로써 하나님의 언약을 확증하심으로 우리의 모든 죄가 사함받게 된 것입니다.

4. 예수님과 영원한 속죄(9:23-28)

23. 그러므로 하늘에 있는 것들의 모형은 이런 것들로써 정결하게 할 필요가 있었으나 하늘에 있는 그것들은 이런 것들보다 더 좋은 제물로 할지니라 24. 그리스도께서는 참것의 그림자인 손으로 만든 성소에 들어가지 아니하시고 바로 그 하늘에 들어가사 이제 우리를 위하여 하나님 앞에 나타나시고 25. 대제사장이 해마다 다른 것의 피로써 성소에 들어가는 것같이 자주 자기를 드리려고 아니하실지니 26. 그리하면 그가 세상을 창조한 때부터 자주 고난을 받았어야 할 것이로되 이제 자기를 단번에 제물로 드려 죄를 없이 하시려고 세상 끝에 나타나셨느니라 27. 한번 죽는 것은 사람에게 정해진 것이요 그 후에는 심판이 있으리니 28. 이와 같이 그리스도도 많은 사람의 죄를

담당하시려고 단번에 드리신 바 되셨고 구원에 이르게 하기 위하여 죄와 상관없이 자기를 바라는 자들에게 두 번째 나타나시리라

23절 그러므로 하늘에 있는 것들의 모형은 이런 것들로써 정결하게 할 필요가 있었으나 하늘에 있는 그것들은 이런 것들보다 더 좋은 제물로 할지니라

'하늘에 있는 것들의 모형' 은 지상의 성소와 제사에 따르는 모든 도구들을 말합니다. 이는 모세가 시내 산에서 하나님의 계시를 받아 지은 성전으로, 하늘 성소의 모형입니다. 모형은 영원하지 않습니다. 모형은 일시적으로 보여 주기 위해 만든 것으로서 완전한 것이 올 때는 철폐될 것입니다. 그런데 이 하늘 성소의 모형은 짐승의 피로써 정결하게 할 필요가 있었습니다. 그러나 '하늘에 있는 것들' 은 더 좋은 제물로 정결하게 되어야 합니다. 그러므로 하나님의 아들 예수님께서 사람의 몸으로 오셔서 사람이 하늘 성소에 들어갈 수 있도록 하기 위하여 대신 형벌을 받아 희생 제물이 되셨습니다. 즉, 예수님은 더 나은 제사, 온전한 제사, 영원한 제사를 드리심으로 구원의 길을 열어 놓으신 것입니다. 따라서 '더 좋은 제물' 은 그리스도의 보혈을 가리킵니다. 우리를 정결하게 하는 것은 오직 예수 그리스도의 보혈밖에 없는 것입니다.

24절 그리스도께서는 참것의 그림자인 손으로 만든 성소에 들어가지 아니하시고 바로 그 하늘에 들어가사 이제 우리를 위하여 하나님 앞에 나타나시고

'참것의 그림자' 에서 '참것' 은 하늘의 성소를 가리키고, '그림자' 는 옛 계약에 따라 세워진 지상의 성소를 의미합니다. 그림자는 일시적으로 있다가 사라지는 것입니다. 그렇기 때문에 주님께서는 이 그림자에 제사 드리러 들어가지 않으셨습니다. 또한 예수님은 몸이고, 구약 시대의 성전은 예수님의 그림자입니다. 그런데 몸 되신 예수님이 오심으로써 그림자는 더 이상 필요가 없게 된 것입니다. 구약의 모든 제사 의식은 그림자에 불과했습니다. 그러나 몸 되신 예수님이 오셔서 십자가에서 참제사를 드리셨습니다. 예수님께서는 참성전인 하늘의 성소에 들어가셔서 아버지의 보좌 앞 속죄소 위에 당신의 피를 뿌려 우리들의 죄를 영원히 다 사해 버리신 것입니다. 하늘 성소의 대제사장이 되신 예수님께서는 이제 우리를 위하여 하나님 앞에 나타나셨습니다. 여기서 '하나님 앞에 나타나신다' 는 것은 하나님 앞에서 중보하신다는 말입니다. 예수님께서는 지금 하늘 성소의 하나님의 보좌 앞에서 우리를 위해 중보하고 계신 것입니다.

25절 대제사장이 해마다 다른 것의 피로써 성소에 들어가는 것같이 자주 자기를 드리려고 아니하실지니

구약 시대에는 대제사장이 매년 한 번씩 돌아오는 속죄일에 온 백성의 죄를 사함받기 위하여 짐승의 피를 가지고 지성소에 들어가 제사를 드렸습니다. 이러한 속죄의 효력은 일시적이어서 매년 반복되었습니다. 그러나 이제는 구약의 대제사장들처럼 해마다 제사를 드릴 필요가 없습니다. 예수님께서 자신의 피로 단번에 영원하고 완전한 속죄를 이루시고 구원을 주신 것입니다. 영원한 하나님이신 예수님께서 사람의 몸을 입고 오셨기 때문에 예수님이 행하신 것은 다 영원합니다. 예수님이 하신 말씀도 영원한 말씀이고, 예수님이 행하신 행동도 영원한 행동이고, 예수님의 가르치심도 다 영원합니다. 그리고 예수님이 드리는 제사도 영원한 제사입니다. '영원' 이라는 것은 무한한 과거와 무한한 미래를 연결해 놓은 것입니다. 예수님께서 영원한 제사를 드리셨으므로 이제는 해마다 새로운 제사를 하나님 앞에 나가서 드릴 필요가 없게 된 것입니다. 예수님은 모든 것의 완성이십니다. 그러므로 예수님께서 완전한 구원을 이루어 놓으셨기 때문에, 오늘날 우리가 할 일은 그 예수님을 믿는 것밖에 없습니다. 우리는 오직 믿음으로 말미암아 성령으로 살기만 하면 되는 것입니다.

26절 그리하면 그가 세상을 창조한 때부터 자주 고난을 받았어야 할 것이로되 이제 자기를 단번에 제물로 드려 죄를 없이 하시려고 세상 끝에 나타나셨느니라

만일 예수님의 피가 구약 시대 대제사장이 드리던 짐승의 피처럼 일시적인 효력밖에 없다면, 예수님은 창조 때부터 여러 번 죽임을 당하시고 부활하셔야 했을 것입니다. 그러나 예수 그리스도의 보혈은 영원한 효력을 가지고 있기 때문에 한 번 죽으심으로 충분합니다. 영원하신 하나님의 본체이신 예수님은 이 완전하고 영원한 속죄를 위해 이 세상에 오셔서 자신을 단번에 드리심으로 영원한 구원을 성취하신 것입니다.

옛날 구약 시대의 짐승의 제사는 죄를 없애는 것이 아니라 덮어 놓았을 뿐입니다. 짐승의 피는 죄를 완전히 없애지 못합니다. 단지 눈에 안 보이게 죄를 덮어 놓는 것입니다. 하지만 예수님의 피는 우리의 죄를 완전

히 씻어 버렸습니다. 따라서 "만일 우리가 우리 죄를 자백하면 그는 미쁘시고 의로우사 우리 죄를 사하시며 우리를 모든 불의에서 깨끗하게 하실 것"(요일 1:9)입니다. 그러므로 구원받은 우리는 매일 죄를 회개해야 합니다. 그 이유는 하나님은 법적으로 우리를 완전히 용서해 주셨지만 이제는 우리가 매일 죄를 회개함으로 성결하게 될 수 있기 때문입니다. 매일 우리의 행위를 하나님 앞에 고백하고 자복함으로 우리 자신이 점점 거룩해지고 성결해지는 것입니다. 우리는 하늘나라 백성으로 늘 말씀을 먹고 회개하여 점점 그리스도의 형상으로 자라나야 하겠습니다.

27절 한 번 죽는 것은 사람에게 정해진 것이요 그 후에는 심판이 있으리니

한 번 죽는 것은 정해진 사람에게 이치입니다. 아무도 죽음을 피할 수 없듯이, 하나님의 심판을 받지 않을 인생은 없습니다. 사람이 죽은 후에는 생전에 이 세상에서 행한 대로 심판을 받게 됩니다. 이때 예수님을 믿고 구원받은 사람은 그의 행위대로 상급을 받고 영원한 천국에서 기쁨 가운데 살게 됩니다. 그런데 성경에는 해와 달과 별들이 다 하늘에 있지만 해와 달과 별의 영광이 각각 다르며 별과 별의 영광도 다르다고 했습니다(고전 15:41). 이렇게 우리도 하늘나라에 올라간다고 해서 다 똑같은 영광을 누리는 것은 아닙니다. 우리가 하늘나라에 가서 상급 심판을 받게 될 때, 예수님께서 "너는 나를 믿고 무엇을 했느냐? 내가 너를 위하여 몸 바치고 피 흘려 너의 죄를 사해 주었는데 너는 날 위해 무엇을 했느냐?" 라고 물으실 것입니다. 그러므로 우리가 이 땅에 사는 동안 힘써 일해야 하는 것은 하늘 나라의 상급은 영원한 상급이기 때문입니다.

또한 예수님을 믿지 않아 구원을 받지 못한 사람들은 영원히 꺼지지 않는 불과 유황이 타오르는 지옥에 던져져 두 번째 죽음을 맛보게 됩니다. 그러므로 우리는 죽음 후에는 반드시 심판이 있다는 것을 알아야 합니다. 심판이 있다는 것은 자신의 삶에 대해 책임을 져야 한다는 것을 말합니다. 지금까지 살아온 모든 책임의 결과를 심판 날에는 종국적으로 본인이 걸머지게 된다는 것입니다. 하늘나라에 가서든, 지옥에 가서든 우리는 책임을 회피할 수 없습니다.

28절 이와 같이 그리스도도 많은 사람의 죄를 담당하시려고 단번에 드리신 바 되셨고 구원에 이르게 하기 위하여 죄와 상관없이 자기를 바라는 자들에게 두 번째 나타나시리라

본 절에서 온 인류라고 말하지 않고 '많은 사람' 이라고 말한 것은 세상 사람들이 모두 다 구원을 받지는 않는다는 것입니다. 하지만 하나님께 부르심을 받은 '많은 사람' 이 구원을 받습니다. 우리 믿는 자들은 인류 가운데 주님이 미리 아시고 택하사 부르신 많은 사람에 속하는 것입니다. 이 구원이 얼마나 귀하고 귀한 것인지 가슴 속 깊이 알아야 합니다. 이 구원을 등한히 하면 안 됩니다. 온 세상을 다 잃어버려도 구원은 잃어버리지 말아야 합니다. 세상 부귀영화는 순식간에 사라지지만 구원은 영원합니다. 구원은 주님이 우리에게 선물로 주신 것입니다. 주님이 아무 가치 없는 우리를 택하여 하나님의 자녀로 불러 주셨고, '많은 사람' 속에 우리가 포함될 수 있었습니다. 주님이 우리 죄를 사하시고 구원하사 천국 백성으로 만들어 주신 것입니다.

"구원에 이르게 하기 위하여 죄와 상관없이 자기를 바라는 자들에게

두 번째 나타나시리라”. 이제 주님이 다시 오실 때는 죄를 대속하기 위해서 오시는 것이 아니라 죄를 대속받고 구원받은 사람들을 천국으로 데려가기 위해서 오신다고 말씀하고 있습니다. 첫 번째는 주님께서 십자가를 걸머지기 위해서 오셨습니다. 그러나 두 번째는 주님이 만왕의 왕으로서 만주의 주로서 구원받은 우리들을 데리고 눈물과 근심과 탄식과 이별하는 것이나 곡하는 것이나 앓는 것이 없는 영원한 천국으로 데려가기 위해 오시는 것입니다. 그리하여 예수님께서 두 번째 나타나시는 날, 즉 재림하시는 날 죄와 상관없이 예수님을 기쁘게 맞이하게 될 것입니다. 우리는 예수님을 자신의 구주로 믿기만 하면 이러한 기쁨을 누릴 수 있습니다. 예수님께서 우리를 위하여 희생 제물이 되셔서 십자가에 달리심으로 영원한 속죄를 이루시고 영원한 하늘 나라의 기업을 허락하신 것을 믿음으로 받아들일 때, 우리는 이 모든 것을 소유하게 되는 것입니다.

제 10 장

하나님의 뜻과 새 언약

A COMMENTARY
ON THE EPISTLE TO THE
HEBREWS

구약 시대의 율법적 제사는 불완전하며 속죄의 효력이 한시적이어서 계속 반복해서 드려야 했습니다. 그러나 예수 그리스도께서 오셔서 이 불완전한 제사를 폐하시고 완전한 제사를 완성하셨습니다. 즉, 예수님께서 자신을 단번에 드리심으로 완전하고 영원한 대속을 이루신 것입니다.

십자가 위에서 피 흘려 죽으심으로 영원한 참제사를 드린 예수 그리스도로 말미암아 모든 사람에게 '새로운 살 길'이 열렸습니다. 누구든지 예수 그리스도를 믿고 그의 보혈을 힘입어 하나님 앞에 담대히 나아가면, 하나님 나라의 소망을 얻게 되는 것입니다. 그러므로 예수 그리스도 안에 있는 성도는 이 세상에서 다가오는 환난과 박해에 굴복하지 말고, 담대한 믿음으로 끝까지 인내하며, 소망의 도를 꽉 잡고 믿음의 전진을 하여야 합니다.

1. 율법은 장차 오는 좋은 일의 그림자(10:1-9)

1. 율법은 장차 올 좋은 일의 그림자일 뿐이요 참형상이 아니므로 해
마다 늘 드리는 같은 제사로는 나아오는 자들을 언제나 온전하게 할
수 없느니라 2. 그렇지 아니하면 섬기는 자들이 단번에 정결하게 되
어 다시 죄를 깨닫는 일이 없으리니 어찌 제사 드리는 일을 그치지 아
니하였으리요 3. 그러나 이 제사들에는 해마다 죄를 기억하게 하는
것이 있나니 4. 이는 황소와 염소의 피가 능히 죄를 없이 하지 못함
이라 5. 그러므로 주께서 세상에 임하실 때에 이르시되 하나님이 제
사와 예물을 원하지 아니하시고 오직 나를 위하여 한 몸을 예비하셨
도다 6. 번제와 속죄제는 기뻐하지 아니하시나니 7. 이에 내가 말하
기를 하나님이여 보시옵소서 두루마리 책에 나를 가리켜 기록된 것
과 같이 하나님의 뜻을 행하러 왔나이다 하셨느니라 8. 위에 말씀하
시기를 주께서는 제사와 예물과 번제와 속죄제는 원하지도 아니하고
기뻐하지도 아니하신다 하셨고 (이는 다 율법을 따라 드리는 것이라)
9. 그 후에 말씀하시기를 보시옵소서 내가 하나님의 뜻을 행하러 왔
나이다 하셨으니 그 첫째 것을 폐하심은 둘째 것을 세우려 하심이라

1절 **율법은 장차 올 좋은 일의 그림자일 뿐이요 참형상이 아니므로 해마다 늘 드리는 같은 제사로는 나아오는 자들을 언제나 온전하게 할 수 없느니라**

율법 곧 구약 성경은 장차 오실 예수 그리스도의 그림자였습니다. 율법은 원래 죄를 깨닫게 하기 위한 거울 역할을 했습니다. 하지만 그것들을 완전히 지킬 사람은 아무도 없었습니다. 따라서 사람들은 율법을 어길 때마다 짐승을 가지고 성전에 나와서 속죄 제사를 드렸습니다. 그러나 구약의 제사는 이스라엘 백성들을 온전하게 할 능력이 없었습니다. 그래서 날마다, 달마다, 해마다 제사를 드렸던 것입니다. 그들은 제사를 드릴 때마다 자신들이 죄인임을 새삼 깨달았습니다. 하나님께서는 율법에 의한 제사를 통하여, 이 세상 사람 중에 행위로 구원받을 사람이 아무도 없다는 것과, 영원한 속죄 제물로 오실 예수님의 피 흘림을 통해서만 완전한 속죄가 이루어질 수 있다는 진리를 그림자로써 보여 주셨던 것입니다.

구약 시대 동안 이스라엘 백성들은 율법에 의한 제사로 일시적이고 불완전한 속죄를 받았습니다. 그러나 그림자의 본체이신 예수 그리스도가 이 세상에 오셔서 완전한 속죄를 이루심으로 더 이상 율법에 의한 제사를 드릴 필요가 없게 되었습니다. 본 절의 '장차 올 좋은 일' 은 예수 그리스도께서 이 세상에 오셔서 십자가에 달리심으로 모든 인류의 죄를 단번에 영원히 사하시는 일, 곧 구원의 온전한 성취를 말합니다. 그림자에 해당하는 율법에 의한 속죄 제사는 일시적이고 불완전한 것으로 아무도 온전하게 할 수 없는 것이었습니다. 그러나 그림자의 본체인 예수님의 속죄 제사는 영원하고 완전한 효력을 발하여 지금도 우리 가운데서 죄 사함과 구원의 역사가 이루어지고 있는 것입니다.

2절 그렇지 아니하면 섬기는 자들이 단번에 정결하게 되어 다시 죄를 깨닫는 일이 없으리니 어찌 제사 드리는 일을 그치지 아니하였으리요

만일 구약의 제사에 죄를 완전히 사해 주는 효력이 있었다면 다시금 제사를 드릴 필요가 없었을 것입니다. 그러나 구약의 율법에 의한 제사 의식은 장차 올 좋은 일의 그림자에 불과했으므로 일시적으로 죄를 덮어 주기는 해도 죄를 없애지는 못하였습니다. 그러므로 구약 시대에는 매일 피의 제사를 드려야 했습니다.

3절 그러나 이 제사들에는 해마다 죄를 기억하게 하는 것이 있나니

대제사장이 백성들의 죄를 사하기 위하여 속죄 제물의 피를 가지고 지성소의 속죄소에 뿌리고 난 후 1년이 지나면, 이스라엘 백성들의 죄는 다시 태산같이 쌓였습니다. 그리하여 해마다 짐승을 잡아 제사를 드려야 했습니다. 이처럼 속죄 제사가 반복되었으므로 그들은 죄의 용서에 대한 확신이 없어 죄책감을 벗어 버릴 수 없었습니다. 그래서 늘 죗값을 받게 될까 불안해하며 살았습니다.

4절 이는 황소와 염소의 피가 능히 죄를 없이 하지 못함이라

해마다 속죄 제물로 드리는 짐승의 피로는 참된 속죄가 이루어지지 않았습니다. 이러한 동물의 피는 장차 예수님이 십자가 위에서 모든 인류를 위해 흘리실 보혈의 그림자요, 모형에 불과한 것으로, 죄를 완전히 제

거할 수 없었던 것입니다.

5절 그러므로 주께서 세상에 임하실 때에 이르시되 하나님이 제사와 예물을 원하지 아니하시고 오직 나를 위하여 한 몸을 예비하셨도다

본 절부터 7절까지의 말씀은 시편 40편 6절부터 8절까지의 말씀을 인용한 것으로, 다윗을 통하여 예언된 말씀입니다. 이 말씀은 성령께서 다윗의 입을 통하여 장차 예수님이 이 세상에 오셔서 우리를 위해 행하실 일을 예언한 것입니다.

여기서 '세상에 임하실 때에' 라는 것은 예수님께서 이 세상에 인간으로 와 계셨던 33년 간의 기간을 말합니다.

하나님께서는 구약 시대에 드리던 제사와 예물을 원하지 아니하셨습니다. 아무리 제사를 드리고 아무리 예물을 드려도 이것을 가지고는 사람을 구원할 수 없기 때문입니다. 그러므로 하나님께서는 하나님의 어린 양, 즉 예수 그리스도를 제물로 예비하셨습니다. 그 모든 제사와 예물을 완전하게 만드시고 그림자를 온전하게 만드시기 위해서, 예수님의 몸을 예비하신 것입니다.

6절 번제와 속죄제는 기뻐하지 아니하시나니

하나님께 헌신의 뜻으로 드리는 번제나 죄를 사함받기 위하여 드리는 속죄제나 그 밖의 다른 모든 제사들은 인간의 약함과 죄 때문에 만들어진 것입니다. 즉, 교훈을 주기 위해 예수님이 오실 때까지만 하나의 모형과 그림자로서 지켜 내려온 것입니다. 하나님은 이러한 불완전한 제사에 만

족하지 아니하셨습니다. 그렇기 때문에 창세전부터 예비해 놓으신 하나님의 어린양 예수 그리스도를 이 땅에 보내셔서 완전하고 영원한 참제사를 드리도록 하신 것입니다.

7절 이에 내가 말하기를 하나님이여 보시옵소서 두루마리 책에 나를 가리켜 기록된 것과 같이 하나님의 뜻을 행하러 왔나이다 하셨느니라

여기서 '두루마리 책'은 구약 성경 전체를 가리킵니다. 구약 성경에 예언된 바와 같이 예수님께서는 하나님의 뜻을 행하시기 위해 이 세상에 오셨습니다. 하나님의 뜻은 구약의 제사에 드려진 제물의 본체이신 그의 아들 예수 그리스도를 십자가에 달려 죽게 하시고 그의 핏값으로 인류를 마귀의 종살이에서 해방시켜 주는 것이었습니다. 예수님은 이 뜻을 이루기 위해 십자가에 달리시기 전날 밤 겟세마네 동산에서 다음과 같이 기도하셨습니다. "내 아버지여 만일 할 만하시거든 이 잔을 내게서 지나가게 하옵소서 그러나 나의 원대로 마시옵고 아버지의 원대로 하옵소서"(마 26:39). 예수님께서는 자신이 당하여야 할 십자가의 고난이 너무나 고통스러울 것이라는 사실을 잘 아셨습니다. 그럼에도 불구하고 예수님께서는 아버지의 뜻을 이루기 위해 묵묵히 순종하셨고 마침내 십자가에 달리셨던 것입니다.

8절 위에 말씀하시기를 주께서는 제사와 예물과 번제와 속죄제는 원하지도 아니하고 기뻐하지도 아니하신다 하셨고 (이는 다 율법을 따라 드리는 것이라)

본 절부터 9절까지의 말씀은 앞의 5절부터 7절까지에 인용된 말씀을 설명하는 것입니다. 하나님께서는 구약의 모든 제사와 예물을 원하지도 아니하시고 기뻐하지도 아니하신다고 하셨습니다. 구약의 모든 제사와 제사에 드려질 예물은 온전한 제물이 되실 예수님의 그림자입니다. 이와 같이 구약의 모든 것은 예수님의 그림자요, 모형이요, 상징일 뿐이었습니다. 또한 이스라엘 백성은 하나님 앞에 의와 신앙과 진실함 없이 오직 형식과 의식으로만 제사를 드렸습니다. 그 때문에 하나님께서는 이러한 제사와 예물을 원하지도 기뻐하지도 않으셨습니다. 따라서 시내 산에서 아론의 제사 직분을 통하여 주신 율법을 이스라엘 백성이 지키지 아니하고 그 약속 하에 있지 아니하므로, 하나님께서 이스라엘과 맺은 언약을 파기해 버리신 것입니다. 그리고 북방 이스라엘은 앗수르에, 남방 유다는 바벨론에 포로로 잡히게 하셨습니다.

9절 그 후에 말씀하시기를 보시옵소서 내가 하나님의 뜻을 행하러 왔나이다 하셨으니 그 첫째 것을 폐하심은 둘째 것을 세우려 하심이라

이스라엘 백성이 하나님의 뜻을 다 저버리고 거역했으므로 하나님께서는 구약의 모든 계명과 제사 의식을 원하지 않는다고 했습니다. 그러므로 예수님께서는 하나님께서 기뻐하시지 않는 첫째 것, 즉 구약의 율법을 폐하시고 둘째 것을 세우시기 위해 이 세상에 오셨습니다. 예수님은 둘째 것, 즉 신약을 세우시기 위해 이 세상에 오셔서 십자가에 달리신 것입니다. 그리하여 구약의 율법은 예수님 안에서 완성되어 다 철폐되어 버렸고, 이제는 하나님의 새로운 법, 곧 예수님을 믿는 자마다 멸망하지

않고 영생을 얻게 된다는 새 언약, 즉 신약이 세워지게 되었습니다(요 3:16). 예수 그리스도를 통한 새 언약은 오직 믿음과 성령으로 말미암아 맺은 언약입니다.

이러므로 우리가 오직 예수 그리스도를 믿고 예수님이 보내신 성령님을 인정하고 환영하고 모셔 들이고 의지하여 성령 충만하면, 십자가 위에서 흘리신 예수님의 보혈로 말미암아 일생의 죄를 용서받고, 성령의 인도하심을 따라 새로운 삶을 살게 되며, 하나님께서는 우리를 넉넉히 천국에 들어가게 만들어 주시는 것입니다. 예수님만이 길이요, 진리요, 생명이시며, 성령님만이 우리를 도와주는 보혜사가 되십니다.

2. 한 번의 제사로 영원히 온전하게 하신 예수님(10:10-18)

10. 이 뜻을 따라 예수 그리스도의 몸을 단번에 드리심으로 말미암아
우리가 거룩함을 얻었노라 11. 제사장마다 매일 서서 섬기며 자주
같은 제사를 드리되 이 제사는 언제나 죄를 없게 하지 못하거니와
12. 오직 그리스도는 죄를 위하여 한 영원한 제사를 드리시고 하나님
우편에 앉으사 13. 그 후에 자기 원수들을 자기 발등상이 되게 하실
때까지 기다리시나니 14. 그가 거룩하게 된 자들을 한 번의 제사로
영원히 온전하게 하셨느니라 15. 또한 성령이 우리에게 증언하시되

16. 주께서 이르시되 그날 후로는 그들과 맺을 언약이 이것이라 하시고 내 법을 그들의 마음에 두고 그들의 생각에 기록하리라 하신 후에 17. 또 그들의 죄와 그들의 불법을 내가 다시 기억하지 아니하리라 하셨으니 18. 이것들을 사하셨은즉 다시 죄를 위하여 제사 드릴 것이 없느니라

10절 이 뜻을 따라 예수 그리스도의 몸을 단번에 드리심으로 말미암아 우리가 거룩함을 얻었노라

예수님은 하나님의 뜻을 따라 육신을 입고 이 세상에 오셔서 그의 몸을 단번에 드리셨습니다. 예수님께서는 구약 시대에 행했던 것처럼 매일 새로운 제사를 드리거나 매년 새로운 제사를 드리지 않았습니다. 예수님은 영원한 하나님이 사람의 몸을 입고 오신 분이시기에 예수님이 하시는 모든 일은 영원합니다. 일시적인 것이 아닙니다. 예수님이 하시는 일은 어제나 오늘이나 영원토록 동일하신 것입니다. 그렇기 때문에 예수님이 단번에 자기를 드리심으로 말미암아 우리가 영원히 거룩함을 얻게 되었습니다.

'거룩함을 얻었노라.' 는 것은 세상에서 분리되어 하나님의 백성이 되었다는 말입니다. 예수 그리스도가 단번에 몸을 드림으로 예수님을 믿기만 하면 우리는 육체의 사람에서 신령한 사람으로 변화되는 것입니다. "누구든지 그리스도 안에 있으면 새로운 피조물이라 이전 것은 지나갔으니 보라 새 것이 되었도다"(고후 5:17).

육체의 사람이란 영이 죽은 사람으로 육신의 정욕과 안목의 정욕과 이생의 자랑을 따라서 사는 사람을 말합니다. 그러므로 우리들은 영이 살

았기 때문에 하나님 말씀을 듣고 "아멘", "할렐루야" 하면서 박수치고 찬송하고 통성 기도하며 교회에 나오는 것입니다. 하지만 육체의 사람은 그렇지 않습니다. 왜냐하면 영이 죽은 사람은 영의 세계에 대해서는 전혀 반응을 하지 않기 때문입니다. 그러나 예수님을 믿는 우리들은 예수 그리스도를 믿음으로 말미암아 죄에서 용서함을 받고 성령님에 의해 영혼이 살아나게 되므로 영적인 반응을 일으키는 것입니다. 그러므로 우리들은 이제 육체의 사람이 아닌 신령한 사람입니다. 하나님은 이 신령한 사람을 위해서 모든 것을 예비해 주십니다.

또한 신령한 사람은 이기고 다스리는 사람입니다. 육체의 사람은 언제나 마귀의 지배를 받습니다. 그러나 육체의 사람이 예수님을 믿고 신령한 사람이 되면 마귀가 우리를 감당하지 못합니다. 성경은 "내가 너희에게 뱀과 전갈을 밟으며 원수의 모든 능력을 제어할 권능을 주었으니 너희를 해칠 자가 결코 없으리라"(눅 10:19), "마귀를 대적하라 그리하면 너희를 피하리라"(약 4:7)고 말씀하고 있습니다. 우리는 신령한 사람이므로 예수님 이름으로 마귀를 쫓아낼 수 있는 것입니다. 이렇게 신령한 사람은 운명과 환경을 지배합니다.

아담과 하와가 하나님을 알고 영이 살아 있을 동안에는 공중의 새와 땅에 기는 짐승과 물고기들을 모두 정복하고 다스렸습니다. 하지만 그들이 하나님을 버리고 영이 죽어서 육체의 사람이 되자 그들은 노예가 되었습니다. 그들은 죄의 노예, 미움의 노예, 질병의 노예, 슬픔의 노예, 저주와 가난의 노예, 죽음과 멸망의 노예가 된 것입니다.

그러나 이제 우리들은 신령한 사람이 되었으므로 십자가를 통하여 정복하고 다스리며 이기고 승리하는 삶을 살 수있습니다. 이스라엘 백성을 보십시오. 가나안 땅에 들어가려고 할 때, 처음 나온 백성들은 가나안 땅을 침노하여 빼앗으라고 하니까 겁을 내서 "거기에 있는 사람들이 너무나 강하기 때문에 우리는 침노도 못하고 빼앗지도 못한다."며 뒤로 물러섰습니다. 하나님이 가나안 땅을 주셨는데도 매몰차게 침노해 들어가서 빼앗지 못하고 그들은 결국 광야에서 다 죽게 되었습니다. 그러나 여호수아와 갈렙은 "그 땅 백성을 두려워하지 말라 그들은 우리의 먹이라 그들의 보호자는 그들에게서 떠났다. 우리가 들어가서 점령할 수 있다."고 믿음의 고백을 했습니다(민 14:9). 하나님은 침노하고 빼앗으려는 여호수아와 갈렙을 살려 주셔서 그들이 후손들을 데리고 가나안 땅에 들어가게 만들어 주신 것입니다. 우리도 마찬가지입니다. "침례 요한의 때부터 지금까지 천국은 침노를 당하나니 침노하는 자는 빼앗느니라"(마 11:12). 우리는 신령한 사람으로 이제는 종이 아니라 다스리는 자이기 때문에 기도와 믿음으로 침노하고 정복해야 되는 것입니다. 신령한 사람은 죄를 이기고, 미움을 이기고, 병을 이기고, 슬픔을 이기고, 저주를 이기고, 종국에는 사망과 지옥을 이깁니다. 그러므로 예수님을 믿고 성령을 받은 우리는 승리자요, 다스리는 자요, 이기는 자요, 영혼이 잘됨같이 범사에 잘되며 강건한 자요, 남에게 꾸어 줄지라도 꾸지 않는 자입니다. 이렇게 우리는 예수 그리스도를 믿음으로 말미암아 신령한 사람이 된 것입니다.

11절 제사장마다 매일 서서 섬기며 자주 같은 제사를 드리되 이 제사는 언제나 죄를 없게 하지 못하거니와

구약 시대에 제사장들은 매일같이 성소에 나와 서서 하나님을 섬겼습

니다. 죄를 지을 때마다 같은 제사를 드렸으며 또한 매년 이스라엘 백성을 위한 속죄 제사를 드렸습니다. 이처럼 제사장들의 제사 직무는 날마다 끝없이 계속되고 반복되었습니다. 그러나 이러한 구약의 제사는 일시적으로 죄를 덮어 주었을 뿐이고, 영원히 죄를 없애지는 못했습니다.

12절 오직 그리스도는 죄를 위하여 한 영원한 제사를 드리시고 하나님 우편에 앉으사

예수 그리스도는 우리의 죄를 사하기 위하여 한 번의 영원한 제사를 드리셨습니다. 영원이란 무한한 과거와 무한한 미래를 연결한 것입니다. 그러므로 영원하다는 것은 무한한 과거도 그대로 포함하고 있고 무한한 미래도 그대로 포함하고 있다는 뜻으로, 시간의 흐름을 초월하는 것입니다. 그런데 예수님은 단 한 번으로 영원한 제사를 드리셨습니다. 그러므로 예수님의 제사는 시간을 초월한 제사입니다. 예수님은 단 한 번의 제사로 과거와 현재와 미래의 모든 죄를 다 청산하시고 하나님 보좌 우편에 앉으셨습니다. 여기서 '앉으사' 라고 하는 것은 일을 완성했다는 것을 의미합니다. 즉, 우리의 속죄를 다 완성하셨다는 뜻입니다. 이제는 더 이상 제사를 드릴 것이 없습니다. 이제는 더 이상 보혈을 흘릴 필요가 없습니다. 주님께서 다 이루셨기 때문입니다.

구약 시대의 제사장들은 일시적인 불완전한 제사를 드렸기 때문에 항상 서서 제사를 드렸습니다. 그러나 예수님은 단번에 완전한 제사를 드리셨으므로 이제는 하나님의 보좌 우편에 앉으셔서 우리를 돌보고 계신 것입니다.

13절 그 후에 자기 원수들을 자기 발등상이 되게 하실 때까지 기다리시나니

여기서 '자기 원수들' 은 마귀를 가리킵니다. 장차 심판 날이 이르러 마귀의 모든 세력은 예수님의 발 아래 완전히 굴복하게 될 것입니다. 그때까지 주님은 이미 승리자로서 아버지 보좌 우편에 앉아 계십니다. 때가 이르러 마귀와 사망이 영원히 철폐될 마지막 날, 예수님께서는 만왕의 왕, 만주의 주로서 재림하실 것입니다. 예수님은 그때까지 기다리고 계십니다. 그리고 지금은 그때가 심히 가깝습니다. 그러므로 우리는 깨어 경성하고 더욱 더 믿음을 굳건히 해야 하는 것입니다.

14절 그가 거룩하게 된 자들을 한 번의 제사로 영원히 온전하게 하셨느니라

예수님은 친히 제물이 되셔서 십자가에 달려 돌아가심으로 단번에 인류의 모든 죄를 영원히 사하셨습니다. 그리하여 거룩하게 된 자, 즉 예수 그리스도를 구주로 영접한 자들을 영원히 온전하게 하셨습니다. 우리는 이 땅에서 시간적인 제한을 받고 살아가고 있지만 신앙적으로는 이미 영원 속에 살고 있습니다. 영원히 용서받고, 영원히 의롭게 되고, 영원히 온전하게 되어 언제 이 땅을 떠나더라도 우리는 조금도 두려워할 것 없이 하나님 앞에 나아갈 수 있게 되었습니다. 1년만 죄 용서함을 받은 것이 아닙니다. 예수님께서는 우리를 영원히 용서받은 의로운 사람으로 만드신 것입니다.

의롭게 된다는 것이 무엇입니까? 예수님을 믿고 의롭게 된다는 것은 하나님처럼 의롭게 되었다는 것입니다. 평생에 죄를 한 번도 안 지었다

는 것입니다. 하나님 앞에 설 때 흠도 없고 점도 없고 조금도 부끄러움이 없다는 것입니다. 또한 의란 원수 마귀가 와서 아무리 살펴보아도 참소할 것이 없는 것입니다. 이러한 의인이 되는 것은 사람의 힘이나 행위로는 도저히 불가능합니다. 그러나 예수님께서 우리를 법적으로 의롭게 만들어 주신 것입니다. 따라서 이제는 누구든지 예수님을 믿기만 하면 죄 사함을 받고 구원을 받게 됩니다.

이렇게 구원받아 의롭게 된 사람은 성령님께서 그 마음을 주장하시기 때문에 전과 같이 함부로 죄를 짓고 살 수 없습니다. 고기가 물 밖에 나오면 살 수 없어 팔딱팔딱 뛰듯이, 예수님을 믿는 사람도 죄를 지으면 괴로워서 견딜 수 없습니다. 나는 오랄 로버트 목사님의 저서에서 다음과 같은 이야기를 읽은 적이 있습니다.

하루는 오랄 로버트 목사님에게 전화가 왔습니다. 수화기를 드니까 저편에서 마구 흐느껴 우는 소리가 들려 왔습니다. 목사님이 "누구십니까?" 하고 물으니, 그는 울면서 다음과 같은 이야기를 했습니다. "저는 지금 죽어 가고 있습니다. 저는 교회 목사입니다. 저는 목회를 하다가 그만 어떤 여자의 유혹을 받아 교회를 사임하고 처자를 버리고 그 여자와 달아나서 일주일간을 살았는데 이제 영 죽게 되었습니다. 내 영혼이 지옥 불 가운데서 타고 있는 것만 같고, 기도도 찬송도 할 수 없으며, 성경도 읽을 수가 없습니다. 지금 지옥에서 살고 있는 것만 같아 괴로워서 견딜 수가 없습니다. 목사님, 저 좀 살려 주십시오." 오랄 로버트 목사님은 이 딱한 사정을 듣고 예수님께 회개하도록 기도해 주었습니다. 그러자 그 사람은 통회 자복하고 주님 앞에 돌아왔습니다. 그는 다시 처자에게로 돌아왔으며, 주님 앞에서 새사람이 되었습니다.

이와 같이 성령님께서 그 마음에 거하시면, 죄를 짓더라도 주님 앞에 회개하고 돌아오게 됩니다. 예수님을 믿는 사람이라고 해서 죄를 안 지을 수는 없습니다. 그러나 죄를 지을 때마다 성령님께서 책망하시므로 그는 회개하고 또 회개하게 되는 것입니다. 이렇게 회개를 거듭할 때 성령님의 역사로 말미암아 신앙이 성장하게 됩니다. 그리하여 점차 죄를 멀리하게 되고 날마다 주님의 은혜 가운데로 더 깊이 들어가게 되는 것입니다.

15-17절 또한 성령이 우리에게 증언하시되 주께서 이르시되 그날 후로는 그들과 맺을 언약이 이것이라 하시고 내 법을 그들의 마음에 두고 그들의 생각에 기록하리라 하신 후에 또 그들의 죄와 그들의 불법을 내가 다시 기억하지 아니하리라 하셨으니

이 말씀은 성령님께서 선지자 예레미야를 통하여 예언하신 말씀입니다(렘 31:33-34). 성령님께서는 이 예언의 말씀을 통하여 예수님께서 세우신 새 언약에 관하여 증거하셨습니다. 하나님의 진리는 인간의 지혜와 지식으로는 깨닫지 못합니다. 오직 3차원이 아닌 4차원에서 오신 성령님께서 우리를 깨닫게 하시는 것입니다.

여기서 '그날 후'는 예수님께서 십자가 위에서 하나님의 뜻을 다 이루신 이후를 가리킵니다. 그날 후에 하나님께서는 그의 법을 우리의 믿음, 즉 마음과 생각에 두셨습니다. 구약 시대에는 "너희는 내 규례와 법도를 지키라 사람이 이를 행하면 그로 말미암아 살리라"(레 18:5)고 하심으로 행위의 법을 주셨습니다. 그러나 신약 시대에는 "오직 의인은 믿음으로 말미암아 살리라"(롬 1:17)고 하심으로 믿음의 법을 주신 것입니다. 이 믿

음의 법은 마음에 주십니다. 우리가 마음으로 믿고, 성령님께서도 우리 마음에 오시므로, 하나님께서 '그날 후' 에는 하나님의 언약의 법을 우리들의 마음에 두고 우리들의 생각에 두시는 것입니다. 그러므로 우리는 마음과 생각을 지켜야 합니다. 이제는 옛날처럼 짐승을 잡아 피를 흘려서 뿌리는 의식은 행하지 않습니다. 구약 시대에는 제사 의식에 참여하는 것을 통해 자신의 죄를 생각나게 하였지만 신약 시대에는 예수님을 마음으로 믿어 죄의 문제를 해결 받게 되었습니다. 이제는 하나님의 법이 우리 마음에 있고, 하나님의 법이 우리 생각에 있습니다. 그러므로 하나님의 말씀을 잘 듣고 가르침을 잘 받아야 마음과 생각을 올바르게 할 수 있습니다. '오직 믿음으로, 오직 성령으로' , 이것이 새로운 언약입니다. 우리의 마음과 생각에 하나님의 법을 기록하는 것은 예수님을 믿는 믿음과 성령님의 역사인 것입니다. 이제 우리는 예수 그리스도를 믿음으로 말미암아, 법적으로 당당한 하나님의 아들이 되었으며 영생과 영원한 구원을 얻었습니다.

또한 하나님께서는 우리에게 새 언약, 즉 믿음의 법을 세우셨을 뿐만 아니라 우리의 죄와 불법을 다시 기억하지 않으십니다. 성경은 "그리스도 예수 안에 있는 자에게는 결코 정죄함이 없나니"(롬 8:1)라고 말씀하고 있습니다. 그러므로 우리가 동일한 죄에 대해서 죄책감에 사로잡혀서 자꾸 들추고 회개하는 것은 올바른 자세가 아닙니다. 그것은 마귀가 우리를 정죄하고 우리에게 고통을 주기 위해 자꾸 옛날 죄를 기억나게 하는 것입니다. "만일 우리가 우리 죄를 자백하면 그는 미쁘시고 의로우사 우리 죄를 사하시며 우리를 모든 불의에서 깨끗하게 하실 것이요"(요일 1:9). 이와 같이 하나님께서는 그리스도 예수 안에서 우리를 영원히 용서

하셨기 때문에 "그들의 죄와 그들의 불법을 내가 다시 기억하지 아니하리라." 고 하신 것입니다. 그러므로 우리는 이 놀라운 은혜에 늘 감사하며 믿음의 진보를 보여 하나님의 기쁨이 되어야겠습니다.

18절 이것들을 사하셨은즉 다시 죄를 위하여 제사 드릴 것이 없느니라

예수님의 완전한 대속의 죽음으로 하나님께서 우리의 모든 죄를 영원히 사하셨으므로 이제는 제사를 드릴 필요가 없습니다. 한 번 구원받은 것은 영원히 구원받은 것입니다. 한 번 믿음으로 의롭다 함 받은 것은 영원히 의롭다 함을 받은 것입니다. 이제는 의롭다 함을 받은 우리가 성결하게 되었습니다. 그러므로 우리는 구원의 기쁨을 노래하며 하나님 앞에 담대히 나아갈 수 있게 된 것입니다.

3. 우리의 각오(10:19-25)

19. 그러므로 형제들아 우리가 예수의 피를 힘입어 성소에 들어갈 담
력을 얻었나니 20. 그 길은 우리를 위하여 휘장 가운데로 열어 놓으
신 새로운 살 길이요 휘장은 곧 그의 육체니라 21. 또 하나님의 집 다
스리는 큰 제사장이 계시매 22. 우리가 마음에 뿌림을 받아 악한 양
심으로부터 벗어나고 몸은 맑은 물로 씻음을 받았으니 참마음과 온
전한 믿음으로 하나님께 나아가자 23. 또 약속하신 이는 미쁘시니
우리가 믿는 도리의 소망을 움직이지 말며 굳게 잡고 24. 서로 돌아

보아 사랑과 선행을 격려하며 25. 모이기를 폐하는 어떤 사람들의 습관과 같이 하지 말고 오직 권하여 그날이 가까움을 볼수록 더욱 그리하자

19절 그러므로 형제들아 우리가 예수의 피를 힘입어 성소에 들어갈 담력을 얻었나니

첫 사람 아담의 범죄 이후 하나님과 사람 사이를 가로막고 있던 죄의 담이 예수님으로 인해 무너졌습니다(엡 2:14). 우리는 예수님의 피를 힘입어 제사장이 아니면 들어갈 수 없던 성소를 자유로이 출입할 수 있는 자격을 얻게 된 것입니다. 여기에서 '성소'는 하나님이 계신 지성소를 의미합니다. 지성소는 무서운 곳이었습니다. 아론의 아들 나답과 아비후가 자신들의 향로에 하나님이 명령하지 않으신 다른 불을 피워 들어갔다가 벌을 받아 죽은 곳입니다(레 10:1-2). 대제사장들도 지성소에 오래 있지 않았습니다. 그러므로 감히 우리의 힘을 의지해서는 하나님이 거하시는 곳에 들어갈 수 없습니다.

하지만 하나님이신 예수님이 사람이 되어 오셔서 우리를 위해 영원한 제사를 드리셨습니다. 예수님이 흘리신 피로 우리를 영원히 온전하게 해 주셨으므로, 우리는 예수님의 피를 힘입어 담력을 얻고 두려움 없이 하나님의 성소로 들어갈 수 있게 된 것입니다. 따라서 우리가 주의 이름으로 기도할 때는 우리의 영이 하나님의 성소에 들어가서 하나님 앞에 기도하는 것입니다. 결국 예수 그리스도의 피를 의지해서 하나님의 성소에 들어가 하나님 보좌 앞에서 기도드릴 수 있게 된 것입니다.

피 흘림 없이는 성소에 들어갈 수 없습니다. 구약 시대 지상에 있는 하

늘의 모형인 유대인의 성소에도 수많은 짐승을 잡아 피를 강물같이 흘리고 그 피를 통해서만 들어가서 예배를 드릴 수 있었습니다. 그러나 이제 하나님께서는 짐승의 피로 우리의 죄를 덮지 아니하시고 하나님의 아들 예수님의 피로써 한 영원한 제사를 드리심으로, 영원히 우리 죄를 용서하시고 기억도 하지 않게 해 주셨습니다. 예수님을 믿으면 우리의 일생에 한 번도 죄를 짓지 않은 것처럼 우리를 의롭게 해 주시는 것입니다. 그러므로 그 피를 의지하고 우리가 주님 성소에 담대하게 들어갈 수 있습니다. 예수님의 보혈은 인류의 모든 죄를 사하고 하나님과 우리를 화목하게 하였습니다. 더 이상 마귀의 종이 아니라 이제는 하나님을 아빠 아버지라 부르는 놀라운 지위에 있게 된 것입니다. 그러므로 우리는 못나고 연약하고 부족함에도 불구하고 예수 그리스도께서 흘리신 보혈로 말미암아 담력을 얻어 하나님 앞에 담대히 나아가서 그의 예비하신 복을 받아 누릴 수 있는 것입니다.

20절 그 길은 우리를 위하여 휘장 가운데로 열어 놓으신 새로운 살 길이요 휘장은 곧 그의 육체니라

구약 시대 성막은 성소와 지성소로 나뉘어 있으며 그 사이에 휘장을 쳐 놓았습니다. 성소와 지성소를 가로막은 휘장은 예수 그리스도의 몸을 상징합니다. 예수님께서 "다 이루었다."고 소리 지르시고 운명하시는 순간 성전의 휘장이 위에서부터 아래까지 쫙 찢어졌습니다(마 27:50-51). 그 휘장은 황소 두 마리를 양쪽에 묶어서 잡아당겨도 찢어지지 않을 만큼 두껍게 손으로 짠 천입니다. 이 두꺼운 휘장이 위에서부터 아래로 두 조각으로 완전히 찢어짐으로 인해, 구약 시대에는 1년에 한 번 대제사장 이외

에 누구도 들어갈 수 없었던 지성소가 모든 사람 앞에 활짝 열렸습니다. 이것은 우리가 예수님을 통해 하나님 앞에 직접 들어갈 수 있는 은총을 얻었다는 사실을 상징적으로 보여 줍니다. 예수님께서는 우리를 위하여 휘장 가운데로 길을 열어 놓으셨습니다. 그러므로 예수님의 찢어진 몸과 흘리신 피를 의지하여 우리는 하나님 앞에 들어갈 수 있게 되었습니다. 이것을 기억하기 위해 우리는 성찬에 참여합니다. 예수 그리스도의 깨어진 몸을 먹고 흘리신 피를 마시는 성찬은, 우리가 예수 그리스도의 몸과 피를 통해 하나님 앞에 나아간다는 것을 확증하는 것입니다.

예수님께서 열어 놓으신 새로운 살 길은 생명의 길이요, 은혜의 길입니다. 이 길은 바로 예수 그리스도입니다. 이 길을 통하여 하나님 앞에 나아갈 때, 성령께서 우리의 마음과 생활 속에 기쁨과 평안으로 넘치게 하십니다.

21절 또 하나님의 집 다스리는 큰 제사장이 계시매

여기서 '하나님의 집' 은 교회를 말합니다. 예수님께서는 교회의 머리가 되사 모든 교회를 다스리십니다. 뿐만 아니라 하나님의 보좌 우편에서 대제사장으로서 우리를 위해 하나님께 기도드려 주시고, 하나님을 대변하여 우리에게 은총을 내려 주십니다.

제사장이란 어머니 역할입니다. 그러므로 예수님은 어머니와 같이 자녀들을 대표해서 아버지에게 말하고 아버지를 대표해서 자녀들에게 모든 지시를 내려 주는 것입니다. 이러한 역할을 예수님께서 해 주시기 때문에 우리는 담대하게 하나님 아버지 집에서 살고 하나님 아버지께 나아갈 수 있습니다. 어머니는 고생하고 수고하여 자녀를 낳았기 때문에 그 누구보다도 자녀에 대한 사랑이 깊습니다. 고통이 깊으면 깊을수록, 기쁨도 깊고, 애정도 깊은 것입니다. 그러므로 예수 그리스도는 어머니와 같습니다. 예수님께서 "네가 하나님의 아들이면 십자가에서 내려오라."는 사람들의 조롱과 야유에도 십자가에서 내려오지 아니하고 우리를 위해 몸을 찢고 피를 흘리신 것은, 자식을 살리기 위한 어머니의 사랑을 가지셨기 때문이었습니다. 그러므로 그리스도의 사랑의 높이와 깊이는 측량할 수 없습니다. 그런 큰 사랑으로 우리를 사랑하사 예수님이 우리를 구원해 주시고 이제 하나님의 보좌 우편에 앉아서 하나님의 집을 다스리는 대제사장으로서 우리를 돌보아 주시는 것입니다. 주님은 우리를 고아와 같이 버려두지 않으시고 성령님으로 지금도 우리 가운데 와 계시는 것입니다.

22절 우리가 마음에 뿌림을 받아 악한 양심으로부터 벗어나고 몸은 맑은 물로 씻음을 받았으니 참마음과 온전한 믿음으로 하나님께 나아가자

구약 시대의 대제사장들은 성막과 기구들과 백성들에게 희생 제물의 피를 뿌려 정결하게 했습니다. 이와 마찬가지로 예수님께서는 우리의 마음에 예수님의 보혈을 뿌려 우리의 심신을 정결하게 해 주십니다. 그러므로 우리는 깨끗한 몸과 마음으로 온전한 믿음을 가지고 하나님께 담대히 나아갈 수 있는 것입니다.

이렇게 예수님의 피와 그 찢어진 살을 통해 하나님 앞에 나아갈 수 있고 또 예수님께서 우리의 제사장으로서 우리를 돌보아 주시므로, 우리가 할 일은 회개하는 것입니다. 예수님을 구주로 영접한 사람도 마음이 항

상 죄악으로 더러워지기 때문에 양심에 악이 깨달아질 때마다 회개해서 우리 주님께로부터 정결함을 받고 변화를 받아야 하는 것입니다. 회개하면 변화를 받습니다. 왜냐하면 우리가 회개할 때 하나님의 성령께서 들어와서 역사하시기 때문입니다. 마귀는 어찌하든지 회개하지 말라고 합니다. 하지만 하나님은 마음이 상하고 회개하는 자를 귀하게 여기시는 것입니다.

"몸은 맑은 물로 씻음을 받았으니"라는 것은 물로 침례를 받아 옛사람은 죽고 새사람으로 태어났다는 의미입니다. 그러므로 예수님을 믿는 사람들은 꼭 침례를 받아야 합니다. 침례를 받지 않는다고 구원을 못 받는 것은 아니지만 침례 받는 것은 '새사람으로 태어났다' 라는 것을 하나님 앞에 선포하는 것입니다. 이렇게 우리의 마음은 죄를 회개함으로 씻고, 우리의 몸은 물로 침례를 받아 정결함을 받아야 하는 것입니다.

23절 또 약속하신 이는 미쁘시니 우리가 믿는 도리의 소망을 움식이지 말며 굳게 잡고

"약속하신 이는 미쁘시니". '미쁘다' 는 성실하고 변하지 않는다는 말입니다. 이와 같이 하나님의 약속은 한결같이 변하지 않습니다, 그러므로 우리는 믿는 도리의 소망을 움직이지 말고 굳게 붙잡아야 합니다.

여기서 '믿는 도리' 는 앞서 3장 1절에서 살펴본 바와 같이 헬라어로 '호몰로기아'(ὁμολογία)이며, '믿는 바를 입으로 고백하는 것' 을 말합니다. 하나님의 약속과 입술의 고백이란 대단히 중요합니다. 우리가 하나님의 약속을 마음으로만 믿어서는 안 됩니다. 그것을 입술로 강하게 고백을 해야 하는 것입니다. 로마서 10장 10절에 "사람이 마음으로 믿어

의에 이르고 입으로 시인하여 구원에 이르느니라"고 했습니다. 우리는 하나님의 약속을 마음에 믿고 입으로 시인해야 구원을 얻습니다. 하나님의 약속과 입술의 고백은 언제나 같이 갑니다. 하나님의 말씀은, 저 하늘이 무너지고 이 땅이 꺼져도, 일점일획도 변하지 않습니다. 그 약속의 말씀을 우리가 믿었으면 입술로써 그 소망을 고백해야 되는 것입니다.

오늘날 많은 사람들의 신앙이 희미하고 하나님의 능력이 나타나지 않는 이유는 입술로써 자꾸 부정하기 때문입니다. 입술로써 하나님의 은혜의 약속을 고백하지 아니하고 입술로써 자꾸만 부정적으로 말합니다. 우리는 그리스도의 진리의 말씀에 굳세게 서서 주의 말씀을 입술로 고백하는 우리가 되어야겠습니다. "나는 예수 그리스도의 보혈로 말미암아 용서받은 의인이 되었습니다. 나는 그리스도와 화목하고 성령을 받았습니다. 그가 채찍에 맞음으로 나는 나았고 주님으로 말미암아 기쁨을 얻었습니다. 예수님으로 말미암아 나는 가난과 저주에서 해방되고 아브라함의 복을 받고 형통하게 되었습니다. 나는 예수님으로 말미암아 사망과 음부에서 구원받고 천국과 영생을 얻었습니다. 나는 영혼이 잘됨같이 범사에 잘되며 강건하고 생명을 얻되 넘치게 얻습니다. 나는 남에게 꾸어줄지라도 꾸지 않습니다."라고 입으로 고백하고, 그 고백하는 소망을 굳게 잡아야 합니다.

이 소망은 우리의 영의 양식이 됩니다. 성경은 "사람은 입에서 나오는 열매로 말미암아 배부르게 되나니 곧 그의 입술에서 나는 것으로 말미암아 만족하게 되느니라"(잠 18:20)고 말씀합니다. 우리는 하나님의 도우심이 필요한 때일수록 믿음을 입으로 시인하고 고백해야 합니다. 우리에게 약속하신 하나님은 어떠한 일이 있어도 변함이 없고 성실한 분이시기 때문입니다.

24-25절 서로 돌아보아 사랑과 선행을 격려하며 모이기를 폐하는 어떤 사람들의 습관과 같이 하지 말고 오직 권하여 그날이 가까움을 볼수록 더욱 그리하자

우리는 서로 돌아보아 사랑과 선행을 격려해야 합니다. 예수님을 믿는 사람들이 이기주의적이고 자기 중심적인 신앙생활을 하면 결국엔 부패하여 그 속에 모든 선행이 죽어 버리고 맙니다. 우리는 하나님께 대한 온전한 믿음과 주님 안에서 마음에 품은 소망을 갖고 나아가 그리스도의 사랑과 선행을 삶 가운데 실천하여야 합니다. 하나님께 사랑을 받았으면 다른 사람에게 그 사랑을 베풀어야 하는 것입니다. 하나님께 은혜를 받았으면 다른 사람에게 은혜를 베풀어야 합니다. 하나님께 축복을 받았으면 다른 사람에게 축복을 나누어 주어야 하는 것입니다. 누가복음 6장 38절에 "주라 그리하면 너희에게 줄 것이니 곧 후히 되어 누르고 흔들어 넘치도록 하여 너희에게 안겨 주리라" 고 하였습니다. 주는 사람은 계속 복을 받고 살지만, 움켜쥐는 사람은 계속 가난하게 살고 어렵게 살게 되어 있습니다.

그러므로 우리가 하나님 사업에도 성령이 감동하는 대로 풍성히 드리고 또 이웃에게 사랑을 베풀면, 하나님께서 그 사람에게는 더 큰 사랑을 부어 주시고 더 큰 선행을 부어 주시는 것입니다. 심고 거두는 법칙이 바로 그것입니다. 사랑을 심으면 30배, 60배, 100배의 사랑을 거두게 되고, 선행을 심으면 30배, 60배, 100배의 선행을 거두게 되는 것입니다. 이 우주 만물 모든 것 가운데 심고 거두는 법칙은 절대로 변하지 않습니다. 그

러므로 우리가 매일매일 살면서 무엇을 심는가에 깊이 주의해야 됩니다. 과거에 심은 것을 오늘날 우리 삶 속에서 거두고, 지금 심는 것은 훗날 거두게 되는 것입니다.

또한 우리는 주님 안에서 성도들과 믿음의 모임을 갖고 교제하는 일에 게으르지 않아야 합니다. 신앙이란 불과 같습니다. 장작불은 자꾸 모아 놓으면 활활 타지만 따로 떼어 놓으면 불이 꺼져 버립니다. 요즘은 매스미디어의 발달로 TV나 인터넷을 통해 많은 목회자들의 설교를 들을 수 있으므로 함께 모여 예배드리는 것을 등한히 하는 경우가 있습니다. 그러나 예배라는 것은 설교를 듣는 것이 전부가 아닙니다. 예배는 두세 사람 이상이 모이는 것이 예배입니다. 설교는 모인 가운데서 진리를 가르쳐 주는 것입니다. 마태복음 18장 20절에 "두세 사람이 내 이름으로 모인 곳에는 나도 그들 중에 있느니라" 고 하였습니다. 교회는 예수 그리스도의 몸입니다(엡 1:23). 그러므로 예수님을 만나려면 예수님의 몸인 교회에 와서 모이기를 힘써야 합니다. 성도가 모인 곳에 성령님이 임하시고 역사하시는 것입니다.

4. 범죄한 자에게 주는 경고(10:26-31)

26. 우리가 진리를 아는 지식을 받은 후 짐짓 죄를 범한즉 다시 속죄

하는 제사가 없고 27. 오직 무서운 마음으로 심판을 기다리는 것과 대적하는 자를 태울 맹렬한 불만 있으리라 28. 모세의 법을 폐한 자도 두세 증인으로 말미암아 불쌍히 여김을 받지 못하고 죽었거든 29. 하물며 하나님의 아들을 짓밟고 자기를 거룩하게 한 언약의 피를 부정한 것으로 여기고 은혜의 성령을 욕되게 하는 자가 당연히 받을 형벌은 얼마나 더 무겁겠느냐 너희는 생각하라 30. 원수 갚는 것이 내게 있으니 내가 갚으리라 하시고 또 다시 주께서 그의 백성을 심판하리라 말씀하신 것을 우리가 아노니 31. 살아 계신 하나님의 손에 빠져 들어가는 것이 무서울진저

26절 우리가 진리를 아는 지식을 받은 후 짐짓 죄를 범한즉 다시 속죄하는 제사가 없고

본 절부터 31절까지는 배교자에 대한 경고의 말씀입니다.

본 절의 '진리'는 그리스도로 말미암는 구원의 도리를 말합니다. 따라서 '진리를 아는 지식을 받은 후 짐짓 죄를 범하였다'는 것은, 구원의 도리를 분명히 알고도 고의로 이를 거부하는 배교 죄를 범한 것을 말합니다. 배교 죄는 용서받을 가능성이 있는 죄가 아닙니다. 그렇기 때문에 우리는 절대로 예수님을 부인하면 안 되는 것입니다.

소아시아의 서머나 교회 감독이며 사도 요한의 제자였던 폴리캅은 가이사를 섬기고 예수님을 부인하라고 강요하던 로마의 집정관에게 "나는 86년 간 나의 주 예수 그리스도를 섬겼다. 하지만 그분은 나를 한 번도 부인하지 않으셨다. 내가 어떻게 모든 사악한 것에서 나를 보존하시고 나를 구원하실 나의 왕을 부인할 수 있겠는가?"라며 끝까지 믿음을 지키다 화형당해 순교하였습니다. 마귀가 하는 일은 어찌하든지 우리 입으

로 예수 그리스도를 알면서도 그를 부인하는 죄를 짓게 하는 것입니다. 그러나 그 죄를 짓지 않으려고 수많은 신앙의 선배들이 목숨을 바쳐 순교하였습니다.

신앙생활을 하다 보면 신앙이 약해져 흔들리기도 하고 또 돌아와 회개하기도 하는 일이 있을 수 있습니다. 마음은 원이로되 육신이 약해서 범하는 죄는 회개하기만 하면 얼마든지 그리스도의 피로 속함을 받습니다. 사도 바울도 "오호라 나는 곤고한 사람이로다 이 사망의 몸에서 누가 나를 건져내랴 …… 내 자신이 마음으로는 하나님의 법을 육신으로는 죄의 법을 섬기노라"(롬 7:24-25)고 탄식했습니다. 이처럼 연약함 때문에 짓는 죄에 대해서는 용서받을 수 있는 것입니다. 상한 갈대도 꺾지 않고 꺼져 가는 심지도 끄지 않는 자비로우신 주님께서 우리를 회개시켜 죄 용서받고 회복되게 해 주시는 것입니다. 그러나 성령의 빛을 받아 예수님의 구주 되심을 분명히 알고도 자기의 유익을 구하기 위하여 믿음을 버리고 배반하는 사람은 두 번 다시 용서받을 수 없고 따라서 구원받을 길도 없는 것입니다.

27절 오직 무서운 마음으로 심판을 기다리는 것과 대적하는 자를 태울 맹렬한 불만 있으리라

사람이 태어나 한 번 죽는 것은 정한 이치요, 죽고 난 후에는 누구에게나 심판이 있습니다(9:27). 그런데 배교 죄를 지은 자들에게는 무서운 지옥 형벌이 기다리고 있습니다. 그러므로 그들은 오직 두려워 떨며 심판을 기다리게 되는 것입니다.

또한 그들에게는 그들을 소멸할 '맹렬한 불' 만 남아 있습니다. '맹렬

한' 은 헬라어로 '젤로스' (ζῆλος)로서, '질투하는' 또는 '열심 있는' 이라는 뜻입니다. 심판 날 배교자들은 질투의 불길처럼 맹렬히 타오르는 하나님의 진노를 받아 소멸할 것입니다.

28절 모세의 법을 폐한 자도 두세 증인으로 말미암아 불쌍히 여김을 받지 못하고 죽었거든

여기서 설명한 모세의 법에 관한 내용은 신명기에 자세히 나와 있습니다.

"네 하나님 야훼께서 네게 주시는 어느 성중에서든지 너희 가운데에 어떤 남자나 여자가 네 하나님 야훼의 목전에 악을 행하여 그 언약을 어기고 가서 다른 신들을 섬겨 그것에게 절하며 내가 명령하지 아니한 일월성신에게 절한다 하자 그것이 네게 알려지므로 네가 듣거든 자세히 조사해 볼지니 만일 그 일과 말이 확실하여 이스라엘 중에 이런 가증한 일을 행함이 있으면 너는 그 악을 행한 남자나 여자를 네 성문으로 끌어내고 그 남자나 여자를 돌로 쳐 죽이되 죽일 자를 두 사람이나 세 사람의 증언으로 죽일 것이요 한 사람의 증언으로는 죽이지 말 것이며 이런 자를 죽이기 위하여는 증인이 먼저 그에게 손을 댄 후에 뭇 백성이 손을 댈지니라 너는 이와 같이 하여 너희 중에서 악을 제할지니라"(신 17:2-7).

이와 같이 구약 시대에 모세의 율법을 어긴 자는 두세 증인의 증언만 있으면 그 자리에서 정죄 받고 죽임을 당했습니다.

29절 하물며 하나님의 아들을 짓밟고 자기를 거룩하게 한 언약의 피를 부정한 것으로 여기고 은혜의 성령을 욕되게 하는 자가 당연

히 받을 형벌은 얼마나 더 무겁겠느냐 너희는 생각하라

구약 시대에 모세의 율법을 어긴 자도 죽임을 면하지 못했는데 하물며 하나님의 아들이신 예수님께 대해 배교 죄를 범한 자야 오죽하겠습니까? 그들은 실로 혹독한 형벌을 받게 되는데, 그 구체적인 이유는 다음과 같습니다.

첫째, 하나님의 아들을 짓밟았기 때문입니다. '하나님의 아들을 짓밟는다' 는 것은 하나님의 아들 예수 그리스도가 구주인 것을 알면서도 그를 짓밟는, 즉 공개적으로 예수님을 모욕하는 배교의 죄를 말합니다.

둘째, 자기를 거룩하게 한 언약의 피를 부정하게 여겼기 때문입니다. '자기를 거룩하게 한 언약의 피를 부정한 것으로 여긴다' 는 것은 자기를 정결하고 거룩하게 해 주신 어린양 예수 그리스도의 피를 속된 인간의 피와 동일시했다는 것입니다.

셋째, 은혜의 성령을 욕되게 했기 때문입니다. '은혜의 성령을 욕되게 한다' 는 것은 우리를 늘 돌보아 주시며 우리의 갈 길을 인도해 주시는 성령을 모욕했다는 말입니다. 성경은 성령을 욕되게 하는 자는 결코 용서받지 못한다고 경고했습니다(마 12:31; 막 3:29).

이렇게 하나님의 아들을 짓밟고 예수의 피를 부정하게 만들고 성령을 모욕하는 배교자는 불이 영원히 꺼지지 않고 타오르는 지옥의 형벌을 받게 될 것입니다.

30절 원수 갚는 것이 내게 있으니 내가 갚으리라 하시고 또 다시 주께서 그의 백성을 심판하리라 말씀하신 것을 우리가 아노니

"원수 갚는 것이 내게 있으니 내가 갚으리라" 는 말씀은 신명기 32장

35절의 인용으로 로마서 12장 19절에서도 사용된 말씀입니다. 그리고 "주께서 그의 백성을 심판하리라"는 말씀은 신명기 32장 36절을 인용한 것입니다. 하나님께서는 심판 때가 이르기까지는 무한한 자비와 긍휼로 죄인들을 참으시며 부르십니다. 그러나 심판 날이 이르면 믿는 자들 가운데서도 배교의 죄를 범한 자를 준엄하게 심판하십니다.

혹자는 우리가 보기에는 죄를 범하고 악을 행하고 하나님을 대적하는 사람이 잘 먹고 잘 입고 배불리 잘 사는데 도대체 의인이 무엇이며 죄인이 무엇이냐며 물을 수도 있습니다. 그러나 세월이 흘러가 보십시오. 하나님의 심판은 그냥 벼락 치듯 즉시 가해지기도 하지만 대개의 경우 세월이 흘러감과 동시에 천천히 진행되는 것입니다. 그러므로 하나님이 원수 갚지 않는다고 생각하지 마십시오. 이 땅에서도 하나님이 원수를 갚으시지만 종국에 가서도 하나님을 대적한 사람에게는 맹렬한 불로 하나님이 친히 원수를 갚으십니다.

하나님께서는 회개하고 믿고 나오는 사람을 끝까지 사랑하고 돌보아 주시지만 대적하는 자에게는 노한 사자와 같이 덤벼들어 뼈를 으스러뜨리십니다. 이렇게 사람들은 각자 자기가 행한 대로 보응받게 되며, 배교자들은 무서운 심판을 받게 되는 것입니다. 하나님께서는 예수님을 믿는다고 하면서 하나님을 이용하고 오히려 하나님을 짓밟는 위선적인 신앙을 가진 사람을 심판하시며, 입술로만 "주여, 주여!" 하고 행위로는 조금도 그리스도인답지 않게 사는 사람들 역시 심판하십니다.

31절 살아 계신 하나님의 손에 빠져 들어가는 것이 무서울진저

예수 그리스도를 믿음으로 말미암아 하나님의 손에 안기는 것 이상 기쁜 일은 없습니다. 그러나 배교하고 난 후 하나님의 손에 잡혀 진노의 심판을 받게 되면 그 이상 무서운 것이 없습니다. 가장 무서운 심판이 바로 배교자의 심판입니다. 가룟 유다가 이와 같은 죄를 지었습니다. 그래서 예수님께서 그에 대해 "그 사람은 차라리 태어나지 아니하였더라면 제게 좋을 뻔하였느니라"(마 26:24)고 말씀하셨던 것입니다.

배교 죄를 지으면 용서받을 수 없습니다. 배교한 자에게는 더할 수 없이 무서운 심판만이 있을 뿐입니다. 그러므로 우리는 이러한 사실을 명심하고 어떤 상황에서도 끝까지 믿음의 줄을 굳게 잡아야겠습니다. 그리하여 주님 앞에 서는 날, 기쁨으로 주님을 만나야겠습니다.

5. 시련을 겪는 자에게 주는 권고(10:32-39)

32. 전날에 너희가 빛을 받은 후에 고난의 큰 싸움을 견디어 낸 것을 생각하라 33. 혹은 비방과 환난으로써 사람에게 구경거리가 되고 혹은 이런 형편에 있는 자들과 사귀는 자가 되었으니 34. 너희가 갇힌 자를 동정하고 너희 소유를 빼앗기는 것도 기쁘게 당한 것은 더 낫고 영구한 소유가 있는 줄 앎이라 35. 그러므로 너희 담대함을 버리지 말라 이것이 큰 상을 얻게 하느니라 36. 너희에게 인내가 필요함은 너희가 하나님의 뜻을 행한 후에 약속하신 것을 받기 위함이라 37. 잠시 잠깐 후면 오실 이가 오시리니 지체하지 아니하시리라 38. 나의

의인은 믿음으로 말미암아 살리라 또한 뒤로 물러가면 내 마음이 그를 기뻐하지 아니하리라 하셨느니라 39. 우리는 뒤로 물러가 멸망할 자가 아니요 오직 영혼을 구원함에 이르는 믿음을 가진 자니라

32절 전날에 너희가 빛을 받은 후에 고난의 큰 싸움을 견디어 낸 것을 생각하라

히브리 교인들은 예수님을 믿고 난 후 많은 박해를 받았습니다. 로마의 박해로 스데반과 야고보가 순교했으며 베드로가 감옥에 갇히는 등 큰 환난과 시련을 당했던 것입니다. 그럼에도 불구하고 그들은 배교하지 않고 참고 인내하며 신앙을 지켰습니다. 본 절에서는 이러한 과거를 상기시키며 끝까지 하나님께 대한 믿음을 견지할 것을 권고하고 있습니다.

33-34절 혹은 비방과 환난으로써 사람에게 구경거리가 되고 혹은 이런 형편에 있는 자들과 사귀는 자가 되었으니 너희가 갇힌 자를 동정하고 너희 소유를 빼앗기는 것도 기쁘게 당한 것은 더 낫고 영구한 소유가 있는 줄 앎이라

초대 교회의 많은 성도들은 예수님을 믿음으로 인하여 무고히 비방을 받고 환난을 당하고 사람의 구경거리가 되었습니다. 또 이와 같이 직접 고난을 당하지 않은 사람들도 위험을 무릅쓰고 감옥에 갇힌 성도를 찾아가 돌보아 주고 위로했습니다. 그리고 예수님을 믿기 때문에 박해를 받아 전 재산을 빼앗기기도 했습니다. 그러나 그들은 조금도 슬퍼하지 아니하고 오히려 기뻐했습니다. 이는 그들에게 장차 주어질 천국의 영원

한 소유, 즉 빼앗기지도 쇠하지도 없어지지도 않는 영원한 소유가 있음을 알았기 때문입니다.

35절 그러므로 너희 담대함을 버리지 말라 이것이 큰 상을 얻게 하느니라

성도들은 장차 영구한 소유를 얻을 것을 믿기 때문에 담대할 수 있습니다. 신앙에는 담력이 필요합니다. 이러한 믿음은 하나님께 기쁨이 되며 하나님의 상을 받는 조건이기도 합니다(히 11:6). 그러므로 우리는 이 세상에 사는 동안 어떠한 비방이나 환난이 다가올지라도 우리가 믿는 도리를 굳세게 잡고 입으로 시인하며 강하고 담대한 신앙을 간직하여야겠습니다.

36절 너희에게 인내가 필요함은 너희가 하나님의 뜻을 행한 후에 약속하신 것을 받기 위함이라

성도가 신앙생활을 하면서 끝까지 가져야 하는 것으로는 담대한 믿음과 함께 인내가 있습니다. 이 세상 모든 일은 오래 참아야 열매를 맺습니다. 우리가 씨앗을 심을 때도 오늘 심어서 내일 거두는 일은 없습니다. 씨앗에 싹이 나고 줄기가 나고 잎이 나고 꽃이 피고 열매를 맺는데 오랜 세월이 걸리는 것입니다. 이렇듯 우리의 신앙에도 오랜 인내가 필요합니다. 우리가 신앙생활을 할 때도 굴곡이 있습니다. 잘 믿을 때도 있지만 그렇지 않을 때도 있는 것입니다. 그러나 신앙은 끝까지 오래 참고 견디는 것입니다. 지금 당장 은혜 받았다고 펄펄 뛰고 구르는 것이 좋은 신앙이 아닙니다. 신앙은 5년이고 10년이고 어떠한 환경 속에서도 한결같이 인

내하며 믿어 온 신앙이 귀한 신앙인 것입니다. 순간적으로 불이 붙어서 뜨거워지는 경험도 필요하겠지만 신앙에는 인내하며 꾸준히 믿어 온 연조가 반드시 필요합니다.

그러므로 우리는 하나님의 뜻을 알고 행한 후 조급해 하면 안 됩니다. 우리가 끝까지 참고 기다릴 때 하나님께서는 그의 뜻을 이루시며, 궁극적으로 우리는 하나님께서 약속하신 새 하늘과 새 땅에 들어가게 되는 것입니다. 우리는 하나님의 약속을 받게 될 때까지 참고 기다려야 합니다.

37-38절 잠시 잠깐 후면 오실 이가 오시리니 지체하지 아니하시리라 나의 의인은 믿음으로 말미암아 살리라 또한 뒤로 물러가면 내 마음이 그를 기뻐하지 아니하리라 하셨느니라

본문은 하박국 2장 3절부터 4절과 이사야 26장 20절에서 인용한 것입니다. 여기서 '잠시 잠깐 후면 오실 이'는 재림주로 오실 예수님을 가리킵니다. 예수님께서 성육신 하심으로 이미 말세가 시작되었고, 그때로부터 약 2천 년이 지난 지금은 말세 중에서도 마지막 때입니다. 이제 어느 순간에 갑자기 예수님께서 재림하실지 모릅니다. 그러므로 말세지말에 예수 그리스도를 믿어 구원을 얻은 우리는 믿음과 인내로써 이 세상을 이겨내야 합니다.

'나의 의인'이란 예수님을 믿어 구원 얻은 사람들을 말하며 이들이 곧 하나님의 의인인 것입니다. 예수님을 믿음으로 말미암아 하나님처럼 의롭게 된 우리는 믿음으로 살아야 합니다. 우리는 하나님을 믿으면서도 자꾸 인간적인 수단과 방법으로 이렇게 할까 저렇게 할까 하며 신앙이 흔들릴 때가 있습니다. 그러나 오직 우리 신앙의 목표되신 예수님만

바라보고 나가면 조금도 흔들리지 않습니다. 그러므로 우리는 살든지 죽든지, 흥하든지 망하든지, 성하든지 쇠하든지 주님만을 의지해야 하는 것입니다. 믿음의 주요, 온전하게 하시는 이인 예수님만을 바라보며 영생 천국의 소망을 이루기까지 끊임없이 믿음의 전진을 하는 우리가 되어야겠습니다.

39절 우리는 뒤로 물러가 멸망할 자가 아니요 오직 영혼을 구원함에 이르는 믿음을 가진 자니라

'뒤로 물러간다' 는 것은 믿음을 버리는 것을 말하고, '멸망하다' 라는 것은 심판받아 파멸당하는 것을 가리킵니다. 믿음을 저버리는 자는 구원받지 못하고 영원한 죽음의 심판을 받게 됩니다. 그러나 어떠한 시험과 환난 가운데서도 믿음을 잃지 않고 믿음의 전진을 하는 사람은 영원한 구원에 이르게 됩니다. 우리는 뒤로 물러가 멸망할 자가 아닙니다. 우리는 구원에 이르는 믿음을 가진 자입니다. 하나님께서는 예수님을 믿는 사람에게 이미 분량대로 믿음을 주셨습니다. 우리의 믿음은 하나님께서 선물로 주신 것이므로, 우리가 스스로 포기하지 않는 이상 믿음은 우리의 것입니다. 우리는 날마다 믿음의 전진을 계속하여 하늘의 영원한 상급을 소유하여야겠습니다.

제 11 장

믿음

A COMMENTARY
ON THE EPISTLE TO THE
HEBREWS

본 장은 믿음이 무엇인가에 관해서 정의하고, 구약에 나오는 믿음의 조상들의 삶 속에서 믿음이 어떻게 구현되었는가를 보여 줍니다. 그리고 이들의 믿음이 실제로 구현되기까지는 극한 고난과 역경이 있었음을 가르쳐 줍니다. 믿음의 조상들은 어떠한 고난이나 역경 가운데서도 믿음과 소망을 잃지 않고 인내하며 하나님께 순종하였습니다. 끝까지 인내하며 소망의 줄을 굳게 잡은 그들은 결국 환경을 초월하고 이성을 뛰어넘는 놀라운 기적을 삶 가운데 체험하였습니다. 그리고 이를 가능하게 한 원동력은 바로 그들의 확고한 믿음이었습니다. 환난도 박해도 죽음조차도 굴복시키지 못한 그들의 믿음은 하나님께서 인정하신 믿음이며 세상이 감당하지 못한 믿음입니다.

1. 믿음이란 무엇인가?(11:1-3)

1. 믿음은 바라는 것들의 실상이요 보이지 않는 것들의 증거니 2. 선진들이 이로써 증거를 얻었느니라 3. 믿음으로 모든 세계가 하나님의 말씀으로 지어진 줄을 우리가 아나니 보이는 것은 나타난 것으로 말미암아 된 것이 아니니라

1절 믿음은 바라는 것들의 실상이요 보이지 않는 것들의 증거니

본 절은 믿음에 관하여 말씀하고 있습니다. 로마서 12장 3절을 보면 "하나님께서 각 사람에게 나누어 주신 믿음의 분량대로 지혜롭게 생각하라" 고 기록되어 있습니다. 하나님은 우리에게 각각 분량대로 믿음을 주셨습니다. 우리는 하나님께서 은혜로 주신 믿음으로 예수님을 구주로 고백하게 되었습니다. 믿음은 하나님의 말씀을 받아들이고, 하나님께 기도해서 응답받고, 마귀를 물리치고, 기적을 가져오는 하나의 수단으

로서, 하나님이 우리에게 주신 것입니다. 믿음을 통해서 우리는 하나님과 교통할 수 있습니다. 세상 사람들은 하나님과 무관합니다. 따라서 하나님이 주신 믿음이 그 안에 없기 때문에 하나님과 교통할 수 없습니다. 그러나 우리는 하나님이 주신 믿음을 통해서 하나님과 교통하고 교제하며 하나님의 역사를 체험할 수 있습니다. 우리의 믿음이 더욱 깊어지기 위해서는 그 믿음을 활용해야 합니다. 활용하면 할수록 우리의 믿음은 더욱 생생하게 살아 역사하게 되는 것입니다.

본 절에서는 우리가 활용해야 할 믿음에 대해 가르쳐 주고 있습니다.

첫째, 믿음은 바라는 것들의 실상입니다. 즉, 믿음은 바라는 것과 목표가 분명해야 합니다. 남편의 구원을 바란다면 '남편 구원' 이라는 분명한 목표가 있어야 하고, 자식의 구원을 바란다면 '자식 구원' 의 분명한 목표가 있어야 합니다. 성경은 "하나님을 믿으라 내가 진실로 너희에게 이르노니 누구든지 이 산더러 들리어 바다에 던져지라 하며 그 말하는 것이 이루어질 줄 믿고 마음에 의심하지 아니하면 그대로 되리라"(막 11:22-23)고 말씀합니다. 그러므로 우리는 막연한 생각으로 기도해서는 안 됩니다. 목표가 분명해야 믿음이 역사하는 것입니다. 마음에 뜨겁게 바라고 소원하는 것이 없으면 믿음은 역사하지 않습니다. 예수님을 믿는 사람들의 마음 가운데는 크고 작은 믿음이 있는데, 이 믿음이 역사하기 위해서는 뜨거운 소원을 가지고 간절히 원해야 한다는 것입니다.

성경을 보면 뜨거운 소원을 가진 사람들을 많이 볼 수 있습니다. 그중 대표적인 인물로 수로보니게 여자가 있습니다(마 15:21-28; 막 7:24-30). 귀신 들린 딸을 둔 그 여자는 예수님의 소문을 듣고 찾아와 자기 딸에게서 귀신을 쫓아 주시기를 간구했습니다. 그러나 예수님은 아무 대답도 하시지 않았습니다. 그러자 그 여자는 제자들을 붙잡고 간청했습니다. 제자들은 예수님께 "그 여자가 우리 뒤에서 소리를 지르오니 그를 보내소서." 하고 말했습니다. 그때 예수님께서 "자녀로 먼저 배불리 먹게 할지니 자녀의 떡을 취하여 개들에게 던짐이 마땅치 아니하니라." 고 대답하시자, 그 여자는 "주여, 옳소이다마는 상 아래 개들도 아이들이 먹던 부스러기를 먹나이다." 라고 말했습니다. 이 놀라운 믿음의 고백에 예수님께서는 크게 감동하시고 "여자야, 네 믿음이 크도다. 네 소원대로 되리라." 고 말씀하셨습니다. 이 여자는 뜨겁고 간절하게 원했기 때문에 그의 믿음대로 딸이 고침을 받았던 것입니다. 이와 같이 믿음은 바라는 것이 있어야 합니다. 그리고 바라는 것의 목표가 뚜렷해야 합니다. 분명한 목표와 뜨거운 소원이 있을 때 마음속에서 믿음이 생겨나기 시작하고, 그 믿음을 통하여 하나님께서 역사하시는 것입니다.

많은 사람들이 너무나 막연하게 구름을 잡는 것과 같은 기도를 합니다. 그렇기 때문에 하나님께서 응답을 해 주시려고 해도 응답해 주실 수 없고, 우리 역시 믿음이 생겨나려고 해도 무엇을 믿을지 알 수가 없습니다. 그러므로 우리의 기도는 분명한 목표를 설정해야 합니다.

나는 개척 교회 시절에 아주 오랜 시간 동안 하나님께 책상 하나, 걸상 하나, 자전거 한 대를 달라고 기도를 해 왔습니다. 그런데 책상 하나, 걸상 하나, 자전거 한 대를 달라고 아무리 기도를 해도 응답이 오지 않았습니다. 그래서 응답을 안 주시는 하나님이 너무 야속하다고 생각했습니다. 하루는 비가 와서 심방을 가지 못하게 되어 혼자 앉아서 기도를 하고 있는데, 갑자기 마음에 성령님께서 깨달음을 주셨습니다. 문제는 막연하게 책상 하나, 걸상 하나, 자전거 한 대를 구하는 나의 태도에 있었습니다. 책상의 종류도 많고 걸상의 종류도 많고 자전거의 종류도 많은데, 나는 그저 막연하게 구하고 있었던 것입니다.

이러한 깨달음을 얻은 후, 나는 회개하고 엎드려서 "하나님이여! 저에게 책상과 걸상과 자전거를 주시옵소서."라고 기도드리고 내가 원하는 설계도를 하나님께 제시했습니다. 책상은 필리핀 마호가니제로 만든 것으로 가로와 세로의 길이는 어떻고 서랍은 어떻게 생긴 것을 주시고, 다음에 걸상은 쇠로 만들어 밑에는 바퀴가 달려 있어 앉아서 마음대로 밀고 당길 수 있는 것을 주시고, 자전거는 심방하면서 타고 다닐 수 있는 튼튼한 자전거를 주시되 옆에 기어가 달려 있는 것을 달라고 하였습니다. 그리고 그림을 그려 "이것을 주옵소서. 주실 줄 믿습니다!" 그렇게 구체적으로 기도를 했습니다. 그 결과 얼마 지나지 않아 응답을 받았습니다. 미국으로 돌아가시는 선교사님의 집에 이삿짐을 옮겨 주려고 갔더니 내가 구했던 책상, 걸상, 자전거가 그곳에 다 있었던 것입니다.

내가 분명한 목표를 설정하고 기도를 했을 때, 나의 믿음이 역사해서 응답을 받을 수 있었던 것입니다. 그와 같은 체험을 하고 난 이후로 나는 기도할 때 언제나 분명한 목표를 설정합니다. 막연하게 "하나님 아버지, 우리 교회에 부흥을 주시옵소서."라고 기도하지 않고, "하나님 아버지, 금년도에 우리 교회에 새신자 5만 명을 주시옵소서."라고 구체적으로 기도하게 되었습니다.

나는 오랜 시간 노력하고 기도해도 안 되던 것이, 분명한 목표를 설정하고 믿음으로 기도하고 난 다음 순식간에 하나님의 능력으로 이루어지더라는 간증의 편지를 많이 받아 보았습니다. 돋보기로 햇빛을 모아서 종이를 태울 때 초점을 한 곳으로 모으면 당장 연기가 나고 불이 나지만 초점을 여러 군데로 옮겨 놓으면 종이는 불에 타지 않습니다. 믿음 역시 정확히 목표를 잡고 초점을 맞추면 역사하게 되는 것입니다.

목표를 설정하고 난 다음에는 간절한 소원으로 바라보아야 합니다. 간절한 소원 없이 하는 기도는 아무런 역사가 일어나지 않습니다. 간절한 소원이 일어나야 목표가 이루어집니다. 간절한 소원은 꿈과 일치합니다. 마음의 꿈으로 바라보고 아직 없는 것을 있는 것같이 바라보아야 하는 것입니다. 로마서 4장 17절에서는 "하나님은 죽은 자를 살리시며 없는 것을 있는 것으로 부르시는 이시니라" 고 말씀하시며 또 마가복음 11장 24절에서는 "무엇이든지 기도하고 구하는 것은 받은 줄로 믿으라 그리하면 너희에게 그대로 되리라" 고 말씀합니다. 이미 받은 줄로 믿는다는 것은 이미 이루어진 모습을 마음속에 그려 보고 바라보는 것입니다. 간절한 소원과 함께 바라보는 것입니다. 내가 세운 목표가 이루어진 모습을 바라보고 마음속에 그려 보고 꿈꾸어 보고 그리고 난 다음 간절히 소원하는 것입니다. 간절한 소원은 바라봄을 통해서 나오는 것입니다.

이미 남편이 구원받은 것, 자식들이 구원받은 것, 집을 팔고 새 집을 산 모습, 새로운 사업을 시작한 모습, 그러한 것을 마음속에 이미 이루어진 모습으로 바라보아야 합니다. 마음속에 그림을 그려 놓고 기도를 해야 되는 것입니다. 바라는 것, 목표가 분명하다면 그것이 이루어진 모습을 마음속에 그려 놓고 간절히 원해야 합니다. 믿음의 역사는 바라는 마음이 없으면 이루어지지 않습니다. 간절히 원해야 됩니다. 이루어져도 좋고 안 이루어져도 좋고 이런 자세는 안 됩니다. 꿈이 이루어질 것을 간절히 바라게 되면 우리는 간절히 기도하게 되는 것입니다. 새벽 기도를 하게 되고 철야 기도를 하게 되고 혹은 기도원에서 부르짖어 기도하게 되는 것입니다. 병이 낫기를 원하는 사람도 마찬가지입니다. 병이 낫는다는 목표가 분명하면 병 나은 모습을 마음속에 그려 보아야 합니다. 암이나 폐병이나 관절염이 나아서 건강하게 된 모습을 늘 마음속에 그리고 바라보고 간절히 소원해야 합니다.

'실상' 은 헬라어로 '휘포스타시스' (ὑπόστασις)이며, '발판' 또는 '문서' 라는 뜻입니다. 즉, 믿음은 바라고 소망하는 것들의 발판입니다. 받침이 튼튼하지 않으면 그 위에 아무것도 세울 수 없습니다. 이 발판은 마음에 간절한 소원을 가지고 기도할 때 마음의 평안으로 다가옵니다. 믿음은 또한 토지 문서나 집문서 등과 같이 법적 권리를 증명하는 것입니다. 이와 마찬가지로 믿음은 우리가 간절히 바라는 것을 소유했다는 권리 증서와 같은 것입니다.

우리가 뜨거운 소원과 목표를 두고 간절히 기도할 때 마음속에 마치 든든한 발판처럼, 법적인 등기 문서를 손에 쥔 것처럼 분명한 확신이 오면 그것이 바로 믿음입니다. 눈에는 아무 증거 안 보이고, 귀에는 아무 소리 안 들리고, 손에는 잡히는 것 없고, 앞길이 칠흑같이 어두워도 마음속에 '이루어졌다.' 는 확신이 생기면 그 믿음은 환경과 이성을 초월하여 놀라운 역사를 일으킵니다. 그러나 이러한 확신 없이 그저 '믿습니다.' 만 계속하는 사람은 자기 마음에 일시적인 위안을 주는 것밖에 되지 않습니다. 실상이 이루어질 때까지 목표를 정하고 이루어진 모습을 마음속에 그려 놓고 간절히 바라면서 주님께 부르짖어 기도하면 믿음의 실상이 이루어집니다. 믿음은 바라는 것들의 실상인 것입니다.

둘째, 믿음은 보지 못하는 것들의 증거입니다. 바라는 것들의 실상이 마음속에 들어오고 나면, 아직 이뤄지지 않은 일들이 다 이루어진 것처럼 확신이 생기고 자신감이 생깁니다. 현실적으로는 아직 없는 것이 실제로 있는 것같이 느껴집니다. 이것이 바로 믿음인 것입니다. 이와 같은 믿음이 우리 마음속에 있을 때, 주님께서 "네 믿음대로 될지어다."라고 응답하십니다. 이런 믿음을 소유한 사람에게는 능치 못할 일이 없습니다. 실제로는 눈에 보이지도 않는데 기도만 하면 보이고 없는 것이 있는 것으로 믿어질 때는 그대로 밀고 나가십시오. 그러면 어떠한 불가능도 무너져 버리고 맙니다. 예수님께서는 지금도 우리에게 말씀하십니다. "할 수 있거든이 무슨 말이냐 믿는 자에게는 능히 하지 못할 일이 없느니라"(막 9:23).

우리는 다 같이 믿음을 가지고 있지만, 믿음을 사용하는 사람이 있고 사용하지 못하는 사람이 있습니다. 우리에게 겨자씨 한 알만한 믿음이 있으면 "이 산들을 명하여 바다에 던지라." 고 해도 그렇게 된다고 주님은 말씀하셨습니다.

여러분의 믿음을 활용하십시오. 분명한 목표를 설정하고 그것이 이루어진 모습을 마음속에 그리고 바라보고, 뜨거운 소원으로 기도하십시오. 간절한 소원으로 마음에 실상이 이루어질 때까지, 마음에 확신이 올 때까지, 이제는 하나님이 응답하셨다는 확신이 올 때까지 기도하십시오. 그리고 확신이 오면 입술로 시인하고 고백하십시오. 믿음을 사용하면 하나님과 우리 사이에 위대한 역사가 일어나게 되는 것입니다.

2절 선진들이 이로써 증거를 얻었느니라

여기서 '선진들' 은 아브라함, 이삭, 야곱과 같이 우리를 앞서 간 믿음의 선배들을 가리킵니다. 우리의 믿음의 선배들은 모두 믿음으로 증거를 얻었습니다. 눈에는 보이지 않고, 귀에는 들리지 않고, 손에는 잡히는 것 없어도 그들은 믿음을 통하여 소원하는 바가 이미 이루어졌다고 확신함으로써 하나님으로부터 증거를 얻은 것입니다. 우리의 믿음의 선배들이 모두 이와 같은 방법으로 하나님 앞에서 확실한 증거를 얻고 하나님의 응답을 받았습니다. "믿음은 바라는 것들의 실상이요 보이지 않는 것들의 증거니", 이것이 믿음의 공식입니다.

3절 믿음으로 모든 세계가 하나님의 말씀으로 지어진 줄을 우리가 아나니 보이는 것은 나타난 것으로 말미암아 된 것이 아니니라

눈에 보이는 이 우주 삼라만상은 보이는 물질로 지어진 것이 아니라 배후에 있는 보이지 않는 영적인 힘, 곧 말씀의 능력으로 지음 받은 것입니다. 이에 대해 시편 33장 6절에는 "야훼의 말씀으로 하늘이 지음이 되었으며 그 만상을 그의 입 기운으로 이루었도다"라고 기록되어 있으며, 또 요한복음 1장 1절부터 3절까지에는 "태초에 말씀이 계시니라 이 말씀이 하나님과 함께 계셨으니 이 말씀은 곧 하나님이시니라 그가 태초에 하나님과 함께 계셨고 만물이 그로 말미암아 지은바 되었으니 지은 것이 하나도 그가 없이는 된 것이 없느니라" 고 기록되고 있습니다. 이성적, 논리적으로는 이 말씀을 믿을 수 없습니다. 그럼에도 불구하고 우리가 이 말씀을 아무런 의심 없이 믿는 것은 하나님께서 우리에게 믿음을 주셨기 때문입니다. 믿음이 있기에 우리는 무(無)의 상태에서 유(有)의 상태로 모든 만물이 하나님의 말씀으로 지어진 줄을 아는 것입니다.

또한 모든 세계가 하나님의 말씀으로 지어졌다는 것은 성령으로 말미암아 우리의 마음속에 주신 믿음으로만 받아들일 수 있습니다. 성령으로

말미암아 계시된 믿음을 가지고 하늘의 태양과 달과 별, 광막한 우주, 지구와 그 가운데 있는 모든 것을 하나님께서 말씀으로 지으셨다는 것을 볼 수 있습니다. 눈에 보이는 모든 세계가 눈에 보이지 않는 하나님의 말씀으로 지어졌다는 것입니다. 말씀이 모든 만물의 배후에 있습니다. 하나님께서 말씀으로 만물을 지으셨기 때문에 말씀이 모든 보이는 것의 배후 재료가 되는 것입니다.

하나님께서 우리에게 복을 주실 때에도 말씀으로 주십니다. 우리가 선포된 말씀(레에마)을 하나님께 받으면 그 말씀이 복의 근원이 되는 것입니다. 요한복음 15장 7절은 말씀합니다. "너희가 내 안에 거하고 내 말이 너희 안에 거하면 무엇이든지 원하는 대로 구하라 그리하면 이루리라". 만물을 만드신 근원이 말씀입니다. 나타난 모든 보이는 것에는 그 배후에 말씀이 있습니다. 그러므로 가장 큰 복은 말씀을 받는 것입니다. 창세기부터 요한계시록까지의 말씀을 우리에게 주셨다는 것은 귀하고 놀라운 일입니다. 우리에게 선포된 말씀(레에마)이 주어질 때 하나님의 기적이 일어나는 것입니다. 눈에 보이는 모든 것의 배후에는 말씀이 있습니다.

건강도 마찬가지입니다. 병들어서 괴로운 순간 병이 낫기를 원한다면 말씀을 받아야 합니다. "그가 채찍에 맞으므로 우리는 나음을 받았도다"(사 53:5). 성령님께서 말씀을 나의 것(레에마)으로 주셔야 합니다. 말씀을 받으면 그 말씀이 건강을 만들어 내는 것입니다. 즉 안 보이는 말씀이 보이는 것을 만들어 내는 것입니다. 말씀이 눈에 보이는 모든 만물을 만들어 냅니다. 기독교는 말씀의 종교입니다. 말씀을 떠나서는 안 됩니다. 하나님은 말씀으로 천지를 지으셨습니다. 따라서 지금도 말씀을 주셔서 인생과 환경을 변화시키는 것입니다.

"믿음으로 모든 세계가 하나님의 말씀으로 지어진 줄을 우리가 아나니 보이는 것은 나타난 것으로 말미암아 된 것이 아니니라". 성경 말씀대로 보이지 않는 모든 것은 보이는 것의 원인이 됩니다.

2. 하나님을 기쁘시게 하는 믿음(11:4-6)

**4. 믿음으로 아벨은 가인보다 더 나은 제사를 하나님께 드림으로 의
로운 자라 하시는 증거를 얻었으니 하나님이 그 예물에 대하여 증언
하심이라 그가 죽었으나 그 믿음으로써 지금도 말하느니라 5. 믿음
으로 에녹은 죽음을 보지 않고 옮겨졌으니 하나님이 그를 옮기심으로
다시 보이지 아니하였느니라 그는 옮겨지기 전에 하나님을 기쁘시게
하는 자라 하는 증거를 받았느니라 6. 믿음이 없이는 하나님을 기쁘
시게 하지 못하나니 하나님께 나아가는 자는 반드시 그가 계신 것과
또한 그가 자기를 찾는 자들에게 상 주시는 이심을 믿어야 할지니라**

4절 믿음으로 아벨은 가인보다 더 나은 제사를 하나님께 드림으로 의로운 자라 하시는 증거를 얻었으니 하나님이 그 예물에 대하여 증언하심이라 그가 죽었으나 그 믿음으로써 지금도 말하느니라

본 절을 보면 믿음으로 아벨은 가인보다 더 나은 제사를 하나님께 드렸다고 했습니다. 더 나은 제사는 무엇을 의미할까요? 하나님께서는 아담과 하와가 타락하여 에덴동산에서 쫓겨날 때 가죽 옷을 지어 입히심으로 제사의 본을 보여 주셨습니다(창 3:21). 이 말씀은 깊은 의미를 가지고 있습니다. 아담과 하와는 지은 죄 때문에 에덴동산에서 죽은 것과 같았습니다. 그러므로 그들을 대신해 짐승이 피를 흘리고 하나님께서 그들에게 가죽 옷을 지어 입혀서 내보내셨던 것입니다. 이는 장차 어린양 예수님께서 우리를 대신해 죽으시고 피를 흘리고 의로운 옷을 우리에게 입혀 주어야 우리가 다시 하나님께로 돌아올 수 있다는 의미입니다. 그러므로 에덴동산에서 아담과 하와가 쫓겨 나올 때 하나님께서 짐승을 잡으신 것은 아담과 하와의 구원을 위해서 하나님의 아들 예수님이 대신 죽을 것을 예시한 것입니다.

그리고 하나님께서는 아담에게 이를 충분히 가르쳐 주셨습니다. 즉, 양을 잡아 피를 흘려서 제물로 삼지 않고는 우리는 하나님과의 깨어진 관계를 회복할 수 없다는 것입니다. 우리는 죄를 지었기 때문에 죄의 값은 사망입니다. 그래서 우리를 대신해 양이 제물이 되어서 피를 흘려야 했습니다. 피 흘림이 없이는 죄 사함이 없습니다. 피 흘림을 통해서만 하나님과 교제할 수 있는 것입니다. 그 양은 장차 우리를 구원하러 오신 어린양 예수 그리스도를 상징합니다. 따라서 '피의 제사' 는 예수 그리스도께서 속죄 제물이 되사 십자가 위에서 피 흘리심으로 인류의 죄를 사하실 것에 대한 예표입니다. 구약 시대에는 짐승을 잡아 그 피를 제단 위에 뿌리고 기름을 태워 향기로운 향기를 하나님께 드림으로 제사 드려 왔던 것입니다.

아담은 그의 두 아들에게 이러한 제사법을 가르쳤을 것입니다. 세월이 흘러 두 아들은 장성하여 각각 제단을 따로 쌓게 되었습니다. 가인은 농사를 지었고 아벨은 양을 쳤으므로 각기 다른 제물로 제사를 드렸습니다. 하나님께 제사를 드릴 때가 되자 가인은 자기의 수고와 노력으로 농사지은 곡물을 하나님께 바쳤습니다. 그리고 아벨은 아버지에게 배운 대로 양 무리 중에 처음 난 새끼를 잡아다가 그 피를 흘리고 기름을 취하여 제단에 드림으로 '피의 제사' 를 드렸습니다. 하나님께서는 가인의 제사에는 응답하지 않으시고 아벨의 제사에만 응답하셨습니다. 왜냐하면 아벨은 하나님의 말씀대로 순종하여 믿음으로 제사를 드렸기 때문입니다. 하나님께서 아벨의 제사만 기쁘게 받으시자, 가인은 시기가 나서 아벨을 쳐 죽였습니다. 그러나 아벨의 피가 땅에서 호소하므로 가인은 땅에서 저주를 받아 여기저기 방황하며 살게 되었던 것입니다.

요즈음 자유주의 신학자들 가운데서 "예수님의 동정녀 탄생과 그의 보혈의 공로로 구원받는다."는 사실을 부인하고 또 구원의 문제에 있어서도 "어느 종교든지 잘 믿기만 하면 다 구원받는다." 고 주장하는 사람들이 있는데, 이러한 것은 다 가인의 제사입니다. 그들은 하나님을 인정하고 제단을 쌓으나 사람의 노력으로 추수한 곡식인 인간의 지혜와 인본주의적인 생각을 제물로 가져오기 때문에, 하나님께서 그들의 제사를 받지 않으시는 것입니다. 하나님께서 받으시는 제사는 믿음의 제사입니다. 어린 양 예수 그리스도를 모시고 그 보혈의 능력을 믿고 성령님께 의지하여 하나님께 제사 드릴 때, 하나님은 그 제사를 기쁘게 받아 주시는 것입니다.

오늘날도 많은 사람들이 제단을 쌓습니다. 그러나 어린양 예수 그리스도의 피를 흘린 그리스도의 속죄의 복음이 분명히 전파된 곳에만 성령의 불이 임합니다. 십자가를 달아 놓은 제단이지만 그 속에 신(新) 신학이나 인간의 철학을 말하는 곳이 많습니다. 예수 그리스도는 하나님의 아들이 아니라고 말하는 곳도 있고, 그리스도께서 십자가에서 피를 흘리신 것이 우리의 구원과 상관없다고 공공연히 가르치는 곳도 있습니다. 그 제단에 인간의 철학과 인간의 가르침을 얹어 놓고 제사를 지내면, 성령의 불이 임하지 않습니다. 예수님의 보혈의 제단을 쌓은 곳마다 성령의 불이 임하지만, 가인의 제단에는 불이 임하지 않습니다. 그렇기 때문에 우리가 교회를 선택할 때, 그 교회가 정말 예수 그리스도의 피의 제단을 쌓은 곳인가 그렇지 않으면 인간의 지식과 지혜와 총명과 인간 자랑의 제물을 쌓아 놓고 운영하는 곳인가를 알아보아야 됩니다. 그곳에는 불이 없으며 그곳은 버림받은 곳과 같습니다. 하나님께서 함께하시지 않습니다. 아벨은 비록 형의 시기와 질투로 인해 돌에 맞아 죽었으나 그는 올바른 신앙 고백을 하였고 올바른 신앙생활을 했기 때문에, 하나님은 그를 믿음의 반열에 세워 주고 그의 믿음에 축복을 주신 것입니다.

5절 **믿음으로 에녹은 죽음을 보지 않고 옮겨졌으니 하나님이 그를 옮기심으로 다시 보이지 아니하였느니라 그는 옮겨지기 전에 하나님을 기쁘시게 하는 자라 하는 증거를 받았느니라**

에녹은 아담의 7대손으로, 3백년 동안 하나님과 동행하다가 죽음을 경험하지 않고 하늘나라로 올라간 사람입니다(창 5:21-24). 당시 세상에는 죄악이 꽉 들어차 있었습니다. 그러나 에녹은 죄에 물들지 않고 항상 하나님의 말씀만 믿고 의지하여 하나님의 뜻대로 살았습니다. 그러던 중 하나님께서 그를 산 채로 하늘나라에 데려가신 것입니다. 죽지 않고 하늘나라로 올라간 사람은 구약에 둘이 있는데 에녹과 엘리야입니다. 에녹은 죽음을 보지 않고 산 채로 올라갔고, 엘리야 역시 죽지 않고 산 채로 하늘에 올라갔습니다.

이처럼 에녹이 노아 홍수 전에 죽음을 보지 않고 하늘로 옮겨진 것은, 성도들이 장차 환난 전에 휴거될 것을 상징적으로 보여 줍니다. 아마 에녹이 하늘나라로 들림 받은 이후 그의 가족들과 친척, 친구들이 한동안 야단법석을 하며 그를 찾았을 것입니다. 장차 예수님께서 재림하실 때에도 이와 같은 일이 일어날 것입니다. 주님께서 호령과 천사장의 소리와 하나님의 나팔로 친히 하늘로부터 재림하실 때, 예수님을 믿고 거듭난 성도들은 일순간에 하늘로 들림 받게 될 것입니다. 그렇게 되면 지상에서는 갑자기 없어진 사람들을 찾느라고 일대 혼란이 일어날 것입니다. 그날이 멀지 않은 장래에 다가올 것입니다. "그는 옮겨지기 전에 하나님을 기쁘시게 하는 자라 하는 증거를 받았느니라". 에녹은 3백년간 하나님과 동행하는 믿음의 삶을 살아 하나님을 기쁘시게 하였습니다. 이러한 에녹의 믿음은 예수님의 재림을 기다리는 모든 성도에게 귀감이 됩니다.

6절 믿음이 없이는 하나님을 기쁘시게 하지 못하나니 하나님께 나아가는 자는 반드시 그가 계신 것과 또한 그가 자기를 찾는 자들에게 상 주시는 이심을 믿어야 할지니라

하늘나라는 성령께서 주신 믿음의 기초를 가지고 하나님과 교제하는 곳입니다. 세상 사람들은 회개하고 예수님을 믿지 않기 때문에 하나님이 주신 영적인 믿음을 가질 수 없습니다. 따라서 절대로 하나님을 기쁘시게 할 수도 없고 하나님과 교제할 수도 없습니다. 우리는 하나님께서 주

신 믿음을 늘 우리 생활 속에 활용해야 합니다. 믿음이 없이는 하나님을 절대 기쁘시게 할 수 없습니다. 하나님은 믿음 없는 사람을 기뻐하시지 않습니다. 믿음이 있는 사람, 믿음으로 사는 사람을 기뻐하시는 것입니다. 그러면 우리는 무엇을 믿어야 합니까?

첫째, 하나님께 나아가는 자는 반드시 그가 계신 것, 즉 하나님이 살아 계신 것을 믿어야 합니다. 우리는 성령의 도우심으로 하나님께서 살아 계심을 믿을 수 있습니다. 하나님은 살아 계시기 때문에 하나님이 우리의 삶에 자원이 되시는 것입니다. 우리는 살아 계신 하나님을 의지하고 살아야 합니다. 모든 일 앞에서 하나님과 의논하고 모든 일을 하나님과 함께 하고 하나님의 도움을 받고 살아야 합니다. 하나님은 죽은 하나님이 아니며 항상 살아서 우리와 늘 함께 계신다는 것을 믿어야 합니다.

둘째, 하나님은 자신을 찾는 자들에게 상 주시는 분이신 것을 믿어야 합니다. 하나님은 자신을 간절히 찾고 섬기는 사람에게 좋은 것을 주시는 좋으신 하나님이십니다. 벌을 주시는 것이 아니라 상을 주시는 하나님이신 것을 믿어야 합니다. 하나님은 살아 계시고, 좋으신 하나님이신 것을 마음속에 믿어야 하는 것입니다.

이와 같이 우리가 믿음을 가지고 살면 하나님을 기쁘시게 할 수 있습니다. 마음속에 있는 믿음을 활용하면 하나님과 동행할 수 있습니다. 언제나 하나님은 믿음을 통해서 우리의 생활에 관여하시는 것입니다. 구약 성경을 보면, 여호수아의 믿음이 하나님의 손을 움직여 태양을 멈추게 하였습니다. 하나님께서는 사람의 믿음을 통해서 큰 역사를 이루십니다. 믿음을 통해서 운명과 환경이 변화되는 것입니다. 우리에게는 믿음이 있습니다. 그러므로 믿음을 사용해서 기도해야 합니다. "믿음은 바라는 것들의 실상이요 보이지 않는 것들의 증거니"(1절).

이 말씀이 바로 우리가 가진 믿음을 사용하는 방법입니다. 목표를 정하고, 언제나 이루어진 모습을 가슴에 그리고 간절히 바라며 기도하고, 실상이 이루어질 때까지 부르짖고, 실상이 이루어지거든 입으로 증거하고 시인하는 것, 이것이 믿음을 활용하는 방법인 것입니다. 이런 믿음의 활용 방법을 적극적으로 사용한다면, 우리의 생애 속에 하나님의 역사가 끊임없이 일어나게 될 것입니다.

믿음이 없이는 하나님을 기쁘시게 할 수 없으며 하나님께 어떠한 응답도 받을 수 없습니다. 우리가 믿음을 보일 때, 하나님께서는 기뻐하시는 중에 우리에게 크나큰 복을 풍성히 부어 주십니다. 이러므로 우리는 하나님을 자원으로 삼아 지금도 살아 계셔서 우리에게 상 주시기를 원하시는 하나님을 믿음으로 바라보며 나아가야겠습니다. 그리할 때 우리의 환경은 변화되고, 우리의 삶에 기적과 축복의 열매가 풍성히 맺히게 될 것입니다.

3. 믿음의 조상들(11:7-12)

7. 믿음으로 노아는 아직 보이지 않는 일에 경고하심을 받아 경외함으로 방주를 준비하여 그 집을 구원하였으니 이로 말미암아 세상을

정죄하고 믿음을 따르는 의의 상속자가 되었느니라 8. 믿음으로 아
브라함은 부르심을 받았을 때에 순종하여 장래의 유업으로 받을 땅
에 나아갈새 갈 바를 알지 못하고 나아갔으며 9. 믿음으로 그가 이
방의 땅에 있는 것같이 약속의 땅에 거류하여 동일한 약속을 유업으
로 함께 받은 이삭 및 야곱과 더불어 장막에 거하였으니 10. 이는 그
가 하나님이 계획하시고 지으실 터가 있는 성을 바랐음이라 11. 믿
음으로 사라 자신도 나이가 많아 단산하였으나 잉태할 수 있는 힘을
얻었으니 이는 약속하신 이를 미쁘신 줄 알았음이라 12. 이러므로
죽은 자와 같은 한 사람으로 말미암아 하늘의 허다한 별과 또 해변의
무수한 모래와 같이 많은 후손이 생육하였느니라

7절 믿음으로 노아는 아직 보이지 않는 일에 경고하심을 받아 경외함으로 방주를 준비하여 그 집을 구원하였으니 이로 말미암아 세상을 정죄하고 믿음을 따르는 의의 상속자가 되었느니라

"믿음으로 노아는 아직 보이지 않는 일에 경고하심을 받아 경외함으로 방주를 준비하여 그 집을 구원하였으니". 노아 시대에 하나님께서 말씀하시기를, "나의 영이 영원히 사람과 함께하지 아니하리니 이는 그들이 육신이 됨이라 그러나 그들의 날은 백이십 년이 되리라"(창 6:3)고 하셨습니다. 하나님께서는 온 세상에 죄악이 가득함을 보시고 120년 후 세상을 물로 심판하실 계획을 세우셨습니다. 그리고 노아에게 방주를 지을 것을 명하셨습니다. 노아는 하나님의 말씀을 듣고 즉시 순종하여 산 위에서 방주를 짓기 시작했습니다. 120년을 하루같이 노아는 방주를 지으며 사람들에게 심판을 경고하였습니다. 그러나 아무도 그의 말에 귀 기울이지 않았습니다. 사람들이 그를 비웃고 흉보았으나, 노아는 이에

아랑곳하지 않고 열심히 방주를 지었습니다. 마침내 120년간 계속된 방주 제작이 끝나고, 결국 방주에는 노아 부부와 그의 세 아들과 세 며느리까지 모두 여덟명만 들어가 구원받았습니다. 본문에서 노아는 하나님의 말씀을 '경외(敬畏)함' 으로 순종했다고 했습니다. 노아는 두렵고 떨리는 마음으로 하나님의 말씀에 순종한 결과 자신의 가족을 심판 가운데서 구원받게 했던 것입니다.

이 세상에는 눈으로 보고 귀로 듣고 냄새 맡고 맛보고 손으로 만져 보는 등 감각에 의지하여 인생을 살아가는 사람이 있는가 하면, 이러한 감각을 초월해서 하나님을 믿는 믿음으로 사는 사람이 있습니다. 즉, 감각적으로 사는 사람과 하나님을 바라보고 말씀을 믿고 사는 두 종류의 사람으로 나누어집니다. 마태복음 4장 4절을 보면 "예수께서 대답하여 이르시되 기록되었으되 사람이 떡으로만 살 것이 아니요 하나님의 입으로부터 나오는 모든 말씀으로 살 것이라" 고 말씀합니다. 노아는 믿음으로 사는 사람이었습니다. 하나님을 바라보며 하나님의 음성을 듣고 사는 믿음의 사람 노아에게 하나님께서는 온 지상에 홍수를 보내 코로 숨 쉬는 것은 다 멸해 버릴 것에 대해서 말씀하셨습니다. 그러나 노아와 그의 여덟 식구에게는 구원을 약속하시고 방주를 짓도록 하셨습니다.

노아 시대 이전까지는 하늘에서 비가 내리지 않았습니다. 노아와 노아 당대의 사람들은 그때까지 하늘에서 비가 내리는 것을 본 일이 없었습니다. 하늘에서 비가 내리는 대신 땅에서 김이 솟아올라 모든 것을 적셔서 꽃이 피고, 잎이 나오고, 열매가 맺히도록 만들었습니다.

하나님께서 처음 이 세상을 지으셨을 때 하늘 위의 물과 땅 아래 물로 갈라 놓으셨습니다. 오늘날 과학자들 역시 노아 홍수 전까지는 지구 위에 큰물로 이루어진 층이 지구를 둘러싸고 있었다고 말합니다. 거대한 물로 이루어진 층이 지구를 둘러싸면서 에어컨디셔너(air conditioner)의 기능을 하였기 때문에 지구 전체가 아주 살기 좋은 낙원이었다고 합니다. 춥지도 않고 덥지도 않고 자동적으로 온도와 습도가 조절되어 언제나 봄날과 같았습니다. 창세기 1장 7절부터 8절까지 보면 "하나님이 궁창을 만드사 궁창 아래의 물과 궁창 위의 물로 나뉘게 하시니 그대로 되니라 하나님이 궁창을 하늘이라 부르시니라" 고 말합니다.

하나님께서는 노아에게 하늘에서 비가 내려와서 온 땅을 멸하게 될 것이라 경고하셨습니다. 노아가 그 말을 듣고 사람들에게 전했을 때, 노아 시대의 모든 사람들은 노아를 미쳤다고 생각했습니다. 그러나 노아는 믿음으로 아직 보이지 않는 일에 경고하심을 받았습니다. 노아는 눈에 보이는 것으로 행하지 않고 믿음으로 행했습니다. 하나님은 우리의 믿음을 보시고 의롭다고 여기시는 것이지 우리의 행위를 보고 의롭다고 여기시는 것이 아닙니다. 의롭다 함을 얻을 만한 행위를 하는 사람은 없습니다. 행위로써 구원받은 사람은 없습니다.

"이로 말미암아 세상을 정죄하고 믿음을 따르는 의(義)의 상속자가 되었느니라". 노아가 120년 동안이나 하나님의 심판을 경고했으나, 사람들은 그의 말을 듣지 않았으므로 모두 정죄 받았습니다. 만약 누구든지 노아의 말을 들은 사람이 있다면, 그 사람은 구원받았을 것입니다. 그러나 아무도 노아의 말을 듣지 않았기 때문에, 모두 정죄 받은 것입니다. 오늘날도 마찬가지입니다. 전도를 받고서 예수님을 믿으면 구원을 받지만, 믿지 않으면 심판을 받게 되는 것입니다. 노아는 하나님의 말씀을 믿음으로 순종했기 때문에 의롭다 칭함을 받게 되었습니다.

8절 믿음으로 아브라함은 부르심을 받았을 때에 순종하여 장래의 유업으로 받을 땅에 나아갈새 갈 바를 알지 못하고 나아갔으며

아브라함은 갈대아인의 우르 땅에서 살았습니다(창 11:28). 그런데 갈대아인의 우르는 우상 숭배가 대단히 심한 곳이었습니다. 아브라함의 부친 데라도 우상들을 섬겼기 때문에(수 24:2), 아브라함은 자연히 우상을 숭배하는 분위기 속에서 살았습니다. 그런데 이러한 환경에서 살고 있는 아브라함에게 하나님이 나타나셔서 "너는 너의 고향과 친척과 아버지의 집을 떠나 내가 네게 보여 줄 땅으로 가라 내가 너로 큰 민족을 이루고 네게 복을 주어 네 이름을 창대하게 하리니 너는 복이 될지라 너를 축복하는 자에게는 내가 복을 내리고 너를 저주하는 자에게는 내가 저주하리니 땅의 모든 족속이 너로 말미암아 복을 얻을 것이라"(창 12:1-3)고 말씀하셨습니다. 아브라함은 이 말씀을 듣고 즉시 순종하여 '갈 바를 알지 못하고' 미지(未知)의 세계를 향해 출발했던 것입니다. 여기에서 우리는 아브라함의 믿음의 위대함을 엿볼 수 있습니다.

아브라함은 믿음으로 사는 사람이었습니다. 오감(五感)으로 살지 않고 '제육감(第六感)' 인 믿음으로 살았습니다. 믿음으로 사는 사람은 환경을 바라보지 않고 하나님을 믿고 하나님의 말씀을 믿습니다. 눈에는 아무 증거 안 보이고, 귀에는 아무 소리 안 들리고, 손에는 잡히는 것이 없어도 하나님을 믿고 하나님의 말씀을 믿습니다. 하나님께서는 말씀을 통해서 우리에게 다가오십니다. 따라서 하나님의 말씀을 통해서 믿음을 가질 수 있는 것입니다. 하나님께서 아브라함을 75세에 불러서 큰 꿈을 그 마음 속에 주셨습니다. 하나님의 말씀을 읽고 듣고 기도하고 하나님께로부터 꿈을 받으면, 그 꿈이 사람을 젊게 만듭니다. 사람이 빨리 늙게 되는 이유

는 꿈이 없기 때문입니다. 하루하루 인생을 살아가면서 마음속에 벅찬 꿈이 있으면, 그 꿈이 우리를 젊게 만듭니다. 정신적으로 젊게 만들고 육체적으로도 젊게 만드는 것입니다. 꿈이 없는 사람은 순식간에 늙어서 죽어 버리고 마는 것입니다.

"묵시가 없으면 백성이 방자히 행하거니와"(잠 29:18)라는 말씀처럼 묵시, 즉 꿈이 없는 백성은 망하는 법입니다. 그러므로 우리는 항상 주님 앞에서 크고 작은 꿈을 가지고 있어야 합니다. 크고 작은 꿈을 반드시 가슴 속에 품고 살아야 됩니다. 아브라함은 이미 은퇴해야 할 75세의 나이임에도 불구하고 하나님이 부르셔서 그 마음속에 꿈을 불어넣어 주셨고 그는 아주 젊은 사람처럼 되었습니다. 하나님을 믿으면 하나님께서 우리에게 언제나 꿈을 심어 주시는 것입니다. 하나님을 믿으면 전도하는 것도 꿈이 될 수 있고, 하나님을 섬기는 것도 꿈이 될 수 있습니다. 천국의 아름다운 꿈을 마음속에 가질 수 있습니다.

믿음으로 아브라함은 하나님께 부르심을 받았을 때 순종하여 장래 유업으로 받을 땅에 나아갈 때 갈 바를 알지 못하고 나아갔습니다. 이처럼 그는 어디를 향해 나아가야 할지 몰랐지만 오직 믿음으로 자기 아내와 조카를 데리고 출발하였습니다.

종은 주인이 하는 일을 모두 알아야 할 필요도 없고 또 알 수도 없습니다. 종은 주인이 시키는 것을 그저 순종만 하면 되는 것입니다. 주인은 자기 마음속에 모든 일을 계획하고 난 다음 종에게 일을 시킵니다. "너는 오늘 이 일을 해라. 너는 오늘 저 일을 해라." 이때 종은 주인이 시키는 일만 하면 되는 것입니다. 하나님은 우리의 주인이십니다. 주인이시기 때문에 우리에게 모든 일을 알려 주시지 않습니다. 하나님은 당신이 먼저 계획하시고 우리를 부르셔서 특정 부분의 일들을 감당하도록 하십니다. 절대 주권자이신 하나님은 우리에게 모든 것을 설명해 주시지 않습니다. 우리는 가끔 "하나님, 왜 저에게 이렇게 자꾸 고통을 주십니까? 하나님 왜 이런 어려운 일이 일어났습니까? 하나님, 왜 나를 버리십니까?"라고 묻습니다. 그러나 하나님은 대답해 주시지 않습니다. 하나님은 절대 주권자요, 주인으로서 모든 일을 당신이 계획한 대로 집행하십니다. 우리는 믿고 순종만 하면 됩니다. 믿고 순종하는 것 외에 우리가 할 수 있는 다른 것은 없습니다.

하나님의 아들 예수님께서도 십자가에 못 박히실 때 "하나님이여, 하나님이여 어찌하여 나를 버리십니까?"라고 외치셨습니다. 그러나 하나님께서는 이에 대해 아무런 답변도 어떤 설명도 해 주시지 않았고 침묵하셨습니다. 이렇게 침묵하시는 하나님 앞에서도 예수님께서는 끝까지 하나님을 믿고 순종했습니다.

시편 123편 2절에서는 "상전의 손을 바라보는 종들의 눈같이, 여주인의 손을 바라보는 여종의 눈같이 우리의 눈이 야훼 우리 하나님을 바라보며 우리에게 은혜 베풀어 주시기를 기다리나이다"라고 말씀합니다. 하나님께서 아무 말씀도 안 하시면, 우리는 그저 가만히 기다리면 되는 것입니다. 주인이 아무 말씀도 안 하시면, 가만히 있어야 합니다. 그리고 주인이 말씀하시면, 믿고 순종만 하면 되는 것입니다. 우리는 누구도 주인이 될 수 없습니다. 하나님만이 예수 그리스도의 이름으로 구원받은 우리의 유일한 주인이 되십니다.

우리는 주인이 아니므로 모든 것을 알 수 없습니다. 주인이 하는 일에 대해 캐물을 수도 없습니다. 오직 모든 일은 주인이 결정하는 것이기 때문에 우리는 그저 믿음으로 순종만 하면 되는 것입니다.

내가 처음 불광동에서 목회를 시작할 때만 해도 결코 여의도순복음교회와 같은 세계 최대 교회의 목사가 될 줄은 몰랐습니다. 그 당시 나의 소원은 교인 3백명이 있는 교회에서 목회하는 것이었습니다. 그렇게만 된다면 내 머리가 파뿌리가 될 때까지 감사하며 섬기겠다고 다짐했습니다. 그런데 주인이 주시는 꿈과 비전을 가지고 하루하루 주인이 시키는 대로 순종하며 따라오다 보니 현재 여기까지 오게 되었습니다. 주의 사업을 해 오면서 지금까지 걸어온 길을 돌아보면 내가 한 일은 그저 주인이 시키는 일을 믿고 순종하며 따라 온 것밖에는 없습니다. 하루하루 믿음으로 순종하며 따라오다 보니 지금 여기까지 오게 되었습니다.

나는 하나님께서 불광동에서 서대문으로 나가라고 하셨을 때, 믿음으로 순종하여 서대문으로 옮겼습니다. 서대문에서 평생을 목회할 것이라고 기대했는데, 하나님께서는 서대문에서 또 백사지(白沙地) 여의도로 나가라고 하셨습니다. 그래서 또 믿음으로 순종하여 나왔습니다. 순종하고 여의도로 옮겨서 교회를 짓는 중에 정말 많은 고생을 하였습니다. 매일 망할 것같은 생각이 들었지만 믿음으로 순종하였을 때, 우리 교회는 세계적인 교회가 되었고, 세계적인 사역을 감당하게 되었습니다. 모든 것은 하나님께서 그렇게 계획을 하시고 이끌어 가신 것이지 종인 내가 한 것은 아무것도 없습니다. 하나님 아버지의 계획은 순종하는 사람을 통해서 이루어집니다. 그렇기 때문에 영광과 찬양은 하나님께서 받으셔야지 종이 영광을 받으면 안 됩니다.

믿음으로 아브라함은 부르심을 받았을 때 순종하여 장래의 유업으로 받을 땅에 나아갈새 갈 바를 알지 못하고 나아갔습니다. 종이 주인의 의도를 다 안다면 아마 주인 노릇을 하게 될 것입니다. 그러나 주인의 의도를 다 알 수 없기 때문에 매일매일 기도하면서 하나님의 인도하심을 구할 수 있습니다. 이처럼 오직 말씀만을 믿고 의지하여 나아가는 것이 참믿음입니다. 믿음이라는 것은 갈 바를 알지 못하더라도 오직 말씀을 의지하고 출발하는 마음의 결단입니다. 우리가 말씀을 믿고 순종하여 성령을 의지하고 한 걸음 한 걸음 믿음으로 나아갈 때 주님께서 우리의 앞길을 인도해 주시는 것입니다.

9절 믿음으로 그가 이방의 땅에 있는 것같이 약속의 땅에 거류하여 동일한 약속을 유업으로 함께 받은 이삭 및 야곱과 더불어 장막에 거하였으니

여기서 '거류(居留)한다' 는 것은 나그네가 이방 땅에서 시민권도 없이 임시로 머물러 사는 것을 말합니다. 아브라함은 하나님께서 약속하신 땅 가나안에 살면서도 이방의 땅에 있는 것같이 평생 장막 생활을 했습니다. '장막' 은 고대 유목민들이 사용하던 텐트입니다. 따라서 장막에서 살았다는 것은 한곳에 정착해서 안정된 생활을 하지 못하고 방랑하는 생활을 했다는 것을 의미합니다. 아브라함은 장막에서 평생을 살았지만 그러한 생활을 조금도 불평하지 않았습니다. 왜냐하면 그의 소망은 하나님이 계신 영원한 하늘나라에 있었기 때문입니다.

장막 생활의 장점은 하나님께서 떠나라고 하실 때 언제든지 떠날 수 있다는 점입니다. 그러나 벽돌집을 지어 놓으면 하나님께서 가자고 하셔도 "주님, 여기가 좋사오니 여기 살겠나이다."라는 자세가 나올 수밖에 없습니다. 하나님께서 명령하시면 언제든지 순종할 수 있는 것이 장막

생활의 이점입니다. 그 때문에 그는 언제나 신속히 정리해서 떠날 수 있도록 장막집에 살았습니다. 그리고 그가 장막집에 거한 또 다른 이유는 천국에만 영원히 거할 처소가 있기 때문에 이 땅에 영원히 거할 처소를 만들지 않겠다는 뜻입니다. 아브라함은 두 가지 면에서 탁월했는데, 언제나 하나님의 명령에 순종할 준비가 되어 있었다는 점과 자신의 장막집이 무너지면 하늘에 영원한 집이 있다는 것을 믿었다는 점입니다. 하나님은 이 땅에서 자기 욕망을 채우기 위해 안주하는 것을 원하지 않으십니다. 하나님께서는 자기 욕심을 가지고 안주하고자 하는 사람을 쓰실 수 없습니다. 우리는 하나님께서 떠나라고 명하시면 언제든지 떠날 수 있도록 보따리를 싸고 있어야 됩니다.

주의 종도 마찬가지입니다. 우리는 언제나 주인 되신 하나님의 뜻에 순종하는 종이라는 의식을 가지고 있어야 합니다. 나 역시 언제나 마음에 보따리를 싸고 있습니다. 나는 하나님께서 "여의도순복음교회에서의 사명은 끝났다. 출발하라."고 명하시면 즉시 순종해서 갈 것입니다. 나는 예수님을 사랑해서 주의 사업을 하는 것이지 교회를 사랑해서 주의 사업을 하는 것이 아닙니다. 우리는 예수님만 바라보고 따라가면 되는 것입니다. '평생을 바쳐서 세계 최대의 교회를 만들었으니 나는 이제 죽든지 살든지 이곳에서 주저앉아야 되겠다. 나는 벽돌집을 짓고 안주하겠다. 여기가 좋으니 여기에 안주하겠다.' 는 마음을 가지면 그 순간부터 신앙은 부패하기 시작하는 것입니다. 아무리 큰 교회를 세웠다 해도 그것은 하나님이 지으신 하나님의 교회이며 자신의 교회가 아니라는 점을 늘 분명하게 인식하고 있어야 합니다.

하나님께서 아브라함을 인정하신 이유는 그가 하나님이 주신 가나안 땅에서 안주하지 않고 이방의 땅에 있는 나그네처럼 천막을 치고 살았다는 점입니다. 그는 하나님께서 말씀하시면 언제든지 순종하겠다는 자세로 살았습니다.

우리는 대통령으로 섬기든, 큰 사업을 하든, 주의 종으로 섬기든, 평신도로 섬기든, 어디서 무엇을 하든 언제나 마음속에 천막을 치고 살아야 합니다. 마음에 벽돌집을 지으면 안 됩니다. 마음에 천막을 치고 언제든지 하나님께서 명령하시면 천막을 걷어 내고 떠날 수 있어야 합니다.

마음에 천막을 치고 사는 사람은 세상에 연연하지 않습니다. 지위나 명예나 권세나 부귀영화에 연연하지 않습니다. 하나님께서 주시면 감사하며 그것을 누리고 삽니다. 아브라함은 하나님께서 주신 것을 누리고 살았지만 거기에 연연하지 않았습니다. 마음에 천막을 치고 사는 삶, 이것이 참된 믿음의 삶입니다.

10절 이는 그가 하나님이 계획하시고 지으실 터가 있는 성을 바랐음이라

아브라함이 장막에 거하면서 하나님의 약속을 끝까지 참고 기다리며 믿음의 인내를 할 수 있었던 이유는, 그가 하나님께서 계획하시고 지으실 터가 있는 성을 기대했기 때문입니다. '하나님이 계획하시고 지으실 터가 있는 성(城)'은 하나님께서 직접 다스리시는 곳, 천성(天城)을 가리킵니다. 이 성은 영원한 천국을 의미합니다. 하나님이 경영하시고, 하나님이 직접 다스리시고, 하나님이 계획하시고 손수 지으신 영원한 집은 바로 천국입니다. 아브라함은 천막집이 무너져도 영원한 천국이, 영원한 본향이 이 땅에 있지 않고 저 하늘나라에 있다는 것을 믿었습니다.

아브라함이 약속의 땅 가나안에 살면서도 나그네 생활을 하였던 것은 바로 영원한 도성 하늘나라를 소망 중에 믿음으로 바라보았기 때문입니다. 우리도 아브라함처럼 이 땅에 미련을 두지 말고 오직 하나님이 예비하신 새 하늘과 새 땅만을 바라보고 힘차게 나아가야 할 것입니다.

11절 믿음으로 사라 자신도 나이가 많아 단산하였으나 잉태할 수 있는 힘을 얻었으니 이는 약속하신 이를 미쁘신 줄 알았음이라

사라는 처음에 하나님의 약속을 믿지 않았습니다. 사라는 하나님께서 아브라함에게 "네 아내 사라에게 아들이 있으리라."고 말씀하시는 것을 듣고 어이없다는 듯이 웃었습니다(창 18:11-14). 그러나 이내 마음을 고쳐먹고 하나님의 약속의 말씀을 굳게 믿었습니다. 사라는 너무 늙어서 임신이 불가능한 상태였지만 하나님의 말씀을 굳게 믿은 것입니다. 이처럼 그녀가 믿을 수 있었던 것은 하나님이 미쁘신 줄 알았기 때문입니다.

'미쁘다'는 것은 '성실하다', '변함이 없다'는 뜻입니다. 사라는 아무리 실현 불가능한 일도 하나님께서 약속하시면 반드시 이루어진다고 굳게 믿었던 것입니다.

주인이신 하나님은 우리를 사랑하셔서 그 아들 예수님을 우리에게 주셨습니다. 우리 주인께서는 우리의 인생 전체를 계획하시고 현재 고통스럽고 괴롭다 해도 장차 유익이 된다면 물과 불을 통과하도록 하십니다. 우리는 우리의 주인을 알고 따라가야 합니다. 환경을 바라보고 따라가면 안 됩니다. 눈물이 나고 고통스럽고 괴로워도, 날 위해 십자가에서 몸을 찢고 피를 흘리시기까지 사랑하신 주님께서는 절대로 나에게 손해가 되지 않게 하신다는 것을 믿어야 합니다. 그 주인을 바라보고 우리는

따라가는 것입니다. 그러면 주인이 모든 것을 알아서 인도해 주십니다.

사라는 하나님이 주인이심을 알았기 때문에 믿고 신뢰하였습니다. 그 결과 그녀는 나이 90살에 아들을 낳는 기적을 체험하였습니다.

12절 이러므로 죽은 자와 같은 한 사람으로 말미암아 하늘의 허다한 별과 또 해변의 무수한 모래와 같이 많은 후손이 생육하였느니라

늙어서 생식 능력이 없는 아브라함과 사라는 믿음으로 하나님께서 약속하신 아들을 얻어 하늘의 별같이, 바다의 모래같이 수많은 후손을 두게 되었습니다. 아브라함을 통해 이삭이 태어났고, 이삭을 통해 야곱과 에서가 태어났으며, 야곱을 통해 이스라엘 열두 지파의 조상이 태어나게 된 것입니다. 뿐만 아니라 오늘날 예수 그리스도를 믿는 성도들은 아브라함의 영적 자손이 되었습니다. 아브라함의 믿음에 대해 성경은 이렇게 말씀합니다. "아브라함이 바랄 수 없는 중에 바라고 믿었으니 이는 네 후손이 이같으리라 하신 말씀대로 많은 민족의 조상이 되게 하려 하심이라 그가 백 세나 되어 자기 몸이 죽은 것 같고 사라의 태가 죽은 것 같음을 알고도 믿음이 약하여지지 아니하고 믿음이 없어 하나님의 약속을 의심하지 않고 믿음으로 견고하여져서 하나님께 영광을 돌리며 약속하신 그것을 또한 능히 이루실 줄을 확신하였으니 그러므로 그것이 그에게 의로 여겨졌느니라"(롬 4:18-22). 하나님은 죽은 자를 살리시며 없는 것을 있는 것으로 부르시는 분이십니다(롬 4:17). 이러한 절대적인 능력으로 하나님은 약속을 이루십니다. 그러므로 아무리 절망적인 상황에 처했더라도 하나님의 약속의 말씀을 굳게 믿기만 하면 하나님의 기적이 반드시 일어나는 것입니다.

하나님께서는 아브라함의 나이 75세에 아들을 주겠다고 약속하셨지만 무려 25년 동안을 기다리게 하셨습니다. 죽은 자와 같게 만드신 후에 다시 부활시켜서 복을 주셨습니다. 사람의 힘으로는 할 수 없다는 것을 철저하게 깨닫게 하신 것입니다. 인간적인 가능성이 1%라도 남아 있었더라면 하나님이 안 주셔도 자신의 힘으로 할 수 있었다고 생각했을 것입니다. 그러나 하나님께서는 죽은 자와 같게 만들어 놓으신 후에 다시 하늘의 별과 땅의 모래같이 무수히 번성하게 만드신 것입니다.

하나님께서는 우리가 하는 일에 언제나 죽음을 먼저 경험하게 하시고 다시 살려 내십니다. 이것이 하나님의 역사하시는 방법입니다. 그렇지 않으면 "내가 했다, 내 힘과 내 능력과 내 지혜와 총명으로 했다."고 생각하기 때문입니다.

그 때문에 하나님께 기도하고 하나님과 동행하는 사람은 반드시 기억해야 합니다. 우리가 꿈꾸고 계획한 일은 반드시 한 번은 죽습니다. 하나님께서는 우리 힘으로 안 된다는 것을 반드시 증명하십니다. 하나님의 능력으로만 가능하다는 것을 우리가 겸손히 깨닫게 될 때, 하나님께서 다시 부활시키십니다.

나는 목회를 해 오면서 내가 계획한 것, 나의 자랑이 들어간 것들은 내 손에서 다 깨어지는 것을 철저하게 경험하였습니다. 죽고 깨어진 후에 하나님께서는 언제나 새로 부활시키셔서 하나님의 계획으로 일을 하셨습니다.

본 절에서도 하나님께서는 아브라함과 사라가 죽은 자와 같도록 내버려 놓은 후에 하늘의 허다한 별과 해변의 무수한 모래와 같이 많이 생육시키는 기적을 베풀어 주셨습니다. 우리가 하는 일이 죽어 버리는 그 순간이 하나님께서 일하실 수 있는 기회가 되는 것입니다.

나는 이 여의도 강단에 설 때마다 회상하곤 합니다. 서대문에서 여의도로 옮겨와 교회를 건축할 당시 나는 이곳에 꿇어 엎드려서 "하나님 아버지, 여기에 있는 철골이 제 위에 떨어져서 철골에 맞아 죽게 하여 주십시오. 나는 이 교회를 이끌어 나갈 힘이 없습니다. 빚은 태산같이 지고 헌금은 안 나오고 건축 자재는 다 썩어가고 이제는 죽는 길밖에는 해결할 길이 없습니다. 죽어야 합법적으로 빚을 안 갚을 수 있으니, 이 철근이 내 머리에 떨어지게 해 주십시오. 여기 교회당이 내 무덤이 되게 하여 주십시오."라고 기도하였습니다. 그때 나는 죽은 자와 같았습니다.

그런데 하나님께서는 죽어가던 이 교회를 부활시키셔서 하늘의 별과 같고 땅의 모래같이 큰 교회가 되도록 하셨습니다. 이것은 내 힘으로 된 것이 아닙니다. 하나님께서 역사하신 것입니다. 아브라함과 사라에게 일어난 기적이 우리 여의도순복음교회에 일어난 것입니다. 그렇기 때문에 나는 언제나 이곳에 서면 나의 과거를 생각합니다. 그리고 이 교회는 내가 세운 것이 아니라 하나님께서 세우셨고, 따라서 하나님께서만 영광을 받으셔야 한다고 고백하곤 합니다.

4. 믿음의 궁극적인 목적(11:13-16)

13. 이 사람들은 다 믿음을 따라 죽었으며 약속을 받지 못하였으되 그것들을 멀리서 보고 환영하며 또 땅에서는 외국인과 나그네임을 증언하였으니 14. 그들이 이같이 말하는 것은 자기들이 본향 찾는 자임을 나타냄이라 15. 그들이 나온바 본향을 생각하였더라면 돌아갈 기회가 있었으려니와 16. 그들이 이제는 더 나은 본향을 사모하니 곧 하늘에 있는 것이라 이러므로 하나님이 그들의 하나님이라 일컬음 받으심을 부끄러워하지 아니하시고 그들을 위하여 한 성을 예비하셨느니라

13절 이 사람들은 다 믿음을 따라 죽었으며 약속을 받지 못하였으되 그것들을 멀리서 보고 환영하며 또 땅에서는 외국인과 나그네임을 증언하였으니

하나님이 우리에게 주신 약속에는 우리가 사는 날 동안 성취되는 약속과 미래에 성취될 약속이 있습니다. 예수님께서 갈보리 십자가 위에서 이루신 죄의 용서와 화해와 성령 충만한 치료와 기쁨은 현재 우리에게 적용되는 것이며 현재 얻고 누릴 수 있는 약속입니다. 축복과 형통도 마찬가지입니다. 그러나 예수 그리스도의 재림과 부활과 천국 영광은 미래에 이루어질 약속입니다. 우리가 동일하게 바라보고 환영하고 믿고 실천해도, 현재에 이루어질 약속이 있고 미래에 이루어질 약속이 있습

니다. 아브라함과 이삭과 야곱은 모두 믿음을 따라 살았고, 또 믿음을 따라 죽었습니다. 그들은 생전에 하나님의 약속을 받았지만 약속이 성취되는 것을 보지 못한 채 죽었습니다. 그들은 장차 이루어질 약속을 멀리서 보고 환영하며 영원한 본향 천국을 사모하였습니다. 그리고 약속의 땅 가나안에서 나그네처럼 살다가 천국을 바라보며 육신의 장막을 벗고 떠나간 것입니다.

14절 그들이 이같이 말하는 것은 자기들이 본향 찾는 자임을 나타냄이라

우리가 지금 살고 있는 이곳은 우리의 진정한 본향이 아닙니다. 우리의 본향은 주님께서 예비하신 천국이며, 우리는 이 땅에서 거류민과 나그네로 살다가 장차 영원한 천국 본향으로 가게 됩니다. 이 땅에는 우리가 거할 영원한 처소가 없다는 점을 반드시 깨달아야 합니다. 예수 그리스도를 통해 주시는 구원과 영생 그리고 하늘나라가 우리의 것임을 알고 이 땅에서의 우리의 삶이 본향을 찾아가는 과정인 것을 이해한다면 삶에 대한 자세는 달라질 것입니다.

그러므로 우리는 이 땅에 사는 동안 행복하고 즐겁게 살아야 합니다. 소풍 나온 관광객은 자신이 거류민이요, 나그네라는 것을 알기 때문에 가파르고 험한 산에도 즐겁게 오르고 동굴에도 기꺼이 들어갑니다. 우리도 천국이 우리 본향인 것을 안다면, 이 땅에 있는 것을 모두 하나님께서 주신 것으로 믿고 우리에게 주신 것을 감사함으로 누리게 됩니다. 원망과 불평과 슬픔 대신 하나님께서 우리에게 주신 삶을 감사함으로 받아들이고 기쁨으로 살 수 있습니다. 가장 지혜로운 삶의 자세는 천국에 우리

의 본향 집이 있다는 것을 인식하고, 이 땅에서 거류민과 나그네로 사는 동안 하나님이 주신 것을 감사히 받아들이고 기쁘게 살아가는 것입니다. 기쁘고 행복하게 감사하며 사는 것이 하나님께서 우리를 이 땅에 보내신 목적에 합당한 삶입니다.

15절 그들이 나온바 본향을 생각하였더라면 돌아갈 기회가 있었으려니와

여기에서 '나온바 본향'은 아브라함의 고향인 갈대아인의 우르를 가리킵니다. 만일 아브라함이 고향을 그리워하여 돌아갈 마음을 먹었다면 얼마든지 돌아갈 수 있었습니다. 그러나 아브라함이 바라고 사모한 본향은 지상의 고향인 갈대아인의 우르가 아니라 영원한 하늘나라였습니다. 그러므로 아브라함은 고향인 갈대아인의 우르로 돌아가지 않고 어려움을 참고 하나님의 약속하신 땅에 머물렀던 것입니다.

16절 그들이 이제는 더 나은 본향을 사모하니 곧 하늘에 있는 것이라 이러므로 하나님이 그들의 하나님이라 일컬음 받으심을 부끄러워하지 아니하시고 그들을 위하여 한 성을 예비하셨느니라

"그들이 이제는 더 나은 본향을 사모하니 곧 하늘에 있는 것이라". 우리에게는 두 가지 본향이 있습니다. 하나는 이 땅의 본향, 즉 우리가 태어나서 부모님의 슬하에서 사랑받으며 자라난 육신의 고향이 있습니다. 그리고 다른 하나는 예수님을 믿고 거듭난 우리의 영적 아버지이신 하나님께서 기다리고 계시는 영원한 본향 하늘나라가 있습니다. 우리는 이 영원한 본향을 간절한 마음으로 바라보며 이 세상을 살아가는 것입니다.

"이러므로 하나님이 그들의 하나님이라 일컬음 받으심을 부끄러워하지 아니하시고 그들을 위하여 한 성을 예비하셨느니라". 아브라함과 이삭과 야곱은 평생 천국 소망을 가지고 믿음 생활을 하였습니다. 그렇기 때문에 하나님께서는 자신을 가리켜 "아브라함의 하나님, 이삭의 하나님, 야곱의 하나님"(출 3:15)이라 하셨으며, 그렇게 일컬음 받는 것을 부끄러워하지 않으셨습니다. 뿐만 아니라 하나님께서는 그들의 믿음대로 영원한 본향 하늘나라에 그들의 거처를 예비해 주셨습니다.

5. 믿음의 영웅들(11:17-40)

17. 아브라함은 시험을 받을 때에 믿음으로 이삭을 드렸으니 그는 약
속들을 받은 자로되 그 외아들을 드렸느니라 18. 그에게 이미 말씀
하시기를 네 자손이라 칭할 자는 이삭으로 말미암으리라 하셨으니
19. 그가 하나님이 능히 이삭을 죽은 자 가운데서 다시 살리실 줄로
생각한지라 비유컨대 그를 죽은 자 가운데서 도로 받은 것이니라
20. 믿음으로 이삭은 장차 있을 일에 대하여 야곱과 에서에게 축복하
였으며 21. 믿음으로 야곱은 죽을 때에 요셉의 각 아들에게 축복하
고 그 지팡이 머리에 의지하여 경배하였으며 22. 믿음으로 요셉은
임종 시에 이스라엘 자손들이 떠날 것을 말하고 또 자기 뼈를 위하여
명하였으며 23. 믿음으로 모세가 났을 때에 그 부모가 아름다운 아
이임을 보고 석 달 동안 숨겨 왕의 명령을 무서워하지 아니하였으며

24. 믿음으로 모세는 장성하여 바로의 공주의 아들이라 칭함 받기를 거절하고 25. 도리어 하나님의 백성과 함께 고난받기를 잠시 죄악의 낙을 누리는 것보다 더 좋아하고 26. 그리스도를 위하여 받는 수모를 애굽의 모든 보화보다 더 큰 재물로 여겼으니 이는 상 주심을 바라봄이라 27. 믿음으로 애굽을 떠나 왕의 노함을 무서워하지 아니하고 곧 보이지 아니하는 자를 보는 것같이 하여 참았으며 28. 믿음으로 유월절과 피 뿌리는 예식을 정하였으니 이는 장자를 멸하는 자로 그들을 건드리지 않게 하려 한 것이며 29. 믿음으로 그들은 홍해를 육지같이 건넜으나 애굽 사람들은 이것을 시험하다가 빠져 죽었으며 30. 믿음으로 칠 일 동안 여리고를 도니 성이 무너졌으며 31. 믿음으로 기생 라합은 정탐꾼을 평안히 영접하였으므로 순종하지 아니한 자와 함께 멸망하지 아니하였도다 32. 내가 무슨 말을 더 하리요 기드온, 바락, 삼손, 입다, 다윗 및 사무엘과 선지자들의 일을 말하려면 내게 시간이 부족하리로다 33. 그들은 믿음으로 나라들을 이기기도 하며 의를 행하기도 하며 약속을 받기도 하며 사자들의 입을 막기도 하며 34. 불의 세력을 멸하기도 하며 칼날을 피하기도 하며 연약한 가운데서 강하게 되기도 하며 전쟁에 용감하게 되어 이방 사람들의 진을 물리치기도 하며 35. 여자들은 자기의 죽은 자들을 부활로 받아들이기도 하며 또 어떤 이들은 더 좋은 부활을 얻고자 하여 심한 고문을 받되 구차히 풀려나기를 원하지 아니하였으며 36. 또 어떤 이들은 조롱과 채찍질뿐 아니라 결박과 옥에 갇히는 시련도 받았으며 37. 돌로 치는 것과 톱으로 켜는 것과 시험과 칼로 죽임을 당하고 양과 염소의 가죽을 입고 유리하여 궁핍과 환난과 학대를 받았으니 38. (이런 사람은 세상이 감당하지 못하느니라) 그들이 광야와 산과 동굴과 토굴에 유리하였느니라 39. 이 사람들은 다 믿음으로 말미암아 증거를 받았으나 약속된 것을 받지 못하였으니 40. 이는 하나님이 우리를 위하여 더 좋은 것을 예비하셨은즉 우리가 아니면 그들로 온전함을 이루지 못하게 하려 하심이라

17절 아브라함은 시험을 받을 때에 믿음으로 이삭을 드렸으니 그는 약속들을 받은 자로되 그 외아들을 드렸느니라

아브라함은 백세에 독자 이삭을 얻었습니다. 아브라함은 노년에 하나님의 약속으로 얻은 이삭을 이 세상의 그 무엇보다도 사랑했을 것입니다. 아브라함은 이삭의 성장 과정을 바라보며 인생의 낙을 느꼈고, 날이 갈수록 이삭은 대견하고 믿음직한 아들로 아브라함의 마음을 차지하였습니다.

그런데 어느 날 청천벽력 같은 일이 일어났습니다. 하나님께서 아브라함의 신앙을 시험해 보시기 위해 아브라함에게 "네 아들 네 사랑하는 독자 이삭을 데리고 모리아 땅으로 가서 내가 네게 일러 준 한 산 거기서 그를 번제로 드리라"(창 22:2)고 명령하신 것입니다. 번제는 제사법의 한 종류로, 짐승을 잡아 피를 뿌리고 가죽을 벗기고 각을 뜬 후, 머리와 다리 등 몇 부분으로 가르고 내장과 다리를 씻어 제물 전체를 제단 위에 불살라 드리는 제사입니다(레 1:3-9). 아브라함이 자신의 목숨보다 더 사랑하는 아들, 더구나 하나님께서 주신 언약의 아들을 죽여 번제로 드린다는 것은 더할 수 없이 힘들고 고통스러운 일이었습니다.

그러나 아브라함은 힘들고 고통스러운 마음을 뒤로하고 하나님의 명령에 순종하였습니다. 아브라함은 75세에 고향 산천을 떠나서 수십 년을 살아오는 동안에 많은 신앙의 시련과 연단을 받아 자기의 아집(我執)과 육신적인 욕망이 다 깨어졌습니다. 오히려 그 오랜 시련과 연단을 통해 그의 믿음은 더욱 견고해졌습니다. 그러므로 그는 자신이 이삭을 번제로 드리더라도 하나님께서 다시 살리실 것이라고 믿었습니다. 이러한 믿음으로 그는 선뜻 하나님께 이삭을 드렸던 것입니다. 하나님은 이러한 아

브라함의 믿음에 대해서 감동하신 것입니다.

우리도 하나님의 약속의 말씀을 받았으면, 바라보고 환영하며 줄기차게 믿어야 합니다. 하나님의 약속을 조금 믿다가 포기하거나 믿었다가 시험이 다가오면 포기하는 자세는 안 됩니다. 하나님께서 주신 약속을 붙들고 믿었으면 끝까지 믿어야 합니다. 그리고 하나님의 약속과 명령 사이에 모순이 생기는 것처럼 보일지라도 그 하나님의 뜻과 명령에 절대 순종해야 합니다. 하나님께서는 아브라함의 하나님에 대한 절대 믿음과 절대 순종의 자세를 기뻐하셨습니다. 아브라함이 이삭을 통해 후손을 주시겠다고 하신 하나님의 약속을 믿고 이삭을 제단에 올렸던 것처럼, 우리가 모든 문제 앞에 믿음으로 순종한다면 하나님께서는 반드시 그 결과를 아름답게 만들어 주실 것입니다.

18-19절 그에게 이미 말씀하시기를 네 자손이라 칭할 자는 이삭으로 말미암으리라 하셨으니 그가 하나님이 능히 이삭을 죽은 자 가운데서 다시 살리실 줄로 생각한지라 비유컨대 그를 죽은 자 가운데서 도로 받은 것이니라

일찍이 하나님께서는 아브라함에게 "이삭에게서 나는 자라야 네 씨라 부를 것임이니라"(창 21:12)고 말씀하셨습니다. 아브라함은 이 말씀을 굳게 믿고 어떠한 일이 있더라도 하나님께서 말씀대로 이루실 것을 조금도 의심하지 않았습니다. 아브라함은 '저 하늘이 무너지고 이 세상이 꺼지더라도 하나님의 말씀은 일점일획도 변하지 않고 그대로 이루어진다.' 고 굳게 믿었기 때문에 주저하지 않고 이삭을 향하여 칼을 들 수 있었습니다. 아브라함은 이삭을 번제로 드려 이삭이 잿더미가 될지라도,

하나님께서 이삭을 다시 살리실 것이라고 굳게 믿었기 때문에 이삭을 번제로 드릴 수 있었습니다. 그런데 아브라함이 칼로 치려는 순간 다급하게 그를 부르는 소리가 들렸습니다. 그리고 "그 아이에게 네 손을 대지 말라 그에게 아무 일도 하지 말라 네가 네 아들 네 독자까지도 내게 아끼지 아니하였으니 내가 이제야 네가 하나님을 경외하는 줄을 아노라"(창 22:12)는 말씀이 들려왔습니다. 이로써 아브라함은 하나님의 시험에 합격한 것입니다.

이와 같은 아브라함의 믿음은 우리에게 큰 교훈을 줍니다. 그것은 우리의 믿음이 하나님의 말씀에 근거를 두어야 한다는 것입니다. 하나님의 말씀에 근거하지 않고 무조건 믿는 것은 참믿음이 아닙니다. 말씀에 근거를 두고 성령의 감동하심을 받아 기도하며 믿음으로 나아갈 때, 하나님의 역사가 일어나는 것입니다. 우리는 시험과 환난의 폭풍우를 지날 때 먼저 하나님의 뜻이 어디에 있는가를 살펴야 합니다. 우리가 하나님 앞에 간절히 기도할 때, 성령께서 우리의 마음에 감동을 주시고 하나님의 뜻이 어디에 있는지 보여 주십니다. 하나님의 일반적인 뜻은 하나님의 말씀인 성경에 잘 나타나 있습니다. 기도하고 말씀을 상고할 때, 그 말씀을 통하여 하나님의 뜻을 알 수 있습니다. 그러므로 항상 성령님께 의지하여 기도하고 하나님의 말씀을 주야로 묵상하는 신앙생활을 하여야겠습니다.

20절 믿음으로 이삭은 장차 있을 일에 대하여 야곱과 에서에게 축복하였으며

이삭은 리브가에게서 쌍둥이를 낳았는데 맏아들은 에서였으며 둘째

아들은 야곱이었습니다. 이삭이 나이가 많아 눈이 어두워서 앞을 잘 볼 수 없게 되자 두 아들에게 축복해 주었습니다. 그 축복은 아버지로서 자신의 소원과 의지대로 한 것이 아니라, 성령으로 말미암아 하나님의 뜻대로 한 예언적인 축복이었습니다. 이삭은 장차 될 일을 믿음으로 바라보며 예언한 것입니다(창 27:27-29, 39-40).

21절 믿음으로 야곱은 죽을 때에 요셉의 각 아들에게 축복하고 그 지팡이 머리에 의지하여 경배하였으며

야곱이 나이 많아 죽게 되었을 때, 요셉이 두 아들을 데리고 축복을 받으러 갔습니다. 그런데 이때 야곱은 팔을 엇바꾸어 둘째인 에브라임에게 장자의 축복을 해 주었습니다(창 48:14). 요셉은 이를 보고 섭섭하여 맏아들 므낫세의 머리 위에 오른손을 얹어 장자의 축복을 해 주기를 부탁했으나, 야곱은 이를 허락하지 않고 이렇게 말하였습니다. "나도 안다 내 아들아 나도 안다 그도 한 족속이 되며 그도 크게 되려니와 그의 아우가 그보다 큰 자가 되고 그의 자손이 여러 민족을 이루리라"(창 48:19). 야곱은 하나님 말씀에 순종하여 믿음으로 장래 일을 예언한 것입니다.

22절 믿음으로 요셉은 임종 시에 이스라엘 자손들이 떠날 것을 말하고 또 자기 뼈를 위하여 명하였으며

요셉은 임종 시에 장래 일에 대하여 믿음으로 유언을 했습니다(창 50:24-25). 요셉은 하나님께서 그의 선조 아브라함과 이삭과 야곱에게 주신 약속의 말씀을 믿었기 때문에 장차 출애굽 하여 가나안으로 가게 될 때에 자신의 해골을 가져다가 가나안에 묻어 달라고 부탁했습니다. 요

셉은 애굽에서 모든 영화를 누리고 살았으나 하나님이 약속하신 젖과 꿀이 흐르는 가나안 땅을 사모하고 이와 같은 유언을 한 것입니다. 여기에서 요셉의 위대한 믿음을 볼 수 있습니다. 이스라엘 백성은 요셉의 유언을 기억하고 출애굽 할 때 그의 해골을 가져다가 가나안 땅에 장사하였습니다(출 13:19; 수 24:32).

23절 믿음으로 모세가 났을 때에 그 부모가 아름다운 아이임을 보고 석 달 동안 숨겨 왕의 명령을 무서워하지 아니하였으며

모세가 태어날 당시 애굽에서는 요셉을 알지 못하는 포악한 바로가 이스라엘을 탄압하기 시작했습니다. 그는 히브리 여자들이 아이를 낳을 때 아들을 낳으면 죽이고 딸을 낳으면 살리라는 명령을 내렸습니다(출 1:15-16). 그는 이스라엘 백성이 날로 번성하는 것이 너무나 두려워서 이러한 명령을 내린 것입니다.

모세의 부모 아므람과 요게벳은 하나님을 잘 섬기는 레위 족속 사람이었습니다. 그들은 모세가 태어났을 때 이 아이가 보통 아이와는 달리 하나님께 크게 쓰임 받을 아이임을 알아보고, 믿음으로 모세를 석 달 간 숨겨 키웠습니다. 석 달이 지나 더 이상 숨겨 둘 수 없게 되자 모세를 갈대 상자에 넣어 나일 강에 띄워 보냈습니다(출 2:3). 그런데 모세의 부모는 이 아들을 하나님께서 구해 주실 것이라는 믿음이 있었기 때문에 갈대 상자를 만들 때 물이 전혀 스며들지 않게끔 역청과 진을 발랐으며 또 강에 띄운 다음에 딸 미리암을 시켜 아이가 어떻게 되는가를 지켜보게 했습니다. 그 결과 모세는 바로의 공주에게 발견되어 물에서 건짐 받아 바로의 궁중에서 자라게 되었습니다. 그런데 미리암의 기지로 생모인 요게벳이

모세의 유모가 되었으므로(출 2:7-9), 모세는 어머니 요게벳에게 신앙 교육을 받으며 성장할 수 있었습니다. 하나님의 섭리는 우리가 내려놓을 때 도로 찾게 만들어 주시는 것입니다. 모세의 부모가 어린 모세를 데리고 있었더라면 분명히 죽임을 당했을 것입니다. 그러나 그들이 하나님께 맡겨 버리자, 하나님께서 도로 어머니 품에 안겨 주셨습니다. 모세는 젖 뗄 시기까지 어머니 품에서 신앙 교육을 받으며 자랄 수 있었고, 결국 바로의 공주의 아들이 되어 궁중에서 성장할 수 있게 된 것입니다. 이와 같이 우리가 하나님 앞에서 버리면, 도로 찾게 해 주십니다. 그러나 우리가 가진 것을 움켜쥘수록, 그것은 우리에게서 멀어지게 됩니다. 마찬가지로 그리스도의 복음을 위해 하나님께 우리의 인생과 생명을 내려놓을 때, 하나님께서는 도로 찾게 해 주십니다.

24-26절 **믿음으로 모세는 장성하여 바로의 공주의 아들이라 칭함 받기를 거절하고 도리어 하나님의 백성과 함께 고난받기를 잠시 죄악의 낙을 누리는 것보다 더 좋아하고 그리스도를 위하여 받는 수모를 애굽의 모든 보화보다 더 큰 재물로 여겼으니 이는 상 주심을 바라봄이라**

모세의 어머니 요게벳은 모세를 기르며 철저하게 신앙 교육을 시켰을 것입니다. "너는 하나님의 택함을 받은 히브리인이다.", "하나님께서 너를 크게 쓰실 것이다.", "너는 항상 하나님만 믿고 의지하여야 한다."는 등, 모세는 이러한 교육을 받으며 자랐을 것입니다. 이로 인해 그는 '나는 하나님의 택한 백성 히브리인이다.' 라는 하나님의 백성으로서의 정체성을 분명히 가질 수 있었습니다. 그렇기 때문에 그는 장성한 후 믿음으로 바로의 아들이라 칭함을 거절했던 것입니다. 그가 바로의 아들로서 그냥 애굽에 머물렀더라면 높은 지위에 올라갈 수 있었으며 바로의 뒤를 이어 임금이 될 수도 있었습니다. 그러나 그는 일시적인 세상의 권력과 쾌락을 거절하고 하나님의 백성과 함께 고난받는 길을 선택하였습니다. 모세가 이러한 결단을 하게 된 동기는 장차 다가올 하나님의 큰 상급을 믿음으로 바라보았기 때문입니다. 우리 역시 순간순간 세상의 쾌락과 부와 명예 대신 예수 그리스도를 선택할 때 하나님의 큰 상을 받을 소망이 있습니다.

27절 믿음으로 애굽을 떠나 왕의 노함을 무서워하지 아니하고 곧 보이지 아니하는 자를 보는 것같이 하여 참았으며

모세는 하나님께서 자신에게 사명을 주셨다는 것과 자신을 통해서 하나님의 큰 역사가 일어날 것을 믿었습니다. 그 때문에 그는 어린 시절 어머니 무릎에서 배운 하나님과 그의 뜻을 이루기 위해서 애굽의 보화를 버릴 수 있었습니다. 또한 당시 강대국이었던 애굽의 임금도 두려워하지 않았습니다. 모세는 믿음으로 바로의 노함을 무서워하지 않고 애굽을 떠났습니다. 그는 보이지 아니하는 자를 보는 것같이 굳게 믿으며 인내하였습니다. '보이지 아니하는 자' 는 하나님을 가리킵니다. 하나님은 영이시기 때문에 우리 눈에는 보이지 않습니다. 그러나 하나님의 형상으로 지음 받은 우리는 영으로 하나님과 교통할 수 있습니다. 모세는 보이는 것이 없었지만 하나님께서 약속하신 말씀을 굳게 붙잡고 믿음의 전진을 해 나갔습니다.

하나님은 눈에 보이지 않습니다. 그러나 우리가 하나님의 말씀인 성경

을 상고하고 기도할 때, 성령께서 마음에 감동을 주셔서 하나님을 만나는 체험을 하게 해 주십니다. 우리가 하나님의 약속의 말씀을 부여잡고 보이지 아니하는 하나님을 보이는 것같이 참고 믿음으로 나아갈 때, 하나님께서는 그 믿음 위에 기적을 베풀어 주시는 것입니다.

우리 역시 보이지 않는 하나님을 보이는 것같이 마음속에 모시고 살아야 합니다. 눈에 보이는 것은 잠깐이요, 보이지 않는 것은 영원합니다. 눈에 보이지는 않지만 성부, 성자, 성령 하나님을 모시고 섬기며 살아갈 수 있다는 것은 큰 축복인 것입니다. 우리가 이 세상을 떠날 때는 보이는 세계와의 모든 교통이 끊어지게 됩니다. 우리는 보이지 않는 하나님 나라의 백성입니다. 모세는 그의 마음속에 보이지 않는 하나님을 보이는 것같이 모시고 동행하였습니다.

28절 믿음으로 유월절과 피 뿌리는 예식을 정하였으니 이는 장자를 멸하는 자로 그들을 건드리지 않게 하려 한 것이며

하나님께서는 모세를 통하여 애굽에 열 가지 재앙을 내리셨는데, 그중 마지막 재앙은 애굽 땅에 있는 모든 처음 난 것이 죽임을 당하는 것이었습니다. 이때 하나님께서는 모세를 통하여 마지막 재앙이 임하기에 앞서 이스라엘 백성들로 하여금 흠 없는 어린 양의 피를 집의 문설주와 인방에 바르게 하여 재앙을 면하도록 하셨습니다(출 12:1-14). 마침내 재앙이 시작되자 죽음의 사자가 애굽 전역을 다니면서 모든 처음 난 것을 다 죽였습니다. 그리하여 집집마다 장자를 잃고 애곡하였습니다. 그러나 모세가 믿음으로 전해 준 하나님의 말씀에 순종한 이스라엘 백성들은 한 명도 해를 받지 않았습니다. 이것이 바로 이스라엘의 최대 절기라 할 수 있는 유

월절의 기원입니다. 그날 밤 애굽 사람들의 애곡 소리를 뒤로하고 이스라엘 백성은 노예 생활을 하던 애굽을 떠나 가나안으로 향하였습니다.

예수 그리스도께서는 유월절 어린양이 되셔서 우리를 위해 십자가에 못 박혀 피를 흘리고 죽으셨습니다. 그러므로 오늘날 우리가 예수 그리스도를 믿고 어린양 예수 그리스도의 피를 마음속에 받아들이면, 하나님의 말씀에 순종한 이스라엘 백성처럼 우리도 마음의 인방과 문설주에 그리스도의 피를 바르게 되는 것입니다. 예수 그리스도의 보혈을 통하여 우리의 죄가 영원히 사해지고, 영원한 의가 선물로 주어지며, 율법과 정죄 의식이 다 철폐되고, 마귀의 권세와 정사가 다 허물어져 버리고, 구원을 받게 되는 것입니다. 또한 병에서 고침 받고, 저주에서 해방되며, 사망과 음부에서 해방되어 천국과 영생을 얻는 것입니다.

모세가 믿음으로 유월절 예를 정하여 이스라엘 백성들이 죽음을 면했던 것같이, 우리는 믿음으로 유월절 어린양이신 예수 그리스도의 보혈의 공로를 의지해서 승리하는 삶을 살 수 있는 것입니다. 우리는 예수님의 보혈을 의지해야 됩니다. 예수님의 보혈에 능력이 있습니다.

29절 믿음으로 그들은 홍해를 육지같이 건넜으나 애굽 사람들은 이것을 시험하다가 빠져 죽었으며

출애굽 한 이스라엘 백성은 곧 큰 시련에 부딪치게 되었습니다. 그들의 앞에 홍해가 가로막고 있었던 것입니다. 설상가상으로 뒤에는 애굽 군대가 추격해 오고 있었습니다. 진퇴양난의 절망적인 상황에서 모세는 하나님께 간절히 기도하였습니다. 그러자 하나님께서는 모세에게 "지팡이를 들고 손을 바다 위로 내밀어 그것이 갈라지게 하라"(출 14:16)고 명령

하셨습니다. 모세가 하나님의 말씀을 굳게 잡고 믿음으로 지팡이를 들고 손을 바다 위로 내밀자 홍해가 갈라졌습니다. 모세와 이스라엘 백성은 그들이 건너는 동안 바다가 다시 합쳐지지 않을 것을 확신했기 때문에 믿음으로 홍해를 건널 수 있었습니다. 그러나 애굽 사람들은 하나님의 말씀을 믿지 않고 아무런 확신 없이 바다를 건너려다가 홍해가 도로 합쳐져서 모두 바닷물에 빠져 죽고 말았던 것입니다.

믿음으로 행하는 것과 시험 삼아 행하는 것은 무엇이 다릅니까? 믿음으로 행하는 것은 하나님의 약속의 말씀을 받고 행하는 것입니다. 그러나 하나님의 말씀을 받지 않고 행하는 것은 시험 삼아 행하는 것입니다. 우리가 말씀을 받아서 행하면 그것은 믿음입니다. 말씀을 가지고 나가는 사람은 주님께서 함께하십니다. 그러나 주님을 시험하는 자세로 행할 경우 주님께서 멸하시는 것입니다.

하나님의 말씀을 굳게 붙잡고 믿음으로 실천해 나아가면, 하나님의 기적이 일어나게 됩니다. 그러나 하나님의 말씀의 근거 없이 '남이 하니까 나도 한다.' 는 식으로 하다가는 낭패를 당하고 맙니다. 그렇기 때문에 성경은 우리에게 "믿음은 들음에서 나며 들음은 그리스도의 말씀으로 말미암았느니라"(롬 10:17)고 가르쳐 주고 있는 것입니다. 이러므로 우리는 항상 말씀에 기초를 둔 신앙생활을 하여야 합니다. 말씀을 듣고 읽을 때, 성령께서 우리 마음에 깨달음을 주시고 믿음을 주심으로 위대한 하나님의 일을 할 수 있게 해 주십니다. 말씀을 굳게 잡고 믿음으로 나아가면, 우리 앞에 가로막힌 홍해가 갈라지는 기적이 일어나는 것입니다.

30절 믿음으로 칠 일 동안 여리고를 도니 성이 무너졌으며 이 이야기는 여호수아 6장에 기록된 내용입니다. 하나님께서는 여호수아에게 "보라 내가 여리고와 그 왕과 용사들을 네 손에 넘겨 주었으니 너희 모든 군사는 그 성을 둘러 성 주위를 매일 한 번씩 돌되 엿새 동안을 그리하라 제사장 일곱은 일곱 양각 나팔을 잡고 언약궤 앞에서 나아갈 것이요 일곱째 날에는 그 성을 일곱 번 돌며 그 제사장들은 나팔을 불 것이며 제사장들이 양각 나팔을 길게 불어 그 나팔 소리가 너희에게 들릴 때에는 백성은 다 큰 소리로 외쳐 부를 것이라 그리하면 그 성벽이 무너져 내리리니 백성은 각기 앞으로 올라갈지니라"(수 6:2-5)고 말씀하셨습니다. 여호수아와 이스라엘 모든 백성은 이 말씀을 굳게 믿고 여리고 성을 돌기 시작했습니다. 엿새 동안 매일 한 바퀴씩 그리고 일곱째 날에는 일곱 바퀴를 돌았습니다. 매일 여리고 성을 돌며 이들은 자신들 안에 있는 깊은 불신과 싸우며 하나님의 주권과 뜻에 순종할 것을 결단하고 행했던 것입니다. 그 결과 여리고 성이 와르르 무너져 내렸습니다. 이것이 바로 믿음의 역사입니다. 믿음 앞에서는 여리고 성과 같은 철옹성도 무너집니다. 믿음은 모든 불가능을 가능하게 합니다.

31절 믿음으로 기생 라합은 정탐꾼을 평안히 영접하였으므로 순종하지 아니한 자와 함께 멸망하지 아니하였도다

라합은 이방 아모리 족속 여인으로서 여리고 성에 사는 천한 기생이었습니다. 그런데 라합에게 이스라엘에 대한 소문이 들렸습니다. 그것은 하나님이 이스라엘 백성과 함께하심으로 홍해가 갈라졌으며 하나님이 함께하시는 이스라엘을 당할 나라가 없다는 것이었습니다. 이러한 소문들을 듣는 가운데 라합의 마음속에는 믿음이 생겨나기 시작했습니다. 그

녀는 '야훼야말로 유일하신 참하나님이시며, 하나님이 함께하시는 한 이스라엘을 당할 나라가 없다.' 는 것을 깨달았습니다. 이러한 믿음 때문에 그녀는 자신의 집에 유숙한 이스라엘의 정탐꾼들을 위기 가운데서 안전하게 숨겨 주었으며, 훗날 이스라엘이 여리고를 칠 때 구원받기로 약속받았던 것입니다. 라합이 정탐꾼들에게 한 말은 실로 놀라운 믿음의 고백이었습니다. "야훼께서 이 땅을 너희에게 주신 줄을 내가 아노라 우리가 너희를 심히 두려워하고 이 땅 주민들이 다 너희 앞에서 간담이 녹나니 이는 너희가 애굽에서 나올 때에 야훼께서 너희 앞에서 홍해 물을 마르게 하신 일과 너희가 요단 저쪽에 있는 아모리 사람의 두 왕 시혼과 옥에게 행한 일 곧 그들을 전멸시킨 일을 우리가 들었음이니라 우리가 듣자 곧 마음이 녹았고 너희로 말미암아 사람이 정신을 잃었나니 너희의 하나님 야훼는 위로는 하늘에서도 아래로는 땅에서도 하나님이시니라" (수 2:9-11).

이러한 믿음이 있었기에 라합은 여리고 성이 함락될 때 멸망받지 아니하고 자신은 물론 가족까지 구원받았으며, 예수님의 족보에까지 오르게 되었습니다(마 1:5).

많은 사람들이 나에게 "라합이 거짓말을 했는데 어떻게 믿음의 용사가 되었느냐?" 고 질문을 합니다. 세상을 살아가는 동안 우리는 선택해야 할 문제 앞에서 항상 가치의 문제를 생각해 보아야 합니다. 어떠한 것이 더 가치가 있는가를 생각해 보고 결정해야 하는 것입니다. 거짓말을 하는 것은 분명 나쁜 일입니다. 그러나 무엇보다도 라합은 비록 자신이 속한 민족에게 하나님의 심판이 가해지더라도 그것이 하나님의 뜻인 것을 알았기 때문에 하나님의 뜻을 믿고 순종하였던 것입니다. 인간이 만든 윤리와 도덕으로 하나님의 뜻을 저항할 수 없습니다. 또한 하나님의 뜻에 순종하는 것보다 더 가치있는 일은 없습니다. 우리는 윤리와 도덕을 적용하기에 앞서 하나님의 뜻에 순종할 수 있어야 합니다. 라합은 더 높은 차원인 하나님의 뜻을 받들어 믿음으로 순종하였기 때문에 여리고성이 무너질 때 자신과 가족을 구원할 수 있었던 것입니다.

32절 내가 무슨 말을 더 하리요 기드온, 바락, 삼손, 입다, 다윗 및 사무엘과 선지자들의 일을 말하려면 내게 시간이 부족하리로다

기드온에 관한 이야기는 사사기 6장부터 8장에 나옵니다. 그 당시 해마다 추수 때가 되면 미디안 사람들이 쳐들어와서 이스라엘 백성이 추수한 곡식을 모조리 약탈해 갔습니다. 이러한 일이 무려 7년간이나 계속되자 이스라엘 백성은 하나님께 부르짖어 기도했습니다. 이스라엘 백성의 기도를 들으신 하나님께서는 기드온을 부르시고, 그에게 "내가 반드시 너와 함께하리니 네가 미디안 사람 치기를 한 사람을 치듯 하리라"(삿 6:16)고 말씀하셨습니다. 기드온은 이 말씀을 믿음으로 굳게 잡았습니다. 그리하여 불과 3백명의 용사를 거느리고 나아갔으나 하나님께서 함께하심으로 메뚜기 떼처럼 수많은 미디안 군대를 쳐부수고 대 승리를 거둘 수 있었습니다.

바락에 관한 이야기는 사사기 4장과 5장에 나옵니다. 당시 이스라엘은 가나안 족속으로부터 20년간 학대받고 있었습니다. 고통을 견디다 못한 이스라엘 백성들은 하나님께 부르짖어 기도하였습니다. 이에 하나님께서는 여선지자인 드보라를 사사로 세우시고, 바락으로 하여금 가나안 군을 물리칠 것을 계시하셨습니다. 그래서 드보라는 바락을 불러, "너는 납

달리 자손과 스불론 자손 만 명을 거느리고 다볼 산으로 가라 내가 야빈의 군대장관 시스라와 그의 병거들과 그의 무리를 기손 강으로 이끌어 네게 이르게 하고 그를 네 손에 넘겨 주리라"(삿 4:6-7)는 하나님의 말씀을 전했습니다. 바락은 이 말씀을 굳게 부여잡고 이스라엘 군대를 동원해서 가나안의 군대장관 시스라와 싸웠습니다. 그 결과 그는 철병거 구백승과 수많은 군사를 거느린 막강한 시스라의 군대를 대파하고 이스라엘을 구원할 수 있었던 것입니다.

삼손에 관한 이야기는 사사기 13장부터 16장에 나옵니다. 당시 이스라엘은 블레셋 사람들로부터 40년 동안 박해를 받고 있었습니다. 그때에 하나님께서 이스라엘 단 지파 사람 마노아의 아내에게 다음과 같은 계시의 말씀을 주셨습니다. "보라 네가 임신하여 아들을 낳으리니 그의 머리 위에 삭도를 대지 말라 이 아이는 태에서 나옴으로부터 하나님께 바쳐진 나실인이 됨이라 그가 블레셋 사람의 손에서 이스라엘을 구원하기 시작하리라"(삿 13:5). 삼손이 하나님의 말씀에 순종하여 머리에 삭도를 대지 않는 동안은 항상 하나님의 성령이 함께하시며 힘을 주셔서 블레셋과의 싸움에서 일방적인 승리를 거두었습니다.

그러나 그 후 삼손은 들릴라라는 이방 여인에게 미혹되어 자신의 비밀을 가르쳐 줌으로 머리털이 밀리고 힘을 잃게 되었습니다. 그리하여 블레셋의 포로가 된 그는 두 눈이 뽑히고 맷돌을 돌리는 비참한 신세가 되었습니다. 그러나 시간이 지남에 따라 그의 머리털이 다시 자라났습니다. 그때 마침 다곤의 신전에서 큰 제사가 있었는데, 블레셋 사람들은 삼손을 끌어내어 재주를 부리게 했습니다. 삼손은 다곤 신전을 받치고 있는 두 기둥 사이에 서서 하나님께 "주 야훼여 구하옵나니 나를 생각하옵소서 하나님이여 구하옵나니 이번만 나를 강하게 하사 나의 두 눈을 뺀 블레셋 사람에게 원수를 단번에 갚게 하옵소서"(삿 16:28) 하고 새로워진 믿음으로 기도를 드린 후 힘껏 두 기둥을 껴안았습니다. 그러자 다곤 신전이 무너짐으로 그 안에서 구경하던 블레셋 사람들이 3천여 명이나 몰살하였고 삼손도 함께 죽었습니다.

입다에 관한 이야기는 사사기 11장과 12장에 나옵니다. 입다는 기생에게서 낳은 서자였습니다. 그는 본처의 아들들에게 쫓겨나 부랑자 생활을 했습니다. 그런데 그때에 암몬 자손이 이스라엘에 쳐들어오려 하자, 이스라엘의 장로들은 입다를 찾아와서 도움을 요청했습니다. 장로들의 간곡한 요청에 입다는 이스라엘을 위하여 전쟁에 나가게 되었습니다. 그때 입다는 하나님께 다음과 같은 서원을 했습니다. "내가 암몬 자손에게서 평안히 돌아올 때에 누구든지 내 집 문에서 나와서 나를 영접하는 그는 야훼께 돌릴 것이니 내가 그를 번제물로 드리겠나이다"(삿 11:31). 마침내 입다가 전쟁에 나가 암몬 자손과 싸울 때에 하나님께서 함께하심으로 승리하여 승전고를 울리며 집으로 돌아왔습니다.

그런데 이 소식을 들은 그의 외동딸이 앞장서 나와서 소고를 잡고 춤을 추며 환영하는 것이 아니겠습니까? 입다는 이를 보고 너무나 괴로워서 자기 옷을 찢으며 "어찌할꼬 내 딸이여 너는 나를 참담하게 하는 자요 너는 나를 괴롭게 하는 자 중의 하나로다 내가 야훼를 향하여 입을 열었으니 능히 돌이키지 못하리로다"(삿 11:35) 하고 탄식했습니다. 그러나 그의 딸은 "나의 아버지여 아버지께서 야훼를 향하여 입을 여셨으니 아버지의 입에서 낸 말씀대로 내게 행하소서 이는 야훼께서 아버지를 위하여 아버지의 대적 암몬 자손에게 원수를 갚으셨음이니이다"(삿 11:36)라고 말하며 아버지를 위로하였습니다. 입다와 그의 딸은 이와 같이 훌륭한 신앙을 가지고 있었습니다. 입다의 딸은 아버지에게 두 달간의 말미를 얻어, 산에 올라가서 친구들과 함께 애곡한 후 돌아와 아버지가 서원한 대로 하나님께 번제로 드려졌습니다.

그다음으로 믿음의 용사 다윗에 대하여 말씀하고 있습니다. 우리가 잘 아는 바와 같이 다윗은 항상 하나님을 의지하여 일생을 살았습니다. 어린 목동 시절부터 항상 하나님을 의지하여 사나운 짐승을 막고 양을 돌보았던 다윗은, 블레셋의 침입으로 이스라엘이 위기에 처했을 때 만군의 야훼의 이름을 의지하고 블레셋의 장수 골리앗과 맞서 싸워 승리했습니다. 그리고 왕이 된 후에는 하나님을 의지하여 이스라엘 통일 왕국을 이루었습니다. 물론 그가 실수한 적도 있으나 곧 죄를 깨닫고 하나님 앞에 회개하여 용서받았습니다. 이처럼 다윗은 평생 하나님만 의지하고 하나님의 말씀대로 일생을 살아가려고 노력한 믿음의 용사였습니다.

사무엘은 기도의 사람이었습니다. 그는 하나님의 선지자로서, 하나님으로부터 받은 말씀을 믿고 기도함으로 모든 일을 해 나갔습니다. 사무엘이 기도로 하나님께 응답 받은 사례들 중 대표적인 것이 사무엘상 7장 5절부터 11절까지에 나옵니다. 사무엘은 블레셋의 침입으로 위험이 닥치자 백성을 미스바에 모이게 하고 금식하며 기도하게 함으로 블레셋 군대를 물리쳤습니다. 사무엘은 일생을 하나님과 동행하며 살았습니다.

모든 믿음의 용사들은 먼저 하나님의 약속의 말씀을 받고, 그 말씀을 믿고 의지하여 담대히 나아감으로 기적과 승리를 얻었습니다. 우리의 신앙생활에 있어서도 가장 중요한 것은 하나님의 말씀을 받는 것입니다. 창세기부터 요한계시록까지 성경 66권 안에는 수많은 약속의 말씀이 있습니다. 아무리 성경을 읽어도 그 말씀이 나에게 부딪쳐 오지 않으면 아무 소용이 없습니다. 우리가 성경을 매일 읽고 상고할 때에 성령께서 감동을 주심으로 말씀이 깨달아지고 마음이 뜨거워질때 그 말씀이 나의 것으로 받아들여지는 것입니다. 간절히 기도하고 성경을 상고하면, 어느 한 순간 그 말씀이 마치 베데스다 연못 물이 동하는 것처럼 나의 마음속에서 끓어오를 때가 있는 것입니다. 우리의 믿음은 반드시 말씀에 토대를 두어야 합니다. 말씀에 의지하여 믿고 기도할 때 하나님의 기적이 일어납니다. 믿음의 기도는 기차의 철로와 같습니다. 우리가 믿음의 기도로 철로를 깔아 놓으면 하나님의 기적의 기관차가 그 위로 달려오는 것입니다

33절 그들은 믿음으로 나라들을 이기기도 하며 의를 행하기도 하며 약속을 받기도 하며 사자들의 입을 막기도 하며

우리가 하나님과 동행하는 방법은 믿음을 통해서입니다. 하나님과 우리의 대화는 믿음을 통해서 이루어지는 것입니다. 하나님께서는 모든 사람에게 분량대로 믿을 만한 능력을 주셨습니다. 믿음이란 선택입니다. 믿음의 삶을 선택한 사람은 하나님과 손을 잡고 나아가게 되지만 믿음을 선택하지 않은 사람은 자신의 힘과 자신의 능력으로 나아가게 됩니다. 믿음을 선택한 사람은 하나님이 함께해 주심으로 능치 못할 일이 없게 해 주십니다. 믿음을 선택한 사람들은 믿음으로 전쟁에 나가서 나라들을 이기기도 하며, 믿음으로 부정부패가 가득한 곳에서 의를 행하기도 하고, 믿음으로 삶 속에서 하나님의 약속을 성취하기도 합니다.

믿음으로 바락은 가나안을, 기드온은 미디안을, 입다는 암몬을, 사무

엘은 블레셋을, 다윗은 블레셋을 비롯한 여러 나라를 이겼습니다. 또한 믿음으로 공의를 행하였으며 하나님의 약속을 받기도 했습니다. 다니엘은 사자굴에 던져졌으나 하나님께서 천사를 보내어 사자들의 입을 막게 하셨습니다(단 6:22).

34절 불의 세력을 멸하기도 하며 칼날을 피하기도 하며 연약한 가운데서 강하게 되기도 하며 전쟁에 용감하게 되어 이방 사람들의 진을 물리치기도 하며

하나님을 섬기는 믿음으로 다니엘의 세 친구 사드락, 메삭, 아벳느고는 극렬히 타는 불 속에서도 무사했습니다(단 3:17). 그리고 다윗은 사울의 창검을(삼상 18:11), 엘리야는 이세벨의 칼날을(왕상 19:2) 피하여 구원받았습니다. 또 삼손 같은 사람은 연약한 가운데서 강하게 되기도 했으며(삿 16:28), 여호수아와 사사들과 다윗은 전쟁에 용감히 나가 이방 사람들의 진을 물리쳤습니다.

35절 여자들은 자기의 죽은 자들을 부활로 받아들이기도 하며 또 어떤 이들은 더 좋은 부활을 얻고자 하여 심한 고문을 받되 구차히 풀려나기를 원하지 아니하였으며

사렙다 과부의 아들은 죽었으나 엘리야가 소생시켰으며(왕상 17:17-24), 수넴 여인의 아들 역시 죽었다가 엘리사를 통하여 부활했습니다(왕하 4:32-37). 그리고 많은 믿음의 선진들은 부활과 장차 하늘나라에 가서 받을 상급을 기대하며 그리스도의 복음을 위해 받는 악형을 피하지 않았습니다.

36절 또 어떤 이들은 조롱과 채찍질뿐 아니라 결박과 옥에 갇히는 시련도 받았으며

수많은 믿음의 사람들이 이와 같은 박해와 고난을 받았습니다. 그중 대표적 인물로 예레미야를 들 수 있습니다. 예레미야는 매를 맞고 나무 고랑에 채워지기도 하였으며(렘 20:2), 사람들로부터 치욕과 모욕거리가 되고(렘 20:7), 구덩이 속의 진창에 던져지기도 하였습니다(렘 38:6).

우리의 주변에서도 하나님을 의지하고 예수님을 믿는다는 이유로 박해를 당하는 사람들이 있습니다. 요즈음도 신앙의 자유가 주어지지 않은 나라에서는 예수님을 믿는 사람들을 채찍으로 때리고 강제 수용소에 보내고 결박하여 옥에 가두는 등의 박해를 가하고 있습니다.

37절 돌로 치는 것과 톱으로 켜는 것과 시험과 칼로 죽임을 당하고 양과 염소의 가죽을 입고 유리하여 궁핍과 환난과 학대를 받았으니

돌로 쳐 죽이는 것은 이스라엘에서 흔히 볼 수 있는 사형법이었습니다. 스가랴는 우상 숭배를 경고하다가 성전에서 돌에 맞아 죽었으며(대하 24:20-21), 스데반은 예수 그리스도를 전하다가 격분한 이스라엘 군중의 돌에 맞아 죽었습니다(행 7:58-60). 그리고 전해져 오는 말에 의하면, 이사야는 톱으로 켜서 죽임을 당했다고 합니다. 그 외에도 많은 믿음의 선진들이 시험 당하고 순교하였으며, 엘리야와 세례 요한 같은 선지자들은 양과 염소의 가죽을 입고 유리하며 궁핍하고 거친 생활을 하고, 환난과 학대를 받았습니다. 오늘날도 복음을 거부하는 나라에서 몰래 신앙생활을 하는 성도들은 환난과 박해를 당하면서도 믿음을 지키고 있습니다.

38절 (이런 사람은 세상이 감당하지 못하느니라) 그들이 광야와 산과 동굴과 토굴에 유리하였느니라

성도들은 '이 세상은 잠시 지나가는 나그넷길이고, 나의 영원한 처소가 있는 곳은 하늘나라이다.' 라는 믿음이 있었기 때문에 아무리 혹독한 시험이나 환난이 닥쳐도, 또 죽임을 당하는 순간에도 그 마음이 흔들리지 않았습니다. 그리고 세상의 박해가 극심해지면 광야와 산중과 암혈과 토굴로 피신해서 살기도 했습니다.

39절 이 사람들은 다 믿음으로 말미암아 증거를 받았으나 약속된 것을 받지 못하였으니

구약 시대의 모든 믿음의 선진들은 그들의 믿음으로 말미암아 하나님으로부터 증거를 받았으나, 약속을 받지는 못했습니다. 여기서 '약속'은 장차 오실 메시아, 즉 예수 그리스도를 통한 구원을 가리킵니다. 그들은 메시아가 오신다는 증거를 받았으나 때가 이르지 않았으므로 그 약속이 성취되는 것을 경험하지는 못했습니다.

40절 이는 하나님이 우리를 위하여 더 좋은 것을 예비하셨은즉 우리가 아니면 그들로 온전함을 이루지 못하게 하려 하심이라

구약 시대의 성도들은 약속을 믿음으로 바라보고 증거를 얻었으나 때가 이르지 아니함으로 인하여 그 약속이 이루어지는 것을 보지 못하였습니다. 그들은 그리스도를 믿는 자들이 누릴 수 있는 구원의 온전함을 경험할 수 없었습니다. 그러나 신약 시대의 성도들은 예수님을 믿음으로 구원을 얻게 되었습니다.

나아가 우리 성도들의 구원은 예수님께서 재림하시면 완전히 성취될 것입니다. 예수님께서 재림하신다는 것은 신약 성경에 3백 번 이상 예언되어 있습니다. 예수님의 초림에 대한 구약 성경의 모든 예언이 성취된 것처럼, 신약 성경에 기록된 예수님의 재림에 대한 약속도 그대로 성취될 것입니다. 머지않아 예수 그리스도께서 재림하시면, 우리는 예수 그리스도와 함께 영원한 본향으로 들어갈 것입니다.

우리가 현재 살아가는 삶은 거류민과 나그네같이 지나가는 삶입니다. 이 나그네 인생길을 가는 동안 우리는 하나님의 약속의 말씀에 믿음의 토대를 두고 신앙생활을 하며, 나아가 이웃에게 예수 그리스도를 전하기 위해 힘써야겠습니다. 그리하여 장차 천국에 올라가 새 하늘과 새 땅, 영원무궁한 세계에서 주님과 함께 영원한 기쁨을 누리며 살아야겠습니다.

제 12 장

예수님을 바라보자

A COMMENTARY
ON THE EPISTLE TO THE
HEBREWS

믿음의 조상들을 열거하여 믿음의 본질을 역설한 앞 장에 이어 본 장에서는 성도들로 하여금 믿음의 조상들을 본받아 믿음을 실천하는 삶을 살 것을 권면하고 있습니다. 힘들고 어려운 일이 다가오더라도, 달콤한 유혹이 다가오더라도 그것은 일시적인 세상의 것일 뿐입니다. 성도는 일시적이고 헛된 세상의 것들을 바라보지 말고, 연약하고 부족한 자기 자신을 바라보지 말고, 오직 믿음의 주요, 온전하게 하시는 예수님을 바라보며 인생의 파도들을 넘어 저 천국에 이르도록 믿음과 인내의 전진을 하여야 합니다. 때로는 사랑의 징계를 통해 거룩하게 변화시켜 주시는 하나님께 늘 감사하고 순종하며, 하나님께서 약속하신 영원한 기업을 바라보고 경건함과 두려움으로 하나님을 섬겨야 합니다.

1. 예수님을 바라보자(12:1-3)

1. 이러므로 우리에게 구름같이 둘러싼 허다한 증인들이 있으니 모든 무거운 것과 얽매이기 쉬운 죄를 벗어 버리고 인내로써 우리 앞에 당한 경주를 하며 2. 믿음의 주요 또 온전하게 하시는 이인 예수를 바라보자 그는 그 앞에 있는 기쁨을 위하여 십자가를 참으사 부끄러움을 개의치 아니하시더니 하나님 보좌 우편에 앉으셨느니라 3. 너희가 피곤하여 낙심하지 않기 위하여 죄인들이 이같이 자기에게 거역한 일을 참으신 이를 생각하라

1절 이러므로 우리에게 구름같이 둘러싼 허다한 증인들이 있으니 모든 무거운 것과 얽매이기 쉬운 죄를 벗어 버리고 인내로써 우리 앞에 당한 경주를 하며

지금 마음속에 육상 경기장을 한번 상상하여 보십시오. 스탠드 위에는 수많은 구경꾼들이 앉아 있고, 운동장에는 선수들이 혼신의 힘을 다

하여 뛰고 있습니다. 성도의 생활도 이와 마찬가지입니다. '우리에게 구름같이 둘러싼 허다한 증인들' 은 창세 이후 오늘에 이르기까지 하나님을 믿고 은혜를 받아 하나님의 나라에 올라간 성도들입니다. 그들은 모두 믿음의 경주를 마친 자들입니다. 이제는 믿음의 선한 싸움을 마친 후 구원의 증인으로서 우리의 경주를 응원하고 있는 것입니다.

그러면 우리는 어떻게 뛰어야 믿음의 경주에서 승리할 수 있을까요? 먼저는 '무거운 것과 얽매이기 쉬운 죄를 벗어 버리고' 뛰라고 말씀합니다. 운동장에서 경주하는 사람들은 뛰기 전에 먼저 몸을 가볍게 합니다. 아무런 짐이나 소지품을 지니지 않고, 옷차림 또한 최대한 간편하고 가볍게 합니다. 이와 마찬가지로 선한 경주를 하는 우리는 마음에 거리끼는 죄를 벗어 버려야 합니다. 죄를 지으면 하나님의 말씀을 들을 때도, 찬송을 부를 때도 마음에 거리낌이 있습니다. 죄는 언제나 육신의 정욕과 안목의 정욕과 이생의 자랑으로 우리의 심신을 얽어맵니다. 이러므로 우리는 죄가 우리를 얽매기 전에 죄를 회개하여 죄 짐을 벗어 버려야 합니다. 성경은 "만일 우리가 우리 죄를 자백하면 그는 미쁘시고 의로우사 우리 죄를 사하시며 우리를 모든 불의에서 깨끗하게 하실 것이요"(요일 1:9)라고 말씀하고 있습니다. 우리는 예수님의 피로 모든 법적인 죄를 용서받았지만, 일상생활에서 우리를 더럽히는 모든 얽매임과 죄는 우리가 회개할 때 사함받는 것입니다.

이와 같이 모든 무거운 것과 얽매이기 쉬운 죄를 벗어 버린 다음에는 '인내로써 우리 앞에 당한 경주' 를 하여야 합니다. 처음에는 뜨거운 열심을 가지고 혼신을 다해 뛰다가 끝까지 인내하지 못하여 낙심하고 떨어져 나가는 사람이 꽤 많습니다. 우리의 구원은 하나님 편에서 보면 미리 정하신 것이지만, 우리는 구원에 이르기까지 하나님을 바라보고 인내하며 달려가야만 합니다. 지금 우리를 지켜보며 응원하는 믿음의 선배들처럼 우리도 믿음의 선한 싸움을 다 싸운 후, 우리 후세대에게 경주의 바통을 넘겨주어야 합니다.

신앙생활이란 마라톤 경주와 같습니다. 따라서 얼마나 오래 꾸준히 믿었는가, 믿음의 경주를 완주했는가가 중요합니다. 우리의 신앙생활에는 반드시 좋은 일만 있는 것이 아닙니다. 예수님을 믿기 때문에 당하는 여러 가지 시험과 환난과 고통이 많습니다. 따라서 우리의 신앙생활에는 인내가 필요합니다. 꾸준한 인내를 가지고 비가 오나 눈이 오나 참고 견디며 정진하는 인내력이 필요합니다. 은혜를 받은 후 얼마 있지 않아서 식어 버리는 신앙이 아니라, 꾸준한 자세로 남이 인정해 주든, 주지 않든 꾸준하고 성실하고 충성스럽게 일하고 믿는 자세가 필요합니다. 신앙에는 인내가 필요합니다. 우리는 먼 미래를 바라보고 꾸준한 자세로 나아가야 합니다. 언제나 오래 참는 자가 이깁니다. 참지 못하는 자는 언제나 실수를 하고 마는 것입니다. 그러므로 우리 신앙은 끝없는 인내를 가지고 나아가야 되는 것입니다.

2절 믿음의 주요 또 온전하게 하시는 이인 예수를 바라보자 그는 그 앞에 있는 기쁨을 위하여 십자가를 참으사 부끄러움을 개의치 아니하시더니 하나님 보좌 우편에 앉으셨느니라

우리는 경주할 때에 목표 지점을 바라보고 그곳을 향해 곧바로 달려갑니다. 마찬가지로 우리는 '믿음의 주요 또 온전하게 하시는 이' 인 예수님을 바라보며 믿음의 경주에 임할 수 있어야 합니다. '믿음의 주요 온전

하게 하시는 이' 는 영어 성경에 '우리 믿음의 창시자요, 완성자' (the author and perfecter of our faith)라고 번역되었습니다. 예수님은 우리 안에 믿음의 역사를 시작하신 분이십니다. 우리 스스로가 자원해서 믿음을 가지고 예수님을 구주로 고백하고 하나님을 아버지라고 부르게 된 것이 아닙니다. 이는 예수님께서 성령을 통하여 우리에게 그의 믿음을 주셨기 때문입니다. 우리의 믿음의 근거는 예수님이십니다. 주님은 믿음으로 십자가를 지셨습니다. 뿐만 아니라 예수님은 우리의 믿음을 온전하게 하십니다. 예수님은 우리에게 믿음을 주시고, 과정 중에 함께하시고, 그 믿음을 끝까지 완성시켜 주십니다. 우리가 믿음의 경주를 성공적으로 완주할 수 있는 길은 우리의 시선을 예수님께 고정시켜 바라보는 것입니다.

바라봄의 법칙을 통해서 예수님을 바라보아야 합니다. 예수님께서 십자가에서 흘리신 그 보혈로 말미암아 우리에게 용서와 의를 주시고, 화해와 성령 충만을 주시고, 기쁨과 치료를 주시고, 축복과 번영을 주시고, 천국과 영생을 주신 것을 늘 묵상하고 바라보아야 되는 것입니다. 예수 그리스도를 통해 주시는 오중복음과 삼중축복을 힘차게 바라보고 묵상해야 합니다. 예수 그리스도를 통해서 모든 은혜가 시작되었고, 예수 그리스도를 통해서 모든 은혜가 완성됩니다. 나는 매일 예수 그리스도의 십자가와 그를 통해 주신 오중복음과 삼중축복을 바라봅니다. 늘 예수님께 감사하고 예수님을 주신 하나님을 찬미합니다. 어떤 경우든 십자가에 매달려 우리의 믿음의 주가 되신 예수님을 바라볼 때 은혜가 되고, 위로가 되고, 힘이 되고, 능력이 되는 것입니다. 예수 그리스도가 우리의 생애 속에서 모든 것 중의 모든 것이 되어야 합니다. 우리는 세상을 바라보지 말고 예수님을 바라보아야 합니다.

그러면 우리가 바라보는 예수님은 어떤 분이십니까? 예수님은 앞에 있는 즐거움을 위하여 십자가의 고난을 참으셨습니다. 예수님께서는 온 인류의 구원과 이후에 받으실 영광 때문에 십자가의 모진 고통과 수치를 참으신 것입니다.

큰 즐거움은 언제나 고난 뒤에 오는 것입니다. 비 온 뒤에 맑은 날이 더 감사하고, 바람 분 후에 고요한 날씨가 더 감사한 것입니다. 병을 앓아 보면 건강한 것이 그렇게 감사할 수 없고, 배가 고파 본 후에야 먹을 수 있다는 것이 얼마나 고마운 일인지 알 수 있습니다. 마찬가지로 고난 후에 큰 기쁨과 영광이 다가오며, 고난 후에는 고난과 동등 또는 그 이상의 축복이 다가오는 것입니다.

내가 지금은 여의도순복음교회에서 목회를 하고 있지만 내 마음속에는 언제나 불광동의 천막 교회가 남아 있습니다. 천막 교회에서 가마니 위에 다섯 명의 성도를 모셔 놓고 예배를 드리는 것을 시작으로 지금까지 많은 고난을 겪어 왔습니다. 그러나 그러한 고난이 있었기에 현재의 여의도순복음교회가 세워질 수 있었습니다.

오늘날 우리 성도들에게도 부끄러움과 고난이 다가올 때가 있습니다. 그러나 예수님의 즐거움이 곧 우리의 즐거움이 되기 때문에 우리는 예수님을 바라보며 능히 이겨 나갈 수 있습니다. 우리가 지금은 이 땅 위에서 이렇게 살고 있지만, 주께서 호령과 천사장의 소리와 하나님의 나팔로 친히 하늘로부터 강림하실 때, 주 안에서 죽은 자들이 먼저 일어나고 살아남은 우리들은 영화로운 몸으로 변화되어 들림 받게 될 것입니다. 그리고 주님과 함께 새 하늘과 새 땅에서 영원한 기쁨을 누리게 될 것입니다. 우리는 이 날이 올 때까지 예수님께서 십자가를 참으신 것처럼 우리에게 닥쳐오는 모든 고난을 참아야겠습니다.

3절 너희가 피곤하여 낙심하지 않기 위하여 죄인들이 이같이 자기 에게 거역한 일을 참으신 이를 생각하라

우리는 작은 시련이나 환난을 당해도 쉽게 피곤해 하고 낙심합니다. '피곤하다' 는 것은 마음의 상처를 가리키고, '낙심한다' 는 것은 의욕을 상실하는 것을 말합니다. 그런데 본문은 우리가 작은 일에 마음의 상처를 받아 의욕을 상실하고 뒤로 물러가려 할 때에 '자기에게 거역한 일을 참으신 예수님' 을 기억하라고 가르치고 있습니다. 예수님은 자신을 대적하는 바리새인들과 서기관들과 율법사들에 대하여 길이 참으시고, "그를 십자가에 못 박게 하소서!" 라고 소리친 군중들을 용서하셨습니다. 예수님의 고난에 비하면 우리의 고난은 아무것도 아닙니다. 그러므로 우리는 시련과 환난이 다가올 때 고난을 참으신 예수님을 생각하고 우리의 고난을 참아야겠습니다.

2. 하나님의 징계(12:4-13)

4. 너희가 죄와 싸우되 아직 피 흘리기까지는 대항하지 아니하고 5. **또 아들들에게 권하는 것같이 너희에게 권면하신 말씀도 잊었도다**

일렀으되 내 아들아 주의 징계하심을 경히 여기지 말며 그에게 꾸지
람을 받을 때에 낙심하지 말라 6. 주께서 그 사랑하시는 자를 징계
하시고 그가 받아들이시는 아들마다 채찍질하심이라 하였으니 7.
너희가 참음은 징계를 받기 위함이라 하나님이 아들과 같이 너희를
대우하시나니 어찌 아버지가 징계하지 않는 아들이 있으리요 8. 징
계는 다 받는 것이거늘 너희에게 없으면 사생자요 친아들이 아니니
라 9. 또 우리 육신의 아버지가 우리를 징계하여도 공경하였거든 하
물며 모든 영의 아버지께 더욱 복종하며 살려 하지 않겠느냐 10. 그
들은 잠시 자기의 뜻대로 우리를 징계하였거니와 오직 하나님은 우
리의 유익을 위하여 그의 거룩하심에 참여하게 하시느니라 11. 무릇
징계가 당시에는 즐거워 보이지 않고 슬퍼 보이나 후에 그로 말미암
아 연단 받은 자들은 의와 평강의 열매를 맺느니라 12. 그러므로 피
곤한 손과 연약한 무릎을 일으켜 세우고 13. 너희 발을 위하여 곧은
길을 만들어 저는 다리로 하여금 어그러지지 않고 고침을 받게 하라

4절 너희가 죄와 싸우되 아직 피 흘리기까지는 대항하지 아니하고

여기서 '피 흘리기까지' 라는 말은 '순교하기까지', '그로 말미암아 죽임을 당하기까지' 라는 뜻입니다. 따라서 본문은 죄와 싸우되 죽기까지 대항하지 못하고 뒤로 물러났다는 말입니다.

예수님은 우리의 죄를 사하시기 위하여 십자가에서 피를 흘리셨습니다. 그리고 많은 성도들이 복음을 전하고 죄와 싸우다가 예수님을 따라 피를 흘리고 순교했습니다. 우리 한국 기독교 초기 역사를 보면, 우리나라에서도 수많은 성도가 믿음의 선한 싸움을 싸우다가 피를 흘리고 순교했습니다. 이러므로 이 피의 대가로 성장한 교회에서 편히 신앙생활을 하게 된 우리 그리스도인들은, 환경 가운데 다가오는 어려움으로 인

해 쉽게 낙심하여 뒤로 물러서지 말고 끝까지 인내하며 극복해 나가야겠습니다.

5-6절 또 아들들에게 권하는 것같이 너희에게 권면하신 말씀도 잊었도다 일렀으되 내 아들아 주의 징계하심을 경히 여기지 말며 그에게 꾸지람을 받을 때에 낙심하지 말라 주께서 그 사랑하시는 자를 징계하시고 그가 받아들이시는 아들마다 채찍질하심이라 하였으니

이 말씀은 잠언 3장 11절부터 12절까지의 말씀을 인용한 것입니다. 우리가 예수님을 바라보고 나갔다가 조그마한 일 때문에 마음에 상처를 입고 낙심하여 고난을 참지 못하고 믿음에서 떠나면, 하나님의 사랑의 징계가 임합니다. 처음에 열심으로 신앙생활을 시작하였다가 중간에 어려운 일을 만나 지치고 낙심하여 신앙이 나태해지고 세상을 따르게 되면, 하나님께서 그를 구하시기 위해 징계를 주시기도 합니다. 하나님께서는 한번 택하신 사람을 잃지 않기 위해 사랑의 채찍으로 때리시는 것입니다. 우리가 가벼운 징계를 받을 때 회개하지 않으면 더 크고 무거운 징계의 채찍으로 맞게 됩니다. 그러므로 주의 징계하심을 가볍게 여기지 말고 속히 주님 앞에 회개하여야 합니다. 또한 하나님께 꾸지람을 받을 때 낙심하지 말아야 합니다. 하나님은 우리가 잘못되었을 때 크게 꾸짖으십니다. 그럴 때 "하나님이 날 버리셨구나!" 하고 낙심하면 안 됩니다. 하나님께서는 우리를 징계하고 호되게 꾸짖으시지만 버리시지는 않습니다. 예수님을 믿고 중생한 후 우리가 성령을 훼방하거나 예수님을 공개적으로 배반하지 않는 한, 하나님은 우리를 버리시지 않습니다.

하나님과 우리의 관계는 아버지와 아들의 관계입니다. 하나님의 성령으로 거듭났기 때문에 우리는 하나님을 향해서 '아빠 아버지' 라고 부르는 것입니다. 우리가 우리의 자식을 기르는 것처럼, 하나님은 우리를 영적인 자녀로 양육하시는 것입니다. 자녀를 훌륭하게 키우기 위해서 부모는 무조건 자식이 원하는 것을 하도록 내버려 두지 않습니다. 참사랑이란 자식을 위해 지혜롭게 꾸짖고 징계하고 칭찬하고 품어 주는 것입니다. 하나님께서 꾸짖고 징계하시는 것은 근본적으로 우리를 사랑하시기 때문입니다. 마치 부모가 사랑하는 자녀가 잘못된 길로 갈 때 징계하여 바른 길로 돌아오게 하듯이, 하나님께서는 그의 사랑하는 자녀 된 우리가 잘못되지 않도록 징계하시는 것입니다. 그러나 하나님의 자녀가 아닌 사람에게는 산섭도 꾸지람도 징계도 하지 않으십니다. 그러므로 만일 우리가 잘못된 생활을 하는데도 하나님의 징계가 없다면 하나님의 자녀라 할 수 없습니다.

하나님께서는 우리를 그의 아들로 삼으셨기 때문에 우리가 잘되도록, 또 우리가 더욱 굳센 믿음을 소유하도록, 그리고 그리스도의 형상을 더욱 닮아 천국 영광을 더 많이 누리게 되도록 우리를 징계하시고 채찍질하십니다. 그러므로 우리는 징계를 받을 때조차 감사할 수 있는 것입니다.

7절 너희가 참음은 징계를 받기 위함이라 하나님이 아들과 같이 너희를 대우하시나니 어찌 아버지가 징계하지 않는 아들이 있으리요

하나님께서는 고난을 통해 징계하십니다. 하나님의 징계가 고난을 옷

입고 다가올 때 우리는 낙심하지 말아야 합니다. 원망, 불평하지 말아야 합니다. 그 고난이 지나가기까지 참고 인내해야 합니다. 나아가 고난 가운데서 우리를 향한 하나님 아버지의 그 크신 사랑을 발견하고, 잘못된 길에서 돌이켜 하나님의 품에 안겨야 합니다. 아들이 아버지의 징계를 받는다는 것은 아버지가 그 아들을 진정한 아들로 인정한다는 의미입니다. 따라서 우리 그리스도인들은 이 땅에서 당하는 고난으로 인해 슬퍼하거나 좌절할 것이 아니라, 그 고난이 하나님의 징계이며 징계는 곧 하나님께서 우리를 아들로 인정하신다는 의미인 것을 알아야 합니다.

8절 징계는 다 받는 것이거늘 너희에게 없으면 사생자요 친아들이 아니니라

누구든지 자랄 때에 부모에게 꾸중을 듣고 매를 맞지 않는 사람은 없습니다. 누구나 다 자라면서 부모의 징계를 받는 것입니다. 그런데 만일 곁길로 감에도 불구하고 징계가 없다면 그는 친아들이 아니라 사생자입니다.

자식을 사랑하는 부모라면 누구나 자식이 잘못된 길로 갈 때 바른 길로 인도하려고 사랑의 매를 듭니다. 마찬가지로 우리가 하나님 앞에서 잘못된 길로 갈 때에 아버지 하나님께서 우리를 징계하십니다. 그러므로 우리는 때로 잘못해서 징계를 받더라도, 낙심하지 않고 오히려 그것을 통해 우리가 하나님의 친자식임을 깨닫고 기뻐할 수 있는 것입니다.

모든 성도들은 크고 작은 징계를 받습니다. 하나님께서 보실 때 많이 깨뜨려 놓으면 훌륭한 그릇이 되겠다 싶은 그릇은 많이 깨뜨리십니다. 그러나 징계를 심하게 할 경우 회복이 불가능할 것 같은 그릇에 대해서는

적당히 훈련하십니다. 우리를 지으신 하나님께서는 우리를 잘 아시기 때문에 감당할 수 있는 정도까지 징계하시고 훈련하시는 것입니다.

9절 또 우리 육신의 아버지가 우리를 징계하여도 공경하였거든 하물며 모든 영의 아버지께 더욱 복종하며 살려 하지 않겠느냐

여기서 '우리 육신의 아버지' 는 자신을 낳아 주신 육체의 아버지를 말하고, '모든 영의 아버지' 는 하나님을 가리킵니다. 우리는 육체의 아버지로부터 징계를 받더라도 아버지를 공경합니다. 왜냐하면 아버지께서 우리를 징계하시는 것은 우리를 잘되라고 하시는 것이지, 못되라고 징계하시는 것이 아님을 잘 알기 때문입니다.

육신의 아버지가 징계하실 때도 순종하는 우리가, 하물며 영의 아버지이신 하나님께서 징계하실 때 불순종할 수 있겠습니까? 우리는 아버지 하나님으로부터 영을 받았고, 이 세상의 부모를 통해서 육신을 받았습니다. 우리의 육신은 세월이 흘러가면 낡아지고 더러워지고 추하여지고 죽으면 흙으로 돌아가지만, 하나님이 주신 영은 영원히 살게 됩니다.

모든 사람은 그 영이 육신에 머무는 동안, 예수 그리스도를 믿어 하나님의 자녀로서 살든지 아니면 믿지 않고 마귀의 자식으로 살든지 두 가지 중의 하나를 선택할 수밖에 없습니다. 하나님의 자녀는 징계를 받을 때 회개하면 신앙이 더욱 견고해지고 그 후에는 하나님께 칭찬과 복을 받게 되므로 징계가 유익이 됩니다. 그러나 마귀의 자식은 도둑질당하고 죽고 멸망될 뿐입니다(요 10:10). 예수님을 믿고 구원의 길을 택한 우리는 하나님의 징계가 있을 때 인내함으로 더욱 순종하고 하나님을 공경하여 하나님의 자랑스러운 자녀가 되어야겠습니다.

10절 그들은 잠시 자기의 뜻대로 우리를 징계하였거니와 오직 하나님은 우리의 유익을 위하여 그의 거룩하심에 참여하게 하시느니라

우리 육신의 아버지는 자기의 인간적인 판단 기준을 가지고 우리를 징계하지만, 우리 영의 아버지이신 하나님은 우리의 유익을 위하여 징계하십니다. 하나님은 우리가 영혼이 잘됨같이 범사에 잘되고 강건하며 또한 생명을 얻되 풍성히 얻게 하시기 위해 징계하시는 것입니다. 육신의 부모는 화가 나서 자기의 감정대로 징계할 때가 있습니다. 그러나 우리 하나님은 절대 그렇지 않습니다. 오직 우리의 유익을 위하여, 그의 거룩하심에 참여하게 하기 위하여 징계하십니다. 그러므로 징계 받는 동안 우리는 변화되어야 하는 것입니다.

나는 1964년부터 약 20여 년간 하나님께 징계를 받았습니다. 20대 중반의 나이에 나는 성도 3천 명 정도를 섬기는 목회를 하고 있었습니다. 당시 한국에서 제일 큰 교회가 한경직 목사님이 목회하시던 영락교회였는데, 성도가 6천여 명이었습니다. 나 자신도 모르는 사이에 내 안에 교만이 들어왔습니다. 그러다가 어느날 갑자기 설교하는 중에 쓰러지고 난 이후부터 뇌 기능이 저하되어 심장도 약해지고 숨이 차고 어지럽고 기억력은 상실되는 등 무척 고통스러웠습니다.

하나님께서는 20여 년간 나를 그 징계에서 풀어 주지 않으셨습니다. 강단에만 서면 쓰러졌고, 해외 선교 여행을 가서도 안 쓰러지기 위해 몸부림을 쳤습니다. 그러나 아무리 하나님께 부르짖어도 하나님께서는 그 징계를 풀어 주지 않으셨습니다. 20여 년 동안 그렇게 징계를 통해 자아가 다 깨어지고 난 후에, 하나님께서는 징계를 풀어 주셨습니다. 모든 탐

욕과 지위, 권세와 명예, 돈, 청춘, 세상에 대한 집착이 다 사라졌습니다. 그 이후 하나님께서는 더 큰 사업을 한국과 전 세계에 걸쳐 감당할 수 있도록 인도하셨습니다. 그러나 이 사업에 대한 인간적인 욕심과 집착하는 마음은 없게 되었습니다.

징계는 우리를 하나님께만 복종하고 순종하는 사람으로 만들어 그의 거룩하심에 참여하게 합니다. 징계를 통하여 자아가 깨어지고, 하나님께 복종하고, 하나님께서 믿을 만한 사람이 되는 것입니다. 하나님께서는 장차 우리가 상속받고 하나님의 아들로서 하나님의 거룩함에 참여할 수 있도록 하기 위해 우리를 징계하시는 것입니다. 그러므로 하나님께 매를 맞더라도, 하나님이 우리를 사랑하셔서 그렇게 하시는 것을 확신하고, 징계를 받을 때 오히려 하나님께 눈물을 흘리며 감사해야 할 것입니다.

11절 무릇 징계가 당시에는 즐거워 보이지 않고 슬퍼 보이나 후에 그로 말미암아 연단 받은 자들은 의와 평강의 열매를 맺느니라

어떤 징계든지 징계를 받는 동안은 괴롭고 고통스럽습니다. 그러나 마치 입에 쓴 약이 몸에 좋듯이, 징계는 이후의 삶에 큰 유익을 줍니다. 부모는 자녀의 장래를 위하여 반드시 옳고 그름을 가르쳐 주어야 합니다. 자녀에게 옳고 그름을 명확히 해 주지 않고 무조건 받아 주기만 하면, 그 자녀는 버릇없고 올바른 판단력이 결여되어 장차 사회에 나가서 사회와 조화를 이루지 못하고 고립됨으로 인생을 망쳐 버리기 쉽습니다.

하나님께 사랑의 징계를 많이 받아서 절대적으로 하나님께만 순종하기로 방향이 잡혀진 사람은 의와 평강의 열매를 맺게 됩니다. 징계는 우

리를 회개하도록 돕고 하나님의 말씀과 성령으로 새롭게 만들며 하나님께 복종하는 새사람으로 거듭나게 합니다. 그리하여 마음에 평안이 강물처럼 흘러넘치게 됩니다. 이것이 징계로 말미암은 복입니다. 마음의 평안은 행복의 기본 요소입니다. 이러므로 우리는 징계를 받을 때마다, 그것이 하나님께서 나를 사랑하시는 표인 것을 깨닫고 잘못된 길을 바로잡아 더욱 힘차게 믿음의 경주를 계속해야겠습니다.

12절 그러므로 피곤한 손과 연약한 무릎을 일으켜 세우고

'피곤한 손과 연약한 무릎' 은 낙심하여 지친 상태를 말합니다. 징계를 받아 어렵고 괴로울 때에 피곤한 손과 연약한 무릎에 다시금 힘을 내어야 합니다. 손은 우리의 생활 전체를 개척하는 힘이요, 다리는 우리를 받쳐 굳세게 지탱하는 힘입니다. 그러므로 징계를 받을 때 좌절하지 말고 다시금 힘을 내어 우리의 인생을 개척해 나가고 용기를 가지고 굳세게 서야 합니다.

13절 너희 발을 위하여 곧은 길을 만들어 저는 다리로 하여금 어그러지지 않고 고침을 받게 하라

'곧은' 에 해당하는 헬라어 '오르다스'(ὀρθάς)는 하나님이 주시는 지혜 가운데 적절한 행동을 취하는 것으로 본 절에서는 징계를 통해 도달할 수 있는 신앙의 궁극적인 목표를 의미합니다. 우리가 징계를 받기 전에는 길을 잘못 들어서 술 취한 사람처럼 비틀걸음으로 세상길로 가지만, 징계를 받고 난 후 회개하여 잘못된 길에서 돌이키면 바르고 힘찬 걸음걸이로 바른 길로 나가게 되는 것입니다. 환난과 시험이라는 징계는 그와 동

등한 혹은 그 이상의 축복을 가져옵니다. 환난과 시험 없이 축복만 오는 경우는 절대로 없습니다. 환난과 시험은 하나님께서 타고 오시는 수레바퀴 소리입니다. 하나님은 환난과 시험의 수레를 타고 오셔서 그것을 능히 견디는 사람에게는 그 환난과 시험이 축복을 싣고 오는 수레가 되게 하시는 것입니다. 따라서 당시에는 무척이나 고통스럽고 슬픈 일이지만, 세월이 지난 후에 돌아보면 자신에게 유익이 되었다고 고백할 수 있는 것입니다. 그러므로 우리는 징계가 다가올 때, 하나님께 통회 자복하고, 새로이 자신의 삶의 길을 바로잡고, 새 힘을 얻어 올바른 길로 걸어 나가야겠습니다.

3. 화평함과 거룩함을 따르라(12:14-17)

14. 모든 사람과 더불어 화평함과 거룩함을 따르라 이것이 없이는 아무도 주를 보지 못하리라 15. 너희는 하나님의 은혜에 이르지 못하는 자가 없도록 하고 또 쓴 뿌리가 나서 괴롭게 하여 많은 사람이 이로 말미암아 더럽게 되지 않게 하며 16. 음행하는 자와 혹 한 그릇 음식을 위하여 장자의 명분을 판 에서와 같이 망령된 자가 없도록 살피라 17. 너희가 아는 바와 같이 그가 그 후에 축복을 이어받으려고 눈물을 흘리며 구하되 버린 바가 되어 회개할 기회를 얻지 못하였느니라

14절 모든 사람과 더불어 화평함과 거룩함을 따르라 이것이 없이는 아무도 주를 보지 못하리라

그리스도인들이 이 세상에 살면서 반드시 추구해야 하는 것이 있는데, 그것은 바로 '화평함' 과 '거룩함' 입니다. 화평과 거룩은 예수님의 구속 사역으로 인해 그리스도인이라면 누구나 값없이 받은 것입니다. 그런데 본 절에서는 우리 그리스도인들이 모든 사람과 화평한 관계를 갖고 거룩한 삶을 살아야 한다고 가르쳐 주고 있습니다. 이에 대해 성경 다른 곳에서는 이렇게 말씀합니다. "할 수 있거든 너희로서는 모든 사람과 더불어 화목하라"(롬 12:18). "사랑하는 자들아 이 약속을 가진 우리는 …… 육과 영의 온갖 더러운 것에서 자신을 깨끗하게 하자"(고후 7:1). 거룩함 없는 화평은 세상과 짝하는 것이고, 화평 없는 거룩함은 독선으로 흐르게 됩니다. 그러므로 우리는 모든 사람과 화평하되 거룩함 안에서 화평을 도모하여야 합니다.

본 절을 보면, "화평함과 거룩함을 따르라 이것이 없이는 아무도 주를 보지 못하리라" 고 말씀하고 있습니다. '아무도 주를 보지 못한다' 는 것은 기도가 상달되지 않아 주님과 교통할 수 없다는 뜻입니다.

그러면 이토록 중요한 화평과 거룩함을 이루려면 어떻게 하여야 할까요? 이를 위해서는 무엇보다도 사랑과 용서가 필요합니다. 누군가와 원수 된 상태에서는 화평함을 이룰 수 없습니다. 그렇기 때문에 하나님의 사랑으로 용서하고 화해해야 하는 것입니다. 또한 자신의 연약함을 인정하고 매일의 삶 가운데 알게 모르게 지은 죄와 실수를 회개하여 주님의 보혈로 씻음 받고 거룩함을 지켜야 합니다. 이와 같이 우리가 주님 안에서 화평함과 거룩함을 따라 살면, 성령이 우리 안에 거하시고 주님 오시

는 날 기쁨으로 주님을 뵙게 될 것입니다.

15절 너희는 하나님의 은혜에 이르지 못하는 자가 없도록 하고 또 쓴 뿌리가 나서 괴롭게 하여 많은 사람이 이로 말미암아 더럽게 되지 않게 하며

우리는 우리의 마음을 물 댄 동산같이 하나님의 은혜로 충만하게 해야 합니다. 은혜라는 단어는 헬라어로 '카리스'(χάρις)입니다. 하나님의 은혜를 받으면 화평하고 사랑으로 단합하고 하나님 나라 확장을 위해 힘쓰게 됩니다. 그러나 은혜를 받지 못한 사람은 교회에 말썽과 분열을 일으킵니다. 교회에는 잘 나오지만 하나님의 은혜를 받지 못하고 율법주의자가 되어 버리는 경우가 있습니다. 우리는 형제를 돌아보아 하나님의 은혜에 이르지 못한 자가 있는지 살펴보아야 합니다. '하나님의 은혜에 이르지 못하는 자'는 자신의 잘못으로 인해 어떠한 혜택으로부터 제외되는 것을 말합니다. 즉, 은혜에 대한 거절, 불신앙, 가볍게 여기는 마음으로 인해 복음에서 비롯된 하나님의 은혜를 자진해서 포기하는 것을 말합니다. 어떤 사람들은 하나님께서 값없이 은혜를 주심에도 불구하고 이 은혜에 이르지 못하는 사람이 있습니다. 그들은 마치 '탕자의 비유'(눅 15:11-32)에 나오는 맏아들 같은 사람들입니다. 그는 아버지의 것이 전부 자기 것이었음에도 불구하고 구하지 않음으로 아무것도 받지 못하였습니다. 그리고는 오히려 염소 새끼 한 마리도 안 준다면서 아버지를 원망했습니다. 이처럼 아버지가 모든 사랑과 은혜를 다 주었으나 그것들을 구하여 받아 누리지 못하고 아버지를 원망한 맏아들은 영적인 탕자입니다. 그런데 이러한 영적 탕자가 교회 안에 상당히 많이 있습니다. 하

나님께서는 우리에게 영혼이 잘됨같이 범사에 잘되고 강건하게 되는 은혜를 주셨음에도 불구하고, 지식과 믿음이 부족하여 그 은혜에 이르지 못하는 이들이 있습니다. 우리는 이런 형제를 돌아보아 권면해야 하는 것입니다.

또한 우리는 쓴 뿌리가 나지 않도록 해야 합니다. 여기서 '쓴 뿌리'는 미움, 다툼, 원한 같은 것을 가리킵니다. 이 쓴 뿌리는 당을 짓고 파를 나누고 계속 뿌리를 뻗어 나가면서 많은 사람을 괴롭게 하고 생각과 입을 더럽게 합니다. 우리는 이처럼 악한 쓴 뿌리를 기도로 수술해 내고 성령님께서 치유하시도록 해야 합니다.

16절 음행하는 자와 혹 한 그릇 음식을 위하여 장자의 명분을 판 에서와 같이 망령된 자가 없도록 살피라

우리는 성적으로 방탕하고 음란한 생활을 하는 형제가 있는지 서로 살펴보고, 정결하고 거룩한 삶을 살기에 힘써야 합니다. 하나님께서 가장 미워하시는 죄 가운데 하나가 음행입니다. 음행은 자기 몸에 죄를 짓는 것으로서 하나님의 성전을 더럽히는 것입니다(고전 6:18-19).

또한 팥죽 한 그릇을 먹기 위해 장자의 명분을 판 에서(창 25:29-34)와 같은 자가 있는지 살펴보아야 합니다. 하나님의 은혜와 복을 받고도 그것을 가볍게 여기고 쾌락을 좇아 신앙을 잃어버린 자들이 우리 주위에 꽤 많습니다. 이처럼 영적인 것들을 경시하고 자신의 소욕과 세상을 중시하는 사람들은 하나님의 복을 영원히 잃어버리고 마는 것입니다.

17절 너희가 아는 바와 같이 그가 그 후에 축복을 이어받으려고 눈물

을 흘리며 구하되 버린 바가 되어 회개할 기회를 얻지 못하였느니라

팥죽 한 그릇에 장자의 명분을 판 에서는 아버지로부터 장자의 축복도 받지 못하였습니다. 그는 뒤늦게 아버지에게 와서 통곡하며 축복받기를 간구하였으나 아무런 축복도 받지 못하였습니다(창 27:30-40).

하나님의 은혜를 경홀히 여기면 그다음에는 아무리 눈물을 흘리고 축복을 받으려고 해도 축복을 받을 수 없게 되는 것입니다. 자신의 의무와 책임을 다하지 않고 눈물만 흘리고 축복을 달라고 고함친다고 해서 축복이 오지 않습니다.

모든 것에는 다 적당한 때가 있습니다. 그 시기를 놓치면 아무것도 이룰 수 없습니다. 복을 받는 것도 회개하는 것도 그 시기를 놓치면 불가능해집니다. 때가 지난 다음에는 아무리 통곡하며 구하여도 얻을 수 없습니다.

오늘날 많은 사람들이 에서같이 하나님의 축복을 가볍게 여기고 세상에 나가 음란하고 방탕하며 세속을 즐기다가, 급한 일이 생기면 하나님께 달려와서 "내게 복을 주시옵소서!" 라고 부르짖습니다. 그러나 이미 때가 늦었기 때문에 그런 사람들은 아무 복도 받지 못하는 것입니다. 그러므로 우리는 예수님을 믿고 난 이후에는 반드시 의무와 책임을 다해야 합니다. 예수님을 통해 구원은 값없이 받았지만 의무와 책임을 다하지 않는다면 축복을 받을 수 없기 때문입니다. 축복은 성수 주일하고 십일조를 정성껏 드리고 하나님을 기쁘시게 하는 헌신을 할 때 받을 수 있는 것입니다. 우리가 의무와 책임을 다하면서 주님께 기도하면 주님께서는 응답하십니다.

4. 신약 성도들이 이른 곳(12:18-24)

18. 너희는 만질 수 있고 불이 붙는 산과 침침함과 흑암과 폭풍과 19.
나팔 소리와 말하는 소리가 있는 곳에 이른 것이 아니라 그 소리를 듣
는 자들은 더 말씀하지 아니하시기를 구하였으니 20. 이는 짐승이라
도 그 산에 들어가면 돌로 침을 당하리라 하신 명령을 그들이 견디지
못함이라 21. 그 보이는 바가 이렇듯 무섭기로 모세도 이르되 내가
심히 두렵고 떨린다 하였느니라 22. 그러나 너희가 이른 곳은 시온
산과 살아 계신 하나님의 도성인 하늘의 예루살렘과 천만 천사와
23. 하늘에 기록된 장자들의 모임과 교회와 만민의 심판자이신 하나
님과 및 온전하게 된 의인의 영들과 24. 새 언약의 중보자이신 예수
와 및 아벨의 피보다 더 나은 것을 말하는 뿌린 피니라

18-19절 너희는 만질 수 있고 불이 붙는 산과 침침함과 흑암과 폭풍과 나팔 소리와 말하는 소리가 있는 곳에 이른 것이 아니라 그 소리를 듣는 자들은 더 말씀하지 아니하시기를 구하였으니

'만질 수 있고 불이 붙는 산' 은 하나님께서 십계명을 주신 시내 산을 말합니다. 모세가 하나님의 십계명을 받을 때 시내 산에 불과 침침함과 흑암과 폭풍이 임했습니다(출 19-20장). 이에 대해 출애굽기 19장에는 다음과 같이 자세하게 묘사되어 있습니다. "우레와 번개와 빽빽한 구름이 산 위에 있고 나팔 소리가 매우 크게 들리니 진중에 있는 모든 백성이 다

떨더라 모세가 하나님을 맞으려고 백성을 거느리고 진에서 나오매 그들이 산기슭에 서 있는데 시내 산에 연기가 자욱하니 야훼께서 불 가운데서 거기 강림하심이라 그 연기가 옹기 가마 연기같이 떠오르고 온 산이 크게 진동하며 나팔 소리가 점점 커질 때에 모세가 말한즉 하나님이 음성으로 대답하시더라"(출 19:16-19). 이와 같이 하나님께서 시내 산에 나타나실 때 그 영광과 위엄이 어찌나 굉장했던지, 이스라엘 백성들은 너무나 무섭고 떨려서 하나님이 더 이상 말씀하시지 않기를 간구했습니다.

20절 이는 짐승이라도 그 산에 들어가면 돌로 침을 당하리라 하신 명령을 그들이 견디지 못함이라

하나님께서는 모세에게 아무도 시내 산에 오르지 못하도록 명하셨습니다. "너는 백성을 위하여 주위에 경계를 정하고 이르기를 너희는 삼가 산에 오르거나 그 경계를 침범하지 말지니 산을 침범하는 자는 반드시 죽임을 당할 것이라 그런 자에게는 손을 대지 말고 돌로 쳐 죽이거나 화살로 쏘아 죽여야 하리니 짐승이나 사람을 막론하고 살아남지 못하리라 하고 나팔을 길게 불거든 산 앞에 이를 것이니라 하라"(출 19:12-13). 그러므로 이렇듯 무서운 명령을 이스라엘은 감히 감당하지 못하였던 것입니다.

21절 그 보이는 바가 이렇듯 무섭기로 모세도 이르되 내가 심히 두렵고 떨린다 하였느니라

구약 시대의 하나님은 심판의 하나님이십니다. 하나님께서 시내 산에 강림하시는 광경이 얼마나 무서웠던지 일반 백성들은 물론 모세조

차도 심히 두렵고 떨린다고 하였습니다. 하나님의 임재 앞에서 두려워 떨지 아니할 사람은 아무도 없습니다. 장차 세상의 마지막 날이 이르러 하나님의 보좌 앞에서 심판받게 될 때, 예수님을 영접하지 않은 불신자들의 모습이 이와 같을 것입니다. 구약 시대는 율법을 지킴으로 구원을 받았고 신약 시대는 예수님을 구주로 믿음으로 구원을 받는 새로운 언약을 주셨습니다. 따라서 신약 시대에 예수님을 믿고 순종하며 섬길 때 하나님의 큰 축복을 받게 되지만 예수님을 믿지 않으면 버림받게 되는 것입니다.

22-23절 그러나 너희가 이른 곳은 시온 산과 살아 계신 하나님의 도성인 하늘의 예루살렘과 천만 천사와 하늘에 기록된 장자들의 모임과 교회와 만민의 심판자이신 하나님과 및 온전하게 된 의인의 영들과

신약 시대에 예수님을 믿는 우리 그리스도인들은 율법의 시내 산이 아닌 은혜의 시온 산에 삽니다. 시온 산은 시내 산처럼 손으로 만질 수 있는 산이 아닙니다. 그 산은 어린양 예수님이 계시는 곳, 하늘에 있는 하나님의 성전입니다(계 14:1). 우리 그리스도인들이 이른 곳은 하나님의 성전이 있는 하늘의 예루살렘으로, 눈물과 고통과 괴로움과 죽음이 없는 곳입니다. 또한 그곳은 귀한 보석으로 지은 성, 열두 진주문, 황금 길로 된 지극히 영화롭고 아름답고 좋은 곳입니다. 그곳에는 "천만 천사와 하늘에 기록된 장자들의 모임과 교회와 만민의 심판자이신 하나님과 온전하게 된 의인의 영들" 이 있습니다. 여기서 '하늘에 기록된 장자들의 모임과 교회' 는 하늘나라의 기업을 상속받을 하나님의 자녀, 즉 성도들을 가리킵

니다. 그리고 '온전하게 된 의인의 영들' 은 구약 시대부터 신약 시대의 성도에 이르기까지 하나님을 섬기다가 죽은 모든 믿음의 선배 의인들을 가리킵니다.

24절 새 언약의 중보자이신 예수와 및 아벨의 피보다 더 나은 것을 말하는 뿌린 피니라

예수님은 새 언약의 중보자이십니다. 이 언약은 믿음으로 말미암아 구원을 얻는다는 약속입니다. 예수님께서는 그의 피로 이 언약의 보증을 삼으셨습니다. 그런데 본 절에 의하면, 예수님의 피는 '아벨의 피보다 더 나은 것을 말하는 뿌린 피' 라고 말씀하고 있습니다. 아벨의 피는 원수를 갚아 달라고 부르짖고 있습니다. 이에 비해 예수님의 피는 자신을 대적하여 죽인 원수까지도 용서하고 모든 죄인을 대속합니다. 나아가 하나님 앞에 이 피의 공로를 믿는 자들의 의로움을 보증하며, 그 영혼을 살리고 범사에 잘되고 강건하게 하는 생명의 피입니다. 이러므로 아벨과 예수님은 똑같이 억울한 죽음을 당했지만, 그 피의 효력에 있어서 예수님의 보혈은 아벨의 피와 비교할 수 없이 우월한 것입니다.

5. 권면의 말씀(12:25-29)

25. 너희는 삼가 말씀하신 이를 거역하지 말라 땅에서 경고하신 이를
거역한 그들이 피하지 못하였거든 하물며 하늘로부터 경고하신 이를
배반하는 우리일까보냐 26. 그때에는 그 소리가 땅을 진동하였거니
와 이제는 약속하여 이르시되 내가 또 한 번 땅만 아니라 하늘도 진동
하리라 하셨느니라 27. 이 또 한 번이라 하심은 진동하지 아니하는
것을 영존하게 하기 위하여 진동할 것들 곧 만드신 것들이 변동될 것
을 나타내심이라 28. 그러므로 우리가 흔들리지 않는 나라를 받았은
즉 은혜를 받자 이로 말미암아 경건함과 두려움으로 하나님을 기쁘
시게 섬길지니 29. 우리 하나님은 소멸하는 불이심이라

25절 너희는 삼가 말씀하신 이를 거역하지 말라 땅에서 경고하신 이를 거역한 그들이 피하지 못하였거든 하물며 하늘로부터 경고하신 이를 배반하는 우리일까보냐

우리는 하나님께서 예수 그리스도를 통해서 주신 복음을 거역하지 말아야 합니다. 본문의 '땅에서 경고하신 이' 는 모세를 통해 구약의 율법을 주신 하나님을 뜻하고, '하늘로부터 경고하신 이' 는 그리스도를 통해 새 언약, 곧 복음을 주신 하나님을 뜻합니다. 구약 시대에 모세를 통하여 경고한 옛 언약인 율법을 어긴 사람은 두세 증인의 증언으로 죽임을 당했습니다. 또한 출애굽 한 이스라엘 사람들이 하나님의 말씀을 불순종하고

거역함으로 광야에서 다 죽었습니다. 하물며 하나님의 아들이신 예수 그리스도를 통하여 경고한 새 언약을 거역하면 그 심판이 얼마나 엄중하겠습니까?

구약의 율법이 그림자라면, 신약의 복음은 그 실체입니다. 예수님께서는 십자가에서 피 흘리심으로 행위 언약인 율법을 완성시키시고 은혜의 복음을 주셨습니다. 이후로 "구원받느냐, 아니면 심판받느냐?"를 가늠하는 것은 복음을 믿는 여부에 따라 결정되는 것입니다. 예수님의 복음을 받아들이지 않으면 버림을 받습니다. 또한 주님이 구원하기로 예정해 놓은 사람이라고 할지라도 주님의 경고를 무시하고 주님을 배반하여 성령님을 거역하고 훼방하면 버림을 받게 되는 것입니다.

26절 그때에는 그 소리가 땅을 진동하였거니와 이제는 약속하여 이르시되 내가 또 한 번 땅만 아니라 하늘도 진동하리라 하셨느니라

하나님께서 모세에게 율법을 주시려고 시내 산에 강림하실 때 땅이 진동하고 흔들렸습니다. 그런데 장차 이 세상 끝날에는 하늘과 땅이 진동하며 사라질 것입니다(벧후 3:10; 계 20:11). 이때 구원받은 성도들은 하늘의 새 예루살렘에 들어가서 그리스도와 함께 영원히 살게 될 것입니다.

27절 이 또 한 번이라 하심은 진동하지 아니하는 것을 영존하게 하기 위하여 진동할 것들 곧 만드신 것들이 변동될 것을 나타내심이라

장차 이 세상 끝날에 지금의 땅과 하늘은 완전히 없어져 버리고 새 하늘과 새 땅이 나타날 것입니다(벧후 3:10-13; 계 20:11; 21:1). 하나님께서는 영원히 변하지 않을 새 하늘과 새 땅을 지으시기 위해, 죄로 오염되어 항

상 변하고 더러워지고 쇠해지는 지금의 하늘과 땅과 천지 간의 모든 것을 다 없애시는 것입니다.

28절 그러므로 우리가 흔들리지 않는 나라를 받았은즉 은혜를 받자 이로 말미암아 경건함과 두려움으로 하나님을 기쁘시게 섬길지니

우리는 예수 그리스도를 믿음으로 말미암아 구원받고 하나님의 자녀가 되었습니다. 따라서 우리는 하나님의 후사로서 장차 하나님의 나라, 즉 영원히 변하지 않을 새 하늘과 새 땅을 기업으로 받으리라는 약속을 받았습니다. 이것이야말로 하나님의 은혜입니다. 우리는 이와 같은 은혜를 받았으므로 경건함과 두려움으로 하나님을 섬기고 하나님을 기쁘시게 하는 믿음의 삶을 살아야겠습니다.

29절 우리 하나님은 소멸하는 불이심이라

불은 심판을 상징합니다. 하나님은 우리가 하나님을 경건하게 섬길 때에는 우리의 죄를 소멸하고 우리의 원수를 소멸하는 생명의 불이 되시지만, 우리가 하나님을 반역하면 우리의 영혼을 소멸하는 심판의 불이 되십니다. 하나님은 공의의 심판자로서, 성령을 훼방하고 그리스도를 배반하는 자를 엄격히 심판하여 완전히 멸하십니다. 하나님의 심판은 엄격하고 완전합니다. 예수님의 경고하심을 받고도 배반한 신앙의 배도자들은 유황불에 던져져서 영원한 죽임을 당하게 될 것입니다. 그렇기 때문에 우리는 두렵고 떨리는 마음으로 하나님을 섬기며, 우리의 믿음을 굳게 해야 할 것입니다.

제 13 장

성도의 아름다운 생활

마지막 권면	13:1-17
기도 부탁	13:18-19
축복 기도	13:20-21
작별 인사	13:22-25

A COMMENTARY
ON THE EPISTLE TO THE
HEBREWS

본 서의 대미인 본 장은 성도가 실생활 가운데 지켜야 하는 덕목들을 교훈하고 있습니다. 성도는 이웃 사랑을 실천하며 순결을 소중히 여기고 정결한 생활을 해야 합니다. 재물에 대한 욕심과 집착을 버리고 있는 것에 감사하고 자족할 줄 알아야 합니다. 또한 교회의 영적 지도자들의 가르침과 행실을 주의하여 보고 그 믿음을 본받으며 그들에게 순종하여야 합니다. 이와 같이 본 장의 내용은 성도들에게 사회생활에 관해, 개인생활에 있어서 성 도덕과 물질 문제에 관해, 신앙생활에 있어서 교회 지도자에 대한 태도에 관해 가르쳐 주는 '생활 지침서'라 할 수 있습니다. 그리고 끝으로 기도 부탁과 축복 기도와 작별 인사를 기록함으로써 본 서를 마감하고 있습니다.

1. 마지막 권면(13:1-17)

1. 형제 사랑하기를 계속하고 2. 손님 대접하기를 잊지 말라 이로써
부지중에 천사들을 대접한 이들이 있었느니라 3. 너희도 함께 갇힌
것같이 갇힌 자를 생각하고 너희도 몸을 가졌은즉 학대받는 자를 생
각하라 4. 모든 사람은 결혼을 귀히 여기고 침소를 더럽히지 않게
하라 음행하는 자들과 간음하는 자들을 하나님이 심판하시리라 5.
돈을 사랑하지 말고 있는 바를 족한 줄로 알라 그가 친히 말씀하시기
를 내가 결코 너희를 버리지 아니하고 너희를 떠나지 아니하리라 하
셨느니라 6. 그러므로 우리가 담대히 말하되 주는 나를 돕는 이시니
내가 무서워하지 아니하겠노라 사람이 내게 어찌하리요 하노라 7.
하나님의 말씀을 너희에게 일러 주고 너희를 인도하던 자들을 생각
하며 그들의 행실의 결말을 주의하여 보고 그들의 믿음을 본받으라
8. 예수 그리스도는 어제나 오늘이나 영원토록 동일하시니라 9. 여
러 가지 다른 교훈에 끌리지 말라 마음은 은혜로써 굳게 함이 아름답
고 음식으로써 할 것이 아니니 음식으로 말미암아 행한 자는 유익을
얻지 못하였느니라 10. 우리에게 제단이 있는데 장막에서 섬기는 자

들은 그 제단에서 먹을 권한이 없나니 11. 이는 죄를 위한 짐승의 피는 대제사장이 가지고 성소에 들어가고 그 육체는 영문 밖에서 불사름이라 12. 그러므로 예수도 자기 피로써 백성을 거룩하게 하려고 성문 밖에서 고난을 받으셨느니라 13. 그런즉 우리도 그의 치욕을 짊어지고 영문 밖으로 그에게 나아가자 14. 우리가 여기에는 영구한 도성이 없으므로 장차 올 것을 찾나니 15. 그러므로 우리는 예수로 말미암아 항상 찬송의 제사를 하나님께 드리자 이는 그 이름을 증언하는 입술의 열매니라 16. 오직 선을 행함과 서로 나누어 주기를 잊지 말라 하나님은 이같은 제사를 기뻐하시느니라 17. 너희를 인도하는 자들에게 순종하고 복종하라 그들은 너희 영혼을 위하여 경성하기를 자신들이 청산할 자인 것같이 하느니라 그들로 하여금 즐거움으로 이것을 하게 하고 근심으로 하게 하지 말라 그렇지 않으면 너희에게 유익이 없느니라

1절 형제 사랑하기를 계속하고

여기서 '형제'는 예수 그리스도의 피로써 씻음 받고 성령님을 통하여 하나님을 한아버지로 섬기는 모든 그리스도인들을 가리킵니다. 그리스도인들은 인종이나 남녀노소, 빈부귀천의 구별 없이 모두 한형제입니다. 우리는 모두 다 아담과 하와의 자손으로 그 속에 하나님의 형상과 모양을 닮은 영혼을 가지고 있습니다. 그러므로 누구든지 예수님을 구주로 모시면 모두 다 구원받아 한하나님을 아버지로 모시고, 한예수님을 구주로 모시고, 한성령님으로 거듭나서 인치심을 받아, 한하늘나라 백성이 되는 것입니다. 성경은 우리에게 먼저 형제를 사랑하고 나아가 원수까지도 사랑하라고 가르치고 있습니다. 또한 사랑하되 한 번, 두 번 사랑하지 말고

형제 사랑하기를 계속하라고 말합니다. 주님이 오시는 날까지 서로 용서하고 섬겨 주고 허물을 덮어 주고 격려하는 사랑을 계속해야 합니다. 심고 거두는 법칙에 의해서 내가 먼저 사랑을 베풀 때 남도 나에게 사랑을 베풀게 됩니다. 내가 먼저 다른 사람들을 섬길 때 결국은 내게로 돌아오게 되는 것입니다.

2절 손님 대접하기를 잊지 말라 이로써 부지중에 천사들을 대접한 이들이 있었느니라

형제를 사랑하는 사람은 손님 대접하기를 힘써야 합니다. 예수님께서는 '양과 염소의 비유'(마 25:31-43)를 들어, 평상시에 손님을 대접하는 것이 얼마나 주님을 기쁘시게 하는 일인가를 가르쳐 주셨습니다. 손님을 정성껏 대접하는 사람에게 주님께서는 보상하시고 복을 주십니다. 평상시에 늘 손님 대접을 잘하다가 이러한 복을 받은 대표적인 사람이 바로 아브라함입니다. 아브라함은 세 나그네가 지나가는 것을 보고 자기 집으로 데려다가 잘 대접했습니다. 그런데 나중에 알고 보니 그들은 하나님과 두 천사였습니다(창 18장). 이처럼 손님 대접하기를 힘쓰다가 부지중에 하나님과 두 천사를 대접한 아브라함은 아들을 주신다는 약속을 재확인 받았습니다(창 18:9-15).

또한 그의 조카 롯을 하나님의 심판 가운데서 구원받게 할 기회를 얻을 수 있었습니다(창 18:22-32). 아브라함의 조카 롯도 손님 대접에 힘쓴 사람입니다. 롯은 소돔 성문에 앉아 있다가 두 사람이 오는 것을 보고 집으로 모셔다가 잘 대접해 주었는데, 알고 보니 그들은 소돔과 고모라의 죄악상을 살펴보러 온 천사들이었습니다(창 19:1-3). 그리하여 천사들로

부터 소돔의 심판을 예고 받고, 천사들의 도움을 받아 심판을 피할 수 있었습니다(창 19:12-22).

3절 너희도 함께 갇힌 것같이 갇힌 자를 생각하고 너희도 몸을 가졌은즉 학대 받는 자를 생각하라

초대 교회에는 신앙 때문에 감옥에 갇히고 학대받는 사람들이 많았습니다. 이 당시 성도들 중에는 이러한 화를 면하였음에도 스스로 고통에 동참하는 사람들이 많았습니다. 그들은 위험을 무릅쓰고 감옥에 갇힌 형제들을 찾아가서 위로해 주고 고통을 함께 나누었습니다. 여기서 '생각하라' 는 것은 따뜻한 사랑을 가지고 동정하라는 것입니다. 동정하되 자기가 같은 입장에 있는 것처럼 느끼고 동정하여야 합니다. 그리하여 서로의 짐을 나누어 져야 합니다.

4절 모든 사람은 결혼을 귀히 여기고 침소를 더럽히지 않게 하라 음행하는 자들과 간음하는 자들을 하나님이 심판하시리라

인간의 3대 욕구는 식욕과 성욕과 명예욕입니다. 이 세 가지 욕망을 잘 다스리지 못할 때 인간 생활의 모든 부조리가 생겨나게 됩니다. 이 중 본절에서는 성욕과 관련하여 성 도덕에 대한 교훈을 주고 있습니다.

우리는 결혼을 귀히 여겨야 합니다. 지금 미국이나 유럽에 가면 결혼을 하지 않고 사는 사람이 많습니다. 이혼하려면 여러 가지로 수속이 복잡하니까 아예 결혼을 하지 않고 삽니다. 남녀가 함께 동거하다가 마음이 안 맞으면 헤어지고 다른 사람과 만나서 삽니다. 이처럼 혼인을 귀히 여기지 않는 것은 큰 죄악입니다. 본문에서 '침소를 더럽힌다' 는 말은 법

적인 혼인을 하지 않고서 잠자리를 같이하는 것을 뜻합니다. 그리고 '음행'은 성적으로 방탕한 것을 의미하며, '간음'은 기혼자가 혼외 관계를 갖는 성적 문란을 의미합니다. 이와 같은 성적인 죄들은 자신의 몸에 짓는 죄이며(고전 6:18), 가정과 사회를 파괴시키는 요인이 됩니다. 뿐만 아니라 성 범죄는 무엇보다도 하나님께서 제정하신 결혼과 가정 제도를 깨뜨리는 죄악이며, 제7계명을 범하는 것입니다. 그렇기 때문에 성적으로 범죄하는 자는 하나님의 심판을 받고 하나님의 나라를 유업으로 받지 못하는 것입니다.

5절 돈을 사랑하지 말고 있는 바를 족한 줄로 알라 그가 친히 말씀하시기를 내가 결코 너희를 버리지 아니하고 너희를 떠나지 아니하리라 하셨느니라

성도는 돈을 사랑하지 말고 자족하는 생활을 해야 합니다. 돈은 생활에 꼭 필요합니다. 돈이 많으면 그만큼 더 편리하고 풍요로운 생활을 할 수 있습니다. 그렇기 때문에 부자나 가난한 사람이나 모두가 돈을 벌기에 열심을 냅니다. 그런데 성경은 "돈을 사랑함이 일만 악의 뿌리가 되나니 이것을 탐내는 자들은 미혹을 받아 믿음에서 떠나 많은 근심으로써 자기를 찔렀도다"(딤전 6:10)라고 경고하고 있습니다. 돈을 욕심내고 집착하다 보면 돈의 노예가 되어 범죄하게 됩니다. 그러므로 성도는 돈을 사랑하지 말아야 할 뿐 아니라 자족을 배워야 합니다. 그러므로 우리는 성실하게 일하여 얻은 정직한 대가에 만족할 줄 알아야 합니다.

자족하는 사람은 언제나 하나님께 감사드리게 됩니다. 사도 바울은 "어떠한 형편에든지 나는 자족하기를 배웠노니 나는 비천에 처할 줄도

알고 풍부에 처할 줄도 알아 모든 일 곧 배부름과 배고픔과 풍부와 궁핍에도 처할 줄 아는 일체의 비결을 배웠노라"(빌 4:11-12)고 말하였습니다. 바울 사도와 같이 우리가 돈을 사랑하지 않고 자족하면 하나님께서 우리를 버리지 않고 떠나지 않으시겠다고 약속하셨습니다. 그러므로 우리는 돈이 많으면 많은 대로 감사하고, 돈이 없으면 없는 대로 감사하며 전적으로 하나님만을 의지하고 나아가야 합니다. 그리할 때 하나님께서는 우리와 함께하시며 우리의 모든 필요를 채워 주시고(마 6:33), 우리로 하여금 결코 부끄러움을 당하지 않도록 만들어 주시는 것입니다.

6절 그러므로 우리가 담대히 말하되 주는 나를 돕는 이시니 내가 무서워하지 아니하겠노라 사람이 내게 어찌하리요 하노라

본 절은 "야훼는 내 편이시라 내가 두려워하지 아니하리니 사람이 내게 어찌할까"(시 118:6)라는 성경 말씀을 인용한 것입니다. 하나님께서 우리를 버리지 아니하시고 떠나지 아니하리라고 약속하셨기 때문에, 우리는 "주는 나를 돕는 이시니 내가 무서워 아니하겠노라 사람이 내게 어찌하리요!" 라고 담대히 말할 수 있습니다. 만군의 주이시며 모든 만물의 주인이신 하나님께서 우리를 도우시고, 예수 그리스도께서 하나님 우편에서 우리를 돌보시기 때문에 우리는 아무것도 두려울 것이 없습니다.

7절 하나님의 말씀을 너희에게 일러 주고 너희를 인도하던 자들을 생각하며 그들의 행실의 결말을 주의하여 보고 그들의 믿음을 본받으라

하나님께서는 주의 종들을 택해서 하나님의 나라와 그의 말씀을 맡겨

주셨습니다. 말씀을 맡은 주의 종들은 주일날 강단에서만 말씀을 전하는 것이 아니라 삶 속에서도 말씀을 실천하는 삶을 살아야 합니다. 또한 주의 종들은 양 무리를 인도해야 하기 때문에 생활 속에서 양 무리에게 본을 보여 줄 수 있어야 합니다. 기도 생활과 가정생활, 사회생활을 통해서도 성도들에게 본이 되어야 합니다. 따라서 끊임없이 하나님 앞에 바로 서 있기 위하여 노력해야 합니다. 본문은 성도들에게 말씀을 전하고 성도들을 인도하고 끝까지 주님 앞에 올바른 행실로 살아 온 주의 종들을 생각해 보고 그들의 믿음을 본받으라고 말합니다.

나도 목회를 하면서 존경하는 주의 종들을 많이 만나 보았습니다. 나는 그분들을 삶의 모델로 삼고 그분들의 목회 생활을 본받으려고 애를 씁니다. 또 많은 젊은 주의 종들이 나의 목회와 생활을 본받으려고 애를 쓰기도 합니다. 마찬가지로 장로님들은 평신도들의 본이 되어야 하고, 제직들도 평신도들의 본이 되어야 되고, 지역장과 구역장은 그 지역에서, 그 구역에서 평신도의 본이 되어야 합니다.

우리가 성공적인 신앙생활을 하기 위해서는 믿음의 선배들, 그 중에서도 하나님의 말씀을 전하고 성도들을 지도하던 교회의 지도자들을 본받아야 합니다. 우리는 믿음의 선배들이 가르친 말씀을 마음에 새기고, 그들이 보여 준 믿음과 선한 행실을 되새겨 보아야 합니다. 어떠한 시험과 환난에도 굴복하지 않고, 마침내는 순교하기까지 믿음을 지키다가 간 그들의 삶을 본받아야 합니다. 나아가 우리는 예수 그리스도의 은혜로 구원받고 난 이후, 우리 자신을 위해 살지 않고 이웃에게 선한 영향을 줄 수 있어야 합니다. 늘 주님과 동행하며 그리스도의 향기로서 말과 생각, 행동을 통해 주님을 나타내는 삶이 되도록 노력해야만 하는 것입니다.

8절 예수 그리스도는 어제나 오늘이나 영원토록 동일하시니라

예수님의 본질은 과거나 현재나 미래나 영원히 변함이 없습니다. 그러나 예수 그리스도의 사역은 다릅니다. 예수님은 십자가에 못 박혀 돌아가시기 위해서 이 땅에 오셨습니다. 십자가에서 우리의 죄를 대속하시고 현재는 하나님 보좌 우편에 앉아 계십니다. 또 장차는 심판주로 만왕의 왕, 만주의 주로 다시 오십니다. 예수님의 사역은 달라지지만 예수님의 본질과 성품은 전혀 달라지지 않습니다.

우리를 향한 예수님의 사랑은 어제나 오늘이나 영원토록 동일하십니다. 예수님의 용서도 영원히 동일합니다. 예수님께서 그 보배로운 피로 하나님과 우리를 화목하게 하신 사역도 영원히 동일하고, 우리에게 성령을 주시는 일도 영원히 동일합니다. 주님께서는 우리의 슬픔을 제하시고 기쁨을 주시며 병을 고치시고 귀신을 쫓아내시는 사역도 동일하게 감당하십니다. 주님께서 우리의 저주를 제하시고 우리에게 형통을 주시는 역사도 동일하며, 사망과 음부를 제하시고 천국과 영생을 주시는 사역도 동일하십니다. 하나님의 은사와 택하심에도 후회하심이 없습니다.

이처럼 예수 그리스도는 영원토록 동일한 분이십니다. 2천 년 전에 이스라엘 땅에 오셔서 복음을 전하시던 예수님이나, 지금 성령으로 우리 가운데 와 계시는 예수님이나, 장차 천국에 올라가서 우리와 함께 살 예수님은 동일한 분이십니다. 2천 년 전에 이 세상에 오셔서 죄를 사하시고, 병을 고치시고, 귀신을 내어 쫓으시고, 운명과 환경을 변화시켜 주시고, 영생을 주시던 예수님은 지금도 성령으로 우리 가운데 오셔서 동일한 역사를 하고 계신 것입니다. 그러므로 우리는 이처럼 영원하시고 불변하시는 예수님만을 믿고 의지하여야 하는 것입니다.

나는 한국과 전 세계를 돌아다니며 그리스도를 전해 왔습니다. 내가 예수 그리스도를 전할 때 예수님 당시에 그랬던 것처럼 동일하게 많은 사람들이 구원받고 그들을 괴롭히던 귀신이 쫓겨 나가는 것을 경험할 수 있었습니다. 현재도 동일하게 예수님의 이름을 전할 때 귀신이 소리치며 떠나가고 다리 저는 사람과 못 걷는 사람이 낫는 것을 볼 수 있습니다. 예수님은 지금도 동일하게 구원하시고 동일하게 치료하시고 동일하게 축복하십니다. 나는 사역하는 동안 하나님의 살아 계심을 확실하게 눈으로 보고 귀로 듣고 손으로 만져 보고 체험해 왔습니다. 때문에 어떠한 경우에나 예수 그리스도는 어제나 오늘이나 영원토록 동일한 주님이심을 확신하고 신뢰하고 있습니다.

주님은 지금도 우리의 영혼이 잘됨과 같이 범사에 잘되며 강건하고 생명을 얻되 풍성하게 얻기를 원하고 계십니다. 예수 그리스도는 어제나 오늘이나 영원토록 동일하십니다. 변화무쌍한 세상에서 우리 주님만은 영원토록 변함이 없으시기 때문에 우리는 주님만을 확실히 믿고 나아갈 수 있는 것입니다.

9절 **여러 가지 다른 교훈에 끌리지 말라 마음은 은혜로써 굳게 함이 아름답고 음식으로써 할 것이 아니니 음식으로 말미암아 행한 자는 유익을 얻지 못하였느니라**

우리는 다른 교훈에 이끌리지 말고 오직 길이요, 진리요, 생명이신 예수님만 따라가야 합니다. 우리의 신앙 고백인 사도신경에서 벗어난 교훈은 이단의 가르침입니다. 우리의 마음은 하나님의 은혜에 굳게 밀착되어 있어야 합니다. 여기서 '은혜' 는 예수님으로 말미암아 하나님으로부터 죄 사함 받고 평안을 누리게 된 구원의 은혜를 말합니다. 우리의 신앙은 어떤 종교적인 의식이나 행위로 굳어지는 것이 아닙니다. 오직 말씀과 성령으로 은혜를 받아야 신앙이 굳건해집니다. 사람들은 은혜에서 멀어지면 자꾸 의식에 치중하게 됩니다. 의식에 치중하면 겉으로 보기에는 그럴듯한 것같으나, 은혜가 없는 의식은 하나의 형식에 불과할 뿐 신앙을 굳게 하는 데에는 아무런 도움이 되지 못합니다. 또한 우리는 음식, 즉 먹고 마시는 것으로 믿음의 형식을 규제하지 말아야 합니다. 구약 시대에는 정결한 음식이 구별되어 있었고, 또한 이러한 것들로 제사를 드렸습니다. 그러나 이러한 먹고 마시는 것은 신앙에 아무런 유익을 가져다주지 못합니다. 특정한 음식을 먹는 것이 신앙을 강화시키는 것이 아니라 은혜가 그렇게 하는 것입니다. 그러므로 예수님이 오셔서 이 구약의 규례를 철폐해 버리신 것입니다.

하나님께서는 우리와 새 언약을 세우실 때 "내 법을 그들의 생각에 두고 그들의 마음에 이것을 기록하리라"(히 8:10)고 하셨습니다. 이러므로 우리는 성령을 통하여 우리 마음에 알게 하신 은혜로 우리의 믿음을 굳게 하고, 예수 그리스도 한 분 외에는 구원이 없음을 앎으로(행 4:12) 모든 이단 사설의 주장에 미혹되지 말아야겠습니다.

10-11절 우리에게 제단이 있는데 장막에서 섬기는 자들은 그 제단에서 먹을 권한이 없나니 이는 죄를 위한 짐승의 피는 대제사장이 가지고 성소에 들어가고 그 육체는 영문 밖에서 불사름이라

구약 시대에 제사를 드릴 때 일반 백성들이 제물의 짐승을 가져오면, 제사장은 그 짐승을 잡아 피를 뿌려 제사를 드리고, 제사가 끝난 후 그 고

기는 제사장들의 몫이 되어서 그것을 삶아 먹기도 하고 구워 먹기도 하였습니다. 그러나 제사장들도 먹지 못하는 것이 있었는데, 그것은 바로 대제사장이 일 년에 한 번 이스라엘 백성의 죄를 사하기 위해 드리는 속죄제의 제물입니다.

속죄 제물은 제단 앞에서 잡은 후, 대제사장이 그 피를 양푼에 담아 지성소에 가지고 들어가서 지성소의 속죄소에 뿌리고 이스라엘의 죄를 속하는 일을 하였습니다. 속죄 제물의 고기와 내장과 모든 배설물들은 영문 밖으로 가지고 나가서 그곳에서 불로 태워 버렸습니다. 속죄 제물은 모두 태워야 했기 때문에 제사장은 물론 그 누구도 절대 먹을 수 없었습니다. 구약의 제사장들은 속죄 제물의 고기를 먹지 못하였는데, 영원한 속죄 제물이 되신 예수 그리스도의 은혜 역시 믿음이 없으면 그 누구도 받을 수 없습니다.

12절 그러므로 예수도 자기 피로써 백성을 거룩하게 하려고 성문 밖에서 고난을 받으셨느니라

예수 그리스도께서 우리를 구원하기 위해서 십자가에서 당하신 고난은 우리의 조그만 머리로는 계산할 수 없고 측량할 수 없습니다. 그의 희생과 끝없는 사랑과 긍휼로 우리를 대신해 십자가에서 고난받으신 예수님을 생각할 때 우리 가슴이 저리지 아니할 수 없습니다. 구약 시대에 속죄 제물을 영문 밖에서 불태웠듯이, 예수님께서는 우리의 속죄 제물로서 예루살렘 성문 밖 골고다에서 십자가에 달려 죽으셨습니다. 예수님이 속죄 제물이 되어 피 흘려 죽으심으로 우리는 그 피의 공로를 힘입어 모든 죄를 사함받고 거룩하게 되었습니다.

13절 그런즉 우리도 그의 치욕을 짊어지고 영문 밖으로 그에게 나아가자

예수님께서는 수치스러운 십자가를 지고 성문 밖 골고다에서 피 흘려 죽으심으로 우리에게 구원의 길이 되셨습니다. 하나님의 뜻을 이루시기 위해서 사람들에게 멸시와 천대를 당하시고 대제사장과 바리새인과 사두개인 그리고 율법 교사들에게 버림을 당하셨습니다. 십자가를 걸머지고 예루살렘 밖으로 나가서 수치와 모욕을 모두 참고 견디셨으며, 마침내는 죽으셨습니다. 그러므로 예수 그리스도를 믿어 구원받은 우리 성도들은 자신의 십자가를 짊어지고 그리스도의 십자가가 서 있는 골고다로 나아가야 합니다. 예수님을 믿는다는 이유로 사람들에게 비난당하고 박해당하고 고난당하는 것을 피하지 말고 주님과 함께 십자가를 걸머지고 영문 밖으로 나아가야 합니다.

예수님께서 우리의 질병을 고치셨기 때문에 우리는 질병으로 고생하지 않아도 됩니다. 예수님께서 우리의 저주를 대신 짊어지셨기 때문에 우리는 저주를 짊어질 필요가 없습니다. 예수님께서 우리를 위해서 죽음을 담당하셨기 때문에 우리는 죽어서 지옥에 가지 않습니다. 그러나 우리는 하나님의 뜻을 이루기 위해 십자가를 지고 목숨까지 버리신 예수님처럼, 하나님께 순종하기 위해서 목숨을 아끼지 말아야 합니다. 하나님의 뜻에 순종하기 위해 자기를 부인하고 십자가를 지고 나아가야 합니다. 박해도 기쁘게 받아야 하고 예수님을 믿기 때문에 욕을 당하고 고통을 당하고 내어 쫓기고 심지어 죽기까지 할지라도 기쁘게 따라가야 되는 것입니다. 십자가를 걸머지고 영문 밖으로 나아가고자 하는 마음의 헌신과 결단이 있어야 되는 것입니다.

14절 우리가 여기에는 영구한 도성이 없으므로 장차 올 것을 찾나니

우리가 살고 있는 이 세상에는 영구한 도성이 없습니다. 우리는 모두 이 땅에서 잠깐 머물다가 떠나갑니다. 이 세상은 우리가 잠시 머무는 곳일 뿐입니다. 장차 올 영구한 도성, 즉 새 하늘과 새 땅, 새 예루살렘이 우리가 살 곳입니다. 따라서 우리 그리스도인들은 천국 시민이기 때문에 오직 하늘의 도성을 바라보고 이 세상에서 즐거운 마음으로 기꺼이 그리스도의 고난에 동참하며 나그네와 같은 생활을 할 수 있어야 합니다.

15절 그러므로 우리는 예수로 말미암아 항상 찬송의 제사를 하나님께 드리자 이는 그 이름을 증언하는 입술의 열매니라

우리는 제사를 통해서 하나님께 나아갈 수 있습니다. 아브라함도 이삭도 야곱도 언제나 제단을 쌓고 하나님께 제물을 드렸습니다. 구약 시대에는 속죄 제물, 속건 제물, 번제물, 감사 제물, 화목 제물 등 여러 가지 제물을 가지고 하나님 앞에 나아갔습니다. 그러나 지금은 예수님께서 우리의 완전하고도 영원한 제물이 되셨기 때문에 우리는 제물 대신 예수 그리스도를 믿는 믿음으로 나아가며, 그 은혜에 감사하고 찬송의 제사를 드리며 하나님께 나아갑니다. "감사함으로 그의 문에 들어가며 찬송함으로 그의 궁정에 들어가서 그에게 감사하며 그의 이름을 송축할지어다"(시 100:4).

우리 성도들은 이 세상에 살면서 찬송의 제사를 드려야 합니다. 예수님께서 친히 십자가에 달리시고 피 흘리심으로 구원해 주신 은혜와 사랑에 감사하며 찬송의 제사를 드려야 합니다. 찬송은 이웃에게 하나님을 전하는 입술의 열매입니다. 우리가 하나님께 찬송의 제사를 드릴 때, 하나님께서는 우리의 찬송을 기쁘게 받으시고 우리 가운데 함께해 주십니다(시 22:3).

16절 오직 선을 행함과 서로 나누어 주기를 잊지 말라 하나님은 이같은 제사를 기뻐하시느니라

하나님께서 기뻐하시는 두 가지 제사가 있습니다. 하나는 전 절에서 언급한 찬송의 제사이고, 다른 하나는 본 절에 나오는 선한 행위의 제사입니다.

우리는 선을 행하여야 합니다. 우리가 가진 것 중에서 필요한 것 이외의 것들은 이웃과 나누고, 이웃이 어려운 일을 당하였을 때에는 힘껏 도와주어야 합니다. 선한 행위의 제사는 하나님이 기쁘게 받으시는 산 제사입니다. 그러므로 우리가 선한 일에 힘쓸 때, 하나님의 큰 복이 우리에게 임하는 것입니다.

사도행전에 보면 이방인 백부장이었던 고넬료는 평소에 많은 선을 행하고 구제를 했습니다(행 10:2). 그런데 어느 날 기도하던 중 천사가 나타나서 "네 기도와 구제가 하나님 앞에 상달되어 기억하신 바 되었다." 고 전해 주었습니다(행 10:4). 우리가 선을 행하는 제사를 드리고 구제로 나누는 제사를 드릴 때, 하나님께서는 이 모든 것을 기억하십니다. 때가 되어 고넬료의 가정에 베드로를 보내 축복해 주신 것처럼 우리에게도 복을 허락하여 주시는 것입니다. 우리가 드릴 제사는 첫째는 찬송의 제사요, 둘째는 선을 행하고 나누어 주는 제사입니다. 그러므로 우리는 삶 속에서 이 두 가지 제사를 드리며 하나님 앞에 나아갈 수 있어야겠습니다.

17절 너희를 인도하는 자들에게 순종하고 복종하라 그들은 너희 영혼을 위하여 경성하기를 자신들이 청산할 자인 것같이 하느니라 그들로 하여금 즐거움으로 이것을 하게 하고 근심으로 하게 하지 말라 그렇지 않으면 너희에게 유익이 없느니라

성도는 자신을 인도하는 교회 지도자들에게 순종하고 복종해야 합니다. '순종' 은 내가 그 가르침에 동의하는 태도이기 때문에 괴롭지 않지만, '복종' 은 내 뜻을 굽혀야 하기 때문에 대단히 괴롭습니다. 그러나 교회 지도자, 곧 주의 종들이 하나님의 말씀에 의지하여 가르치고 인도할 때에는 어떤 일이 있어도 순종하고 복종해야 합니다.

주의 종들은 하나님 앞에서 양 무리에 대해 책임을 지고 있습니다. 성경은 "여러분은 자기를 위하여 또는 온 양 떼를 위하여 삼가라 성령이 그들 가운데 여러분을 감독자로 삼고 하나님이 자기 피로 사신 교회를 보살피게 하셨느니라"(행 20:28)고 말씀합니다. 주의 종들은 장차 하나님 앞에서 자기가 돌본 양 무리에 대하여 결산하게 됩니다. 따라서 양 무리의 영혼에 대하여 책임감을 가지고, 항상 경성하며 성실하게 양 무리를 돌보고 양육할 수 있어야 합니다.

그러므로 양 무리는 즐거운 마음으로 주의 종의 인도에 따라야 합니다. 쓸데없이 주의 종에게 반발하여 주의 종을 근심하게 하면 양 무리에게 아무런 유익이 없습니다. 하나님은 양 무리를 축복해 주실 때, 주의 종을 통하여 축복하십니다. 주의 종의 마음에 염려와 근심이 꽉 들어차면, 하나님의 기름 부으심이 그치고 맙니다. 그렇게 되면 양 무리에게도 아무런 유익이 없고 손해만 될 뿐입니다. 그렇기 때문에 성도는 이러한 영적 질서를 깨닫고 주의 종에게 철저히 순종하여야 하는 것입니다.

현재 너무 감사한 것은 여의도순복음교회의 장로님들이 천 명이 넘고 5만명의 제직이 있지만 나를 찌르고 힘들게 하는 사람이 거의 없다는 점입니다. 그러나 예전에 교회를 건축할 당시에는 나를 찌르기도 하고 힘들게 하는 사람들이 많았기 때문에 많이 울었습니다. 밤새도록 울고 기도하고 하나님께 부르짖고 매달렸습니다. 교회 건축이 한창 진행되는 동안 바깥에서는 어려운 시험이 계속되었고, 안에서도 온갖 흉을 보며 훼방하고 반대하는 무리들 때문에 많이 울었습니다. 그러나 요즈음에는 편하게 목회를 하고 있습니다. 장로님들과 제직들이 나를 사랑해 주고 협조해 주고 있어서 감사하게 생각하고 있습니다.

우리는 주의 종들을 위해서 기도해 주고 그의 말에 복종하고 순종할 수 있어야 합니다. 교회에서 주의 종들을 비판하고 가시 노릇하는 사람은 절대로 은혜를 받지 못합니다. 하나님께서는 주의 종을 훼방하고 괴롭히는 사람에게는 복을 주시지 않기 때문에 이익이 없습니다. 주의 종을 훼방하는 것은 결국은 하나님의 마음을 아프게 하는 것입니다. 주의 종은 하나님의 대변자로 보냄을 받았기 때문에 하나님의 대변자가 하나님의 나라를 위해서 기쁘게 일할 수 있도록 환경을 만들어 주면 하나님이 기뻐하셔서 복을 주십니다. 그러나 하나님께서 보내신 종을 헐뜯고 괴롭힌다면 하나님께서 복을 주실 수 없습니다.

2. 기도 부탁(13:18-19)

18. 우리를 위하여 기도하라 우리가 모든 일에 선하게 행하려 하므
로 우리에게 선한 양심이 있는 줄을 확신하노니 19. 내가 더 속히 너
희에게 돌아가기 위하여 너희가 기도하기를 더욱 원하노라

18절 우리를 위하여 기도하라 우리가 모든 일에 선하게 행하려 하므로 우리에게 선한 양심이 있는 줄을 확신하노니

바울은 모든 권면의 말씀을 마치고 이제 성도들에게 기도를 부탁합니다. 기도의 요청은 초대 교회의 아름다운 풍속이었습니다. 주의 종을 위하여 또한 주 안에서 한형제 된 성도를 위하여 기도하는 것은 성도의 본분입니다.

바울이 성도들에게 이처럼 담대하게 기도 부탁을 할 수 있었던 것은, 자신의 선한 양심으로 하나님의 선하신 뜻에 순종하여 선을 행한다는 확신이 있었기 때문입니다. 이와 같이 우리가 예수님을 믿어 구원을 받고 나면 성령님의 인도하심을 따라 하나님의 뜻대로 선한 일을 하여야 합니다. 예수님을 믿는다면서도 선한 열매를 맺지 못한다면 그는 형식적인 교인에 불과합니다. 그러므로 참된 성도는 성령을 힘입어 선한 양심에 따라 선을 행하여 선한 열매를 풍성히 맺어야겠습니다.

19절 내가 더 속히 너희에게 돌아가기 위하여 너희가 기도하기를 더 욱 원하노라

바울이 본 서의 수신자인 성도들에게 기도해 주기를 원한 것은, 그들에게 하루 속히 돌아갈 수 있게 되기를 바랐기 때문입니다. 본 절에 밝히지는 않았으나, 그는 성도들에게 가고자 하는 마음의 소원이 있음에도 불구하고 가지 못할 상황에 처해 있었던 듯합니다. 그렇기 때문에 그는 구체적인 기도 제목을 제시하며 성도들에게 이를 위하여 합심하여 기도해 줄 것을 부탁한 것입니다.

3. 축복 기도(13:20-21)

20. 양들의 큰 목자이신 우리 주 예수를 영원한 언약의 피로 죽은 자 가운데서 이끌어 내신 평강의 하나님이 21. 모든 선한 일에 너희를 온전하게 하사 자기 뜻을 행하게 하시고 그 앞에 즐거운 것을 예수 그리스도로 말미암아 우리 가운데서 이루시기를 원하노라 영광이 그에게 세세무궁토록 있을지어다 아멘

20절 양들의 큰 목자이신 우리 주 예수를 영원한 언약의 피로 죽은 자 가운데서 이끌어 내신 평강의 하나님이

예수님께서는 양과 같은 우리를 위해 십자가에서 피를 흘려 죽으심으로 양들의 큰 목자가 되셨습니다. 예수님이 십자가에서 흘리신 피는 믿음으로 구원받는다는 새 언약의 보증인 대속의 피요, 영원한 언약의 피입니다. 그러므로 누구든지 예수 그리스도를 믿으면 죄 사함 받고 구원받게 되는 것입니다.

십자가에 달려 피를 흘려 죽으심으로 인류의 죄를 대속하신 예수님을 하나님께서는 장사된 지 사흘 만에 죽은 자 가운데서 다시 일으키셨습니다. 이처럼 예수님을 부활시키신 하나님은 평강의 근원이시며 우리에게 평강을 주시는 분이십니다.

21절 모든 선한 일에 너희를 온전하게 하사 자기 뜻을 행하게 하시고 그 앞에 즐거운 것을 예수 그리스도로 말미암아 우리 가운데서 이루시기를 원하노라 영광이 그에게 세세무궁토록 있을지어다 아멘

바울은 평강의 하나님께서 성도들에게 필요한 모든 것을 은혜로 공급해 주셔서 그들을 온전하게 하여 하나님의 뜻을 행하게 해 주시기를 기도하였습니다. 또한 성도들이 예수 그리스도를 통해서 신령과 진정으로 하나님을 경배하고 섬기며, 굳센 믿음으로 성장하여 하나님을 기쁘시게 해 드리기를 소원하고 기도하였습니다.

우리의 삶의 근본적인 목적은 하나님을 영화롭게 해 드리는 것입니다. 이를 위해 우리는 하나님의 뜻을 이루고 하나님을 기쁘시게 해 드려야 하는데, 그러려면 하나님의 뜻을 온전히 이루신 예수 그리스도를 본받는 삶을 살아야 합니다.

이 세상의 모든 영광이 우리를 창조하시고 구원하신 하나님께 영원무궁토록 있을 것입니다. 우리는 오직 하나님께만 모든 영광을 돌려야 할 것입니다.

4. 작별 인사(13:22-25)

22. 형제들아 내가 너희를 권하노니 권면의 말을 용납하라 내가 간단히 너희에게 썼느니라 23. 우리 형제 디모데가 놓인 것을 너희가 알라 그가 속히 오면 내가 그와 함께 가서 너희를 보리라 24. 너희를 인도하는 자들과 및 모든 성도들에게 문안하라 이달리야에서 온 자들도 너희에게 문안하느니라 25. 은혜가 너희 모든 사람에게 있을지어다

22절 형제들아 내가 너희를 권하노니 권면의 말을 용납하라 내가 간단히 너희에게 썼느니라

바울은 마지막으로 자신의 권면의 말을 용납하라고 겸손히 당부했습니다. 여기서 '권면의 말'은 본 서 전체를 가리킵니다. 잠언을 보면, "교만에서는 다툼만 일어날 뿐이라 권면을 듣는 자는 지혜가 있느니라"(잠 13:10)고 가르쳐 주고 있습니다. 권면의 말을 달게 듣는 사람은 발전합니다. 그러나 권면의 말을 언짢게 여기고 무시하는 사람은 아무런 변화도

발전도 할 수 없습니다. 그러므로 우리는 누군가가 주님 안에서 권면의 말을 해 줄 때, 마음 문을 활짝 열고 그 말을 받아들여 더욱 장성한 믿음의 사람으로 변화되고 발전되도록 하여야겠습니다.

23절 우리 형제 디모데가 놓인 것을 너희가 알라 그가 속히 오면 내가 그와 함께 가서 너희를 보리라

여기서 우리는 바울의 믿음의 아들이요, 동역자였던 디모데가 감옥에 갇혔다가 놓인 사실을 알 수 있습니다. 아마도 그는 복음을 전하다가 감옥에 갇혔던 것 같습니다. 바울은 디모데가 속히 오면 그와 함께 방문하겠다고 말함으로써, 본 서를 받아 볼 성도들을 보고 싶어 하는 그의 소원을 다시 한 번 강조하여 말했습니다.

24절 너희를 인도하는 자들과 및 모든 성도들에게 문안하라 이달리야에서 온 자들도 너희에게 문안하느니라

'너희를 인도하는 자' 는 앞서 7절과 17절에 말한 바 있는 교회 지도자를 가리킵니다. 바울은 마지막 인사로 이 편지를 받는 교회의 지도자들과 전 성도들에게 문안을 보냈습니다. 그리고 자신이 이 서신을 기록할 때 함께 있었던 이달리야에서 온 성도들이 보내는 문안도 함께 전하였습니다.

25절 은혜가 너희 모든 사람에게 있을지어다

바울은 마지막 인사로 본 서의 수신자들에게 하나님의 은혜가 있기를 축도하였습니다. 예수 그리스도를 믿는 우리 성도들에게는 은혜가 임하

여 있습니다. 우리는 버림받아 영원히 멸망 받을 수밖에 없는 죄인이었으나 하나님의 은혜로 구원받았습니다. 하나님의 은혜 속에는 예수님의 보혈의 권능과 하나님의 성령의 역사와 진리의 말씀의 역사가 담겨 있습니다. 이 놀라운 은혜는 하나님께서 우리에게 값없이 주신 것입니다. 우리 한 사람 한 사람 모두가 하나님의 뜻 가운데 택하심을 받아 예수 그리스도를 통하여 영원한 생명을 얻었습니다. 이제는 우리가 고의적으로 예수님을 배반하거나 성령을 훼방하지 않는 한 결코 버림받지 않습니다. 우리를 예수님의 사랑에서 끊을 자는 아무도 없습니다. 장차 우리는 하나님의 은혜로 말미암아 영원한 하늘나라에 이르게 됩니다. 이는 우리의 힘이나 공로로 되는 것이 아니라, 하나님의 사랑으로 되는 것입니다. 그러므로 우리는 그저 하나님께 감사하고, 예수님의 모습을 더욱 닮기 위해 힘쓰며, 우리의 믿음을 굳세게 하여야겠습니다.

성역50주년기념 신약성경강해전집

A COMMENTARY ON THE EPISTLE TO THE HEBREWS